李志强 主编

Legal Research on Investment
and Financing of
Mainland Enterprises
in Japan and Malaysia

中国企业赴日本、马来西亚投融资法律研究

中国金融出版社

责任编辑：贾　真
责任校对：张志文
责任印制：张也男

图书在版编目（CIP）数据

中国企业赴日本、马来西亚投融资法律研究（Zhongguo Qiye Fu Riben、Malaixiya Tourongzi Falü Yanjiu）/ 李志强主编．—北京：中国金融出版社，2018.3

ISBN 978-7-5049-9436-3

Ⅰ.①中… Ⅱ.①李… Ⅲ.①对外投资—涉外经济法—研究—中国 ②融资—涉外经济法—研究—中国— Ⅳ.① D922.295.4

中国版本图书馆 CIP 数据核字（2018）第 027589 号

出版
发行　中国金融出版社
社址　　北京市丰台区益泽路 2 号
市场开发部　　（010）63266347，63805472，63439533（传真）
网 上 书 店　　http://www.chinafph.com
　　　　　　　（010）63286832，63365686（传真）
读者服务部　　（010）66070833，62568380
邮编　　100071
经销　　新华书店
印刷　　北京市松源印刷有限公司
尺寸　　169 毫米 ×239 毫米
插页　　16
印张　　17
字数　　300 千
版次　　2018 年 3 月第 1 版
印次　　2018 年 3 月第 1 次印刷
定价　　46.00 元
ISBN 978-7-5049-9436-3
如出现印装错误本社负责调换　　联系电话（010）63263947

中國企業海外投融資法律
研究系列叢書

鄒璇

参加中国企业赴日投融资法律研讨会的部分与会中外嘉宾合影

民建中央副主席、上海市政协副主席周汉民就中国企业海外投融资法律问题发表主旨演讲

2017年3月1日,司法部党组成员、副部长熊选国主持召开学习贯彻中央全面深化改革领导小组第24次会议审议通过的《发展涉外法律服务业的意见》座谈会

中华全国律师协会会长王俊峰与协会会长助理李华鹏和协会国际部副主任戴磊、国际业务委员会副主任姜俊禄和环太平洋律师协会中国理事李志强等合影

参加中国企业赴日投融资法律研讨会的部分专家合影,从左到右为张伟舫、李志强、范永进、张华和钱衡

参加中国企业赴亚洲投融资法律研讨会的境内外专家合影,从左到右为李志强、钱衡、刘晓红、吕南停、王桂埙、张宁、马屹、刘辉、吴根宝、陈功

中华全国律师协会召开"一带一路"项目座谈会,聚焦沿线国家国别法律研究

中马两国律师汇聚金茂凯德律师事务所"一带一路"法律研究与服务中心马来西亚站研讨交流

上海市第十一批"上海会议大使"聘任仪式于2017年10月17日在沪举行,市旅游局领导与新聘任的6位"上海会议大使"合影

环太平洋律师协会理事、吉隆坡区域仲裁中心仲裁员李志强在第三届环太律协仲裁日活动上发表演讲

上海国际服务贸易行业协会常务副会长兼秘书长吴根宝在中国企业赴日投融资法律研讨会上致辞

时任上海市黄浦区政协主席张华在中国企业赴日投融资法律研讨会上致辞

编委会

丛书题字 邹　瑜
总　　序 李　飞
序及审定 李昌道
总 顾 问（按姓氏笔画为序）
　　　　　　周　波　周汉民　徐逸波　熊选国
总 策 划 陆卫东
顾　　问（按姓氏笔画为序）
　　　　　　丁　伟　马春雷　王　协　王庆州　王均金　左　燕　叶必丰
　　　　　　叶　青　申卫华　吕南停　朱芝松　朱进元　朱　炎　朱　健
　　　　　　刘晓红　池　洪　汤志平　李跃旗　杨　农　杨国平　肖　星
　　　　　　吴偕林　余学杰　张小松　张仁良　张　宁　张　华　陈卓夫
　　　　　　陈　凯　陈　爽　茆荣华　范永进　杭迎伟　昊　云　罗培新
　　　　　　周　伟　周洪江　周院生　郑少华　郑　杨　胡宝海　顾洪辉
　　　　　　钱　衡　徐　力　徐　明　徐　征　盛勇强　蒋曙杰　韩秀桃
　　　　　　潘鑫军
策　　划（按姓氏笔画为序）
　　　　　　朱立新　刘　辉　忻　峰
主　　编 李志强
编　　委（按姓氏笔画为序）
　　　　　　马　屹　王向阳　王志强　尹克定　史美健　孙永刚　孙航宇
　　　　　　李　芮　李海歌　肖　冰　吴　东　汪　健　张　兴　张志红
　　　　　　张　莉　邵自红　欧　龙　金文忠　郑育健　赵国荣　赵思渊
　　　　　　钟可慰　姜诚君　顾文伟　徐以刚　黄金纶　黄柏兴　梁　爽
　　　　　　梁嘉玮　董　颖　颜康益　潘鹰芳
撰 稿 人 梁　爽　五十部纪英　顾文伟　颜康益　桥本诚太郎　杨得洲
　　　　　　宫崎晃　陈敏莉　范晓钧　江美仪　李思琴　陈　说　邱泽龙
　　　　　　阿部信一郎　中山达树
日文翻译 梁　爽　顾文伟
英文翻译 欧　龙　李　建

总 序

习近平总书记提出"新丝绸之路经济带"和"21世纪海上丝绸之路",即"一带一路"倡议,是在新的全球治理背景下提出的新思维,是推动全球合作发展的新理念。它依靠中国与有关国家既有的双边和多边机制,借助既有的行之有效的区域合作平台,旨在借用古代丝绸之路的历史符号,高举和平发展的旗帜,主动地发展与沿线国家的经济合作伙伴关系,共同打造政治互信、经济融合、文化包容的利益共同体、命运共同体和责任共同体。

2016年5月20日,习近平总书记主持召开了中央全面深化改革领导小组第24次会议,提出要发展涉外法律服务业,要适应构建对外开放型经济新体制要求,围绕服务我国外交工作大局和国家重大发展战略,健全完善扶持保障政策,进一步建设涉外法律服务机构,发展壮大涉外法律服务队伍,健全涉外法律服务方式,提高涉外法律服务质量,稳步推进法律服务业开放,更好地维护我国公民、法人在海外及外国公民、法人在我国的正当权益。

在实施"一带一路"倡议过程中,中国企业"走出去"参与全球投资和融资活动亟须法制保障,亟须优质高效的专业法律服务,亟须开展深入细致的法律研究。由金茂凯德律师事务所"一带一路"法律研究与服务中心发起汇集全球优质法律资源组织相关国家的著名律师和法律专家将相关国家和地区的法律进行分类研究,在此基础上出版中国企业海外投融资法律研究系列丛书,着实做了一件十分有意义的工作。该丛书由蜚声海内外的著名法学家、曾参与《中华人民共和国香港特别行政区基本法》制定工作的李昌道教授审定，国际律师协会和环太平洋律师协会理事李志强一级律师主编，一批国内外知名的专家、学者和企业家、金融家担任该丛书顾问和编委。我相信，该丛书的出版发行将有利于我国企业更好地参与国际经济贸易和金融活动，有利于推动中外法律文化交流与合作，也有利于提供我国参与全球治理的智力支持和法制保障。

李飞

2016年12月28日

序

  《中国企业赴日本、马来西亚投融资法律研究》是继《中国企业海外投融资法律研究》系列丛书开篇之作《内地企业赴港澳台投融资法律研究》后的第二部著作。本书聚焦日本和马来西亚投融资法律研究和实务操作，为中国企业赴日本和马来西亚进行投融资活动提供重要参考和法律指南。

  日本是中国一衣带水的友好邻邦，2017年是中日邦交正常化45周年，中日经济合作前景广阔。马来西亚是"一带一路"沿线国家之一，2013年10月，习近平主席对马来西亚进行了成功的国事访问，中马两国关系提升为全面战略伙伴关系，2017年中马双边贸易额有望达到1600亿美元。中国企业赴日本和马来西亚投融资方兴未艾，三国同在亚洲，三国法学法律界人士交流合作日益频繁，为三国企业家和金融家提供了优质高效的跨国跨境法律服务。

  刚刚闭幕的党的十九大提出了习近平新时代中国特色社会主义思想，丰富和发展了马克思主义中国化最新理论成果。习近平总书记指出，中国坚持对外开放的基本国策，坚持打开国门搞建设，积极促进"一带一路"倡议，努力实现政策沟通、设施联通、贸易畅通、资金融通、民心相通，打造国际合作新平台，增添共同发展新动力，中国开放的大门不会关闭，只会越开越大。要以"一带一路"建设为重点，坚持引进来和走出去并重，遵循共商共建共享原则，加强创新能力开放合作，形成陆海内外联动、东西双向互济的开放格局。这些重要论断为新时代中国企业"走出去"参与国际投融资活动指明了路径和方向。

  1990年夏，我的研究生、忘年交李志强开始从事律师工作，虽身在律界，但心系学界，长期跟进前沿课题研究，2012年获评一级律师，2018年3月起担任环太平洋律师协会副主席。自习近平总书记提出"一带一路"倡议以来，金茂凯德律师事务所设立了"一带一路"法律研究与服务中心，在我国港澳台地区和五大洲等数十个国家设立站点，志强充分发挥他的特长和优势，广交海内外朋友，利用各种渠道传播中国法律制度和法律文化的正能量，并积极研究港澳台地区和各国法律。加强对中国企业海外投融资相关法律的研究和实践，将有助于中国企业更好更稳更快地实践"一带一路"伟大倡议，也是法律界参与"一带一路"倡议和构建人类命运共同体的伟大实践。

作为一名从事法学教学科研、立法执法、法治宣传、法律服务和参政议政等工作已达60多年的老法律人，我祝愿更多的法律人投身国家依法治国的伟大事业，投身"一带一路"倡议的伟大事业，在中华民族伟大复兴的中国梦征程中实现自身的人生梦。

2017年11月3日

目 录

◆ "一带一路"领航篇 ·· 1

"一带一路"倡议与相关法律问题综述 ·················· 周汉民　3
中国律师服务"一带一路"建设的若干问题 ·········· 周院生　10
法律护航中国企业"走出去" ································ 张　华　18
法律先行助力上市公司海外投融资 ························ 钱　衡　19
牵手法律使对外投资行稳致远 ······························ 邵　俊　20
涉外法律服务贸易为践行国家战略添砖加瓦 ·········· 吴根宝　21
投资日本成为中日经济增长亮点 ·························· 邵自红　22
在日本开展并购交易前景广阔 ······························ 蒋　伟　24
开展中日经济交流大有可为 ································ 五十部纪英　26
赴日投资前景可期 ··· 顾文伟　28
"一带一路"涉外法律服务若干问题研究 ············· 李志强　30
Legal Risks and Opportunities of Cross - border Infrastructure Construction under
　"the Belt and Road Initiative" ·························· 李志强　40

◆ 日本投融资法律研究篇 ··· 49

中国企业赴日投资需要关注的若干问题 ·············· 桥本诚太郎　51
中国企业收购日本企业的方式程序及注意事项 ·········· 杨得洲　59
日本股份市场的 IPO ·· 八木田　69
企业在日谋求上市合规机制精要 ·························· 阿部信一郎　75
日本投融资之公司法基础 ····································· 梁　爽　83
日本商标法律制度概览 ·· 顾文伟　101
中国等国家企业进入日本市场的劳动法律问题 ······· 宫崎晃　105
日本企业的并购（M&A）和破产 ····················· 中本综合法律事务所　117
在日本进行争议解决法律研究 ······················· 中山达树　等　128

◆ **马来西亚投融资法律研究篇** …………… 颜合伙律师事务所　137

马来西亚的商业概况 ……………………………………………… 139
马来西亚的商业结构 ……………………………………………… 144
外商投资及本、外地公司注册手续 ……………………………… 149
马来西亚税务制度 ………………………………………………… 156
马来西亚投资津贴 ………………………………………………… 163
马来西亚劳工法基本保障 ………………………………………… 180
马来西亚知识产权保护 …………………………………………… 187
马来西亚个人数据保护 …………………………………………… 198
马来西亚竞争法 …………………………………………………… 203
马来西亚地产及资本市场投资 …………………………………… 207
马来西亚交易所 …………………………………………………… 215
马来西亚证券监督委员会 ………………………………………… 217
上市 ………………………………………………………………… 218
伊斯兰资金市场 …………………………………………………… 220
马来西亚纳闽国际金融交易所 …………………………………… 221
马来西亚商务纠纷调解 …………………………………………… 223

◆ **投融资争议解决篇** ………………………………………… 225

亚太国际仲裁机构助力中国企业"走出去" ……………… 马　屹　227
新时代背景下推进我国自贸区法治建设若干建议 ……… 李志强　邱泽龙　234
An Unexpected Knock-Out …………………………… 李志强　陈　说　246

◆ **媒体报道篇** ………………………………………………… 257

"中国企业赴日投资融资法律研讨会"成功举行 ………… 证券时报网　259
"中国企业赴日投资融资法律研讨会"举行 ……………… 中国证券网　261

◆ **后记** …………………………………………………………… 262

"一带一路"领航篇

"一带一路"倡议与相关法律问题综述

周汉民

在四年前的9月7日，习近平总书记一行到哈萨克斯坦，在首都阿斯塔纳纳斯巴耶夫大学演讲中提出了"丝绸之路经济带"的宏伟构想。三周之后，他到访印度尼西亚，在印度尼西亚国会发表演讲，首次提出"二十一世纪海上丝绸之路"的理念。由此，"一带一路"这一重要的倡议被王毅部长称为"中国在第二次世界大战之后向世界提供的最重要的国际公共产品"，从愿景一步一步走向了行动。

四年后的9月7日，我在哈萨克斯坦首都阿斯塔纳西北学院就"一带一路"倡议发表演讲。四年这个时间是巧合，但此行我觉得应有意循着"一带一路"的足迹，习总书记的足迹，走上这么一段。所以，那次演讲带给我深刻的体会。巧合的是9月7号四周年的演讲，学生的问题给了我很大的震撼。学生没有问"一带一路"是什么，也没有问"一带一路"与哈萨克斯坦之间有何关系。学生问的问题更加深邃、更加辽远。比如，有人问到就在9月6日普京总统主持召开的东北亚四个国家的首脑会议上，俄罗斯主动提出能够开辟一条俄罗斯和日本的通道，让日本成为一个路上国家。学生提问道："这一条通道如果打通，与'一带一路'的关系又会如何？"又有学生提道："此时此刻，全球最为关注的国际热点问题，一定是朝核问题。朝核问题向何处去？与'一带一路'关系如何？"这样的问题，我认为有质量，有深度。

所以，我今天利用三十分钟的时间讲三个观点：第一，我们向历史学什么。第二，我们应当做什么。第三，在做的过程当中，应当关注什么，学什么，做什么。

每每讲到"一带一路"，人们往往会发思古之幽情，谈到公元前二世纪，我们的前辈所踏出的那几条路。其实,"一带一路"从古至今从来不止一条路,也不是一条道。中国人走得很远,在走到离里海还有一百多海里的地方,因为中国正在建设一条路,要贯通伊朗的南北,要把伊朗所有的经济发展往里海靠。那条路就是通到里海的。我们的前辈老早就到过里海。我们从长安出发,一路往西走,最后到达里海和咸海,史学家称其为"北丝绸之路"。还有前辈走得更远。他们一路向西,按照当时的说法,走到了天的尽头,到达今天地中海沿岸。一支走到了地中海沿岸的土耳其,当时叫君士坦丁堡。一支走到了今天的埃及首都开罗。史学家称其为"中丝绸之路"。还有一条,走得不远,但十分重要,沿着印度河,向南折,折到今天的巴基斯坦首都伊斯兰堡,折到今天的印度首都新德里。史学家称其为"南丝绸之路"。其实,这还是非常粗略的分解,海上丝绸之路也是这样。不能简简单单用郑和下西洋来概括,这就是中国的海上丝绸之路。尽管郑和的壮举无与伦比,七次下西洋,成就斐然。

所以,第一个问题就引发我们思考。我们走向世界到底是为了什么呢?我们后人向前人学什么?有四个词跃然在我脑海中:第一,一定是为了求合作而去。没有合作,单打独斗,就不会成就今天的历史记载。第二,一定是胸怀开放而去。因为没有这样的胸襟,待在家里比什么都好,我们的疆域够辽阔。根本不是由于中国土地的狭小、狭窄,民不聊生,我们的国民才涌出国门,根本不是。今天有句话概括得非常好,是"有人的地方,就一定有华人"。其实,依我之见这就是开放的胸襟。第三,互鉴。人们一直在谈论文明,坦率地说,伟大的古文明所在之处,我力争在尽可能短的时间内有所领会。所以,我到过埃及,我也到过印度,我还到过希腊,今天到了波斯文明的地方,感慨太深。有文学家用诗般的语言说,古代文明中只有中华文明源远流长,别的文明已经灰飞烟灭。这样的用语,太绝对,不符合事实。文明的形式不论怎样,文化的表达不分优劣。文明是需要互鉴的。前辈先人走向世界所学到的,今天我们后辈还在如此这般享受着。反过来,世界从中华文明中得到许多滋养,才会有今天义无反顾地与中国合作的决心。所以,第三个词汇在我脑海中就一定是互鉴。只有互鉴,我们才能映照彼此。第四,一定是共荣,或者共享,或者叫共赢。所谓共赢,在很大程度上就是在相互比较、切磋、鉴别之中,分出了短程,用短程赢得我们的未来。其实这就让我想起,多年前我读国际贸易，学到的大卫·李嘉图的最基本的思想：比较利益从何而来，就是经过比较、鉴别，然后大家赢得各自的长处、所得。由此，2017年的5月14日，在北京举行的"一带一路"国际合作高峰论坛上，习总书记将上面提到的这四个词定为"丝路精神"。我再重复一遍，就是"合作、开放、互鉴、共赢"。如果问要学什么，这就是我们今天要学的最重要的精神。

第二个问题是，做什么。"一带一路"讲了整整四年，从愿景提出到行动推演，这四年是够快的。其实，我刚才点到四年前两个日子：9月7日在阿斯塔纳，10月2日在雅加达。提出这样的想法，一直是到2014年的3月28日，在博鳌论坛，我们才亮出了自己的愿景和行动这一国家辉煌战略。短短四年时间，我们的理念得到全世界的响应，一百多个国家和国际组织表现积极参与的态度和热情支持的努力。更为重要的是，时至今日，我们已经和六十多个国家签署了双边合作协定，其中有非常专门的"一带一路"合作协定，一个重要内容就是产能合作。

我本人也读过法律，联合国大会和联合国安理会的两个决议对"一带一路"倡议的发展十分重要。在此与各位分享。2016年11月11日，在联合国大会决议中首次载入"一带一路"的理念，并吸收193个成员国积极参与。这是中国从重返联合国到今天，首次由中国提出的倡议，或者首次由中国载明的"国际公共产品"，成为联合国大会决议的内容。2017年的3月17日，联合国安理会通过2344号决议，这个决议开始真的和"一带一路"毫无关联，因为2344号决议讲的是阿富汗问题。在2344号决议中，首次提出"一带一路"倡议被认为对世界和平和发展极有裨益。联合国大会和联合国安理会，分别将中国的倡议载入，这对中国提出的"一带一路"构想以及构想的推演，着实是一个巨大的推动。

那么，到底要做什么呢？其实，我讲的第二个问题，在习总书记2017年5月14日的主旨演讲中已经非常明确地载明，他用最简单的语言表达出"一带一路"首先要做的就是互联互通。而互联互通，我们十分关注的就是其重要内涵的"五通"：政策的沟通、设施的联通、贸易的畅通、资本的流通，最后是民心相通。

今天，我们在这儿举办中国企业赴大洋洲投融资法律研讨会，其实就是民心相通最重要的体现。我认为，这样做是为"一带一路"做最切实的努力，比如今天定位是在大洋洲。

大洋洲有多少个国家，我是稍有了解的。大洋洲有多少个国家与中国建交，我也是稍有了解的。因为当时我最难的一个任务就是，大洋洲的十六个主权国家，应当携起手来参与世博会，但大洋洲有六个国家绝对不接受我入境来推介世博会。大洋洲最重要的国家中我到过澳大利亚，我直到今天还没有去过新西兰。就在那个世博举办期间，新西兰政府给了我重要的礼遇。新西兰政府有个重要的未来领袖计划。我直到今天还没有接受这一邀请。原因很简单，我的工作不是去游山玩水，我的工作就是要把任务完成。

谁可以牵头把大洋洲这些国家团结在一起呢？有一个国际组织，所以我今天也把这样的经历与各位分享，希望大家关注这一国际组织。这个国际组织听起来毫不起眼，叫南太旅游组织。南太旅游组织是联合国的一个直属机构。我就仰仗南太旅游组织，抓住大洋洲除了澳大利亚、新西兰之外最重要的国家。我希望大家如果要去那里投资的话，这个国家必须要去，叫斐济。我在斐济首都真正感受到了什么叫"天无三日晴，地无三尺平"。但是这个地方是穷的，连这样的会标我都得带去。我们把大洋洲十六个国家请来，首次举行了没有国旗的但是国与国间非常正式的会商。最后，大洋洲国家决定全部参加。

所以，各位在上海世博会期间看到一个叫大洋洲联合馆，澳大利亚和新西兰是独立馆。上海世博会来的190个国家中，有十分之一的国家与中国没有外交关系。到今天为止，只有一个突破，就是巴拿马。

我讲这件往事，就是要告诉大家，我们做什么，其实要各得其所。我们今天要做的就是五通。其中最重要的就是民心相通，得让人们认为你这桩事情是好事，得让人们认为我与你共享胜局是必要的。因而，除了我们能够推动民心相通之外，职业的机构如上市公司协会、律师事务所，就应当在民心相通之后，在设施联通、贸易畅通和资金流通上有所作为。

那么，我就说说当下要关注的几桩大事。我提五个问题，这五个问题是今天"一带一路"在推进国际化进程中十分需要把握的问题。

第一，国际格局的重大变化。一是世界宏观经济形势的变化。"一带一路"倡议如果不论宏观经济形势，那是纸上谈兵。从2008年金融危机到今天，连头连尾已经有十年了。世界没有一个国家今天走出了所谓的"2008年金融危机"的阴影。何以见得？我举两个数字一比较就可以。第一个数字是2007年全球经济增长率，当年是4%；第二个数字是2017年今天世界经济预期增长率，目前为止最乐观的预计是2017年增长率为3.5%。这说明世界经济没有摆脱全球金融危机的阴影。另外一组数字同样可以说明问题。从第二次世界大战结束到现在72年，一个很短暂的历史阶段，全球贸易增长水平低于全球经济增长水平只有过两回。第一回的时间非常短暂，第二回就是我们现在所经历的。刚才我说，今天全球经济预期增长率最乐观的预计是3.5%。那么全球贸易，2017年1月国际货币基金组织预测全球贸易的增长水平为1.4%。由于2017年1—4月中国的经济在持稳，在一定程度上，我只能说在非常微弱地回升。

第二，要非常审慎地关注汇率的重大变化。汇率的重大变化，首先要重点关注我们的法定货币人民币汇率的重大变化。从2017年1月1日起，人民币与美元相比升值6.8%。这样的升值我们感到非常好，因为说明中国经济的基本面在持稳。另外一个问题就非常直接地考验我们。在中国的贸易连续两年负增长的情况下，2017年1—6月中国贸易平均增长18.5%，但7月就跌到了14.5%，8月跌到了一位数。什么原因？最重要的原因就是汇率。因此，人民币汇率和美元到底持在什么价位上，值得我们关注。所以，我们在逆向努力，人民币的汇率一定要往下压。例如，伊朗40年、俄罗斯10年的经济低迷完全受汇率的影响。伊朗货币和俄罗斯货币，由于金融危机的影响全部到了腰斩的水平，跌了50%有余。由此，我希望大家关注汇率的变化，这是第二个需要关注的。

第三，需要关注地域政治的变化。地域政治的变化，请各位重点关注。安倍首相对印度的访问意味深长，因为两国很可能要提出一个重大战略。这与我们的"一带一路"倡议是直接对冲的，这一重大战略叫"亚非复兴计划"。我们"一带一路"是欧亚当中走了"非"，我们叫三大洲，路上、海上的一个大闭环，这是讲我们的"一带一路"。安倍首相提出要和印度共同倡议亚洲和非洲的经济发展新计划，这值得我们关注。

第四，希望大家关注中国经济自身的发展。中国经济有许多向好的数据，比如，1—6月经济增长达到6.9%；1—6月中国的工业规模经济增长率，或者叫规模以上工业经济增长率，同样是6.9%。又比如，我刚才讲到过的数据，我们的贸易，有骄人的增长。再比如，我们十分关心的PPI和CPI，CPI这个数据，已经到了1.4；PPI这个数据给了我们一点信心，因为在连续17个月下降之后，我们稳住了，已经在攀升，我们的经济面是有喜有忧。有人非常兴奋地说，我们开启了一个经济增长的新周期。我本人对这样的命题十分谨慎，因为在这个巨大的"L"形的经济增长的态势中，我们还在底部缓行。

第五，十分重要的就是人才交流和语言的问题，这个问题在这儿提十分重要。因为我所在的地方，让我深切地感到学中文已经是个热潮。反过来，我们自己提出"一带一路"倡议，我们学小语种仍然没有落到实处，这一问题要极速解决。我走到哈萨克斯坦，我见到过的所有官员，都有讲中文的能力，而这样的能力不只是问吃饭如何，睡觉怎样，他有能和您进行深入交谈的语言能力。我四年前就提出小语种的问题。我觉得小语种的问题得学学1964年周恩来总理怎么做的。1964年在三年自然灾害刚刚结束之际，周恩来总理选拔了全国要极速培养的600名高中生，送到世界各地去培养。

我仅讲里面的一个小故事。有一个人被送到文明古国阿富汗，在喀布尔大学学习当地的语言，毕业以后因为"文化大革命"，在外漂泊了40年。2016年，他终于完成了一生伟大的理想，编出了中国第一本阿富汗官方语言辞典。但他本人即将80岁。读到这样的报道，我十分唏嘘。我做10年世博，给我最大的震撼就是，我们中国几乎找不到一个人，可以用英文、法文、中文三种文字直接翻译的。国际展览局的工作语言是英语和法语，我们的官方语言是中文，我在整个上海找不到一个人做这桩事。这就是我10年的经历。

我们今天是个法律研讨会，有涉及投融资领域，那我就说说当下"一带一路"倡议中有哪些法律问题值得我们关注。我认为有四个问题非常值得我们关注。

第一，合同法。合同法问题，好多人非常粗浅地把与合同相关的法律一分为二：大陆法系和英美法系。殊不知，大陆法系和英美法系发生了沧桑巨变。三天前，英国的特蕾莎·梅首相赢得了她当政以来最大的一场胜利。什么胜利呢？英国的议会通过了她的脱欧法案。脱欧法案里面一条最为关键，就是现在到脱欧的时间期限，她定的是一年。当时英国在欧盟有一万多部法律文件，各位都知道，欧盟的法律文件全部是成文法。要将这些法律文件纳入英国的法律体系，成为这一次她请求议会表决的最重要的理由。我们对合同法研究得非常粗浅，以为合同的原则是放之四海而皆准的，其实并不然。

我举一个例子，所谓对控股权的认识。我们始终认为51%就是控股的，49%都不是。其实按照不同国家的合同法，有个别的合同法规定8%就是控股。这是我提到的第一个法律问题。

第二个法律问题十分关键，就是与融资相关的法律。我们在这样小范围的会议中可以这么说，我们所提出的项目个个精彩，但只有一个问题，钱不知从哪儿来。刚才我提到，伊朗这条南北高速公路，所有官员都认为重要极了。这条公路有137公里长，分为四个路段。我们中国人现在总承包的第四路段已经开通，第一路段即将开通。这两个路段即将完成，而当中的钱还不知从哪里来。而从这项工程做完到现在，已经13年了。我讲这个具体案例想说明，融资最核心的问题是融资渠道。我希望各位在融资渠道中，对世界银行、亚洲开发银行和到今天为止已经运行一年半有余的亚投行高度关注。因为，我们能在别人的参天大树上结出自己的果实。我的意思是，在世界重要的金融机构中设立中国基金，将来对这样的投融资有巨大的帮助。

第三个法律问题，就是知识产权保护问题，这是我们的软肋。这就是为什么美国悍然发动"301调查"的原委。知识产权保护问题在中国国内是值得高度关注的问题，更是走向世界十分需要关注的问题。这在相关的合同法、合约中都应当有体现。

第四个法律问题是关于劳工法律。你的用工，你用工的时间，用工的类型，劳工应有的保障，都要载入相关法律。

总而言之，我们走向世界，"一带一路"倡议十分关注五个环境：政治、经济、文化、社会，落到实处是法制。只有对法制环境的高度了解，我们才能走向世界，行广而自约。一句话，千万不要以为，我们中国可以改变别的国家的法制。我们必须要坚守住中国要适应别的国家的法制，而且要用好它，成为推动"一带一路"倡议最主要的手段。

（本文系民建中央副主席、上海市政协副主席周汉民教授在2017年9月14日举行的中国企业赴大洋洲投融资法律研讨会上的主旨演讲）

中国律师服务"一带一路"建设的若干问题

周院生

2013年,习近平总书记在哈萨克斯坦和印度尼西亚提出共建丝绸之路经济带和21世纪海上丝绸之路,即"一带一路"倡议。四年多来,全球100多个国家和国际组织积极支持和参与"一带一路"建设,联合国大会、联合国安理会等重要决议也纳入"一带一路"建设内容。"一带一路"建设逐渐从理念转化为行动,从愿景转变为现实,建设成果丰硕。中国同40多个国家和国际组织签署了合作协议,同30多个国家开展机制化产能合作。2014年至2016年,中国同"一带一路"沿线国家贸易总额超过3万亿美元,中国对"一带一路"沿线国家投资累计超过500亿美元,中国企业已经在20多个国家建设56个经贸合作区。"一带一路"建设从无到有、由点及面,进展和成果鼓舞人心。

"一带一路"倡议,法治是重要保障,法律服务大有作为。"一带一路"倡议不仅是经济发展战略,同时也是法治发展战略。习近平总书记强调指出,"一带一路"建设要牢牢坚持共商、共建、共享,让政策沟通、设施联通、贸易畅通、资金融通、民心相通成为共同努力的目标。在"一带一路"倡议实施过程中,法治具有保障依法决策、防范经营风险、化解矛盾纠纷、维护企业权益的重要功能作用。没有法治的引领、推动和保障,"一带一路"建设将难以有效推进,"五通"目标将难以顺利实现。2016年底,司法部、外交部、商务部、国务院法制办印发了《关于发展涉外法律服务业的意见》,对发展涉外法律服务业,服务"一带一路"建设提出了明确要求。这些年来,广大律师积极参与和服务"一带一路"建设,成效已经初步显现。中国律师业在推进"一带一路"建设的新形势下,面临着良好的发展机遇,同时,也存在不少问题和挑战。如何进一步发挥律师法律服务的职能作用,加强沿线各国法律服务业的交流合作,是当前亟须着力研究解决的问题。特别是在"一带一路"建设的法律服务需求和供给的对接方面,还存在不少矛盾和问题。比如,对"一带一路"建设的法律服务需求到底包括哪些方面,把握得还不是很清楚;对法律服务机构之间的对接、法律服务内容的对接,做得还很不充分;在加强法律服务的供给,优化服务方式和载体,强化事后的法律救济服务等方面,还有许多问题需要研究解决。

一、关于"一带一路"建设中的法律服务需求

"一带一路"沿线国家和地区多数属于新兴经济体和发展中国家,市场规模和资源禀赋优势明显,经济总量约21万亿美元,普遍处于经济发展的上升期。这些国家和地区政治体制、法律制度差异很大,法律服务需求也呈现多样化的特点。我们分析,"一带一路"建设推进过程中,大体上有以下六类法律服务需求。

第一,因直接投资产生的法律服务需求。在跨国并购中,一些国家的法律出于反垄断和维护有效竞争的考虑,对外国投资者的跨国并购提出了特别要求,或者建立了较为复杂的跨国并购审查程序,投资者可能遭遇所在国及相关机构的反垄断审查风险,还可能面临目标企业的反并购风险、并购程序的合法性风险,以及被并购的目标企业隐瞒自身涉及的担保、诉讼纠纷等情况,使跨国并购后的企业陷入因信息不对称而引发的法律僵局。这些方面都需要专业机构提供相应的法律服务。

第二,因市场准入产生的法律服务需求。"一带一路"建设中,一些贸易伙伴出于对保护本国经济利益的考虑,往往会通过设置严格的法律和市场准入门槛,以及苛刻的通关程序,来限制海外投资主体及产品进入其本国市场,由此引发的法律风险和相应的法律服务需求越来越大。

第三,因知识产权保护产生的法律服务需求。当前,国际投资法发展的一个重要特征是高标准的知识产权保护。"一带一路"建设中的投资贸易行为,

必然会引发知识产权保护问题。一些企业在过去的对外投资贸易中，由于不熟悉知识产权国际保护规则和方法，不懂得如何运用知识产权战略和策略维护自身合法权益，获得和保持竞争优势，造成知识产权资源的流失，甚至引发知识产权纠纷。

第四，因国际金融交易产生的法律服务需求。随着"一带一路"建设步伐的加快，企业参与国际金融交易的情况越来越多。但国际金融交易和监管十分复杂，且涉及两个或两个以上国家的金融交易法和金融监管法，一旦发生国际金融交易风险，还具有影响范围广、破坏性扩张性强、控制难度大等特点。规避这些风险，都会产生相应的法律服务需求。

第五，因劳工问题引发的法律服务需求。随着国际社会对人权关注程度的增加，劳工标准作为工作中的人权，已逐渐渗透到国际投资法、国际贸易法等领域。劳工权保护已成为国家的义务、企业的社会责任。比如，招聘工人、雇工待遇和福利保障、人员裁减或调整等，都涉及所在国相关法律规定，容易引发纠纷，甚至可能面临处罚、诉讼。这些都需要法律服务机构提供相应的法律服务。

第六，因环境问题产生的法律服务需求。随着国际环境法的发展和生态文明价值凸显，世界各国尤其是发达国家的环境保护标准和法律越来越严。"一带一路"建设中，海外企业如果不能严格遵守所在国的环境标准和法律，将会引发严重的环境问题。中国投资者在海外已经历多起这类事件。比如，在柬埔寨，当地政府曾因环境问题收回了中国投资者的森林采伐权。我国一些企业在蒙古、印度尼西亚等国的某些项目也遇到了当地环境组织的抵制及政府环境规制方面的问题。减少因环境问题而引发的法律争端，蕴含着许多法律服务需求。

广大律师要立足当前，着眼长远，认真研究和准确把握这些需求，采取措施主动适应这些需求，最大限度地发挥好法律服务在"一带一路"建设中的作用。同时，我们也看到，目前企业界在"走出去"过程中，包括在参与"一带一路"建设中，对律师制度、律师工作的作用认知还不够，运用律师防范企业法律风险、促进企业依法经营管理的意识还不强，聘请律师担任法律顾问的习惯还没有真正形成。即便请律师，往往也是在发生了问题、产生了纠纷之后，事前、事中请律师的企业还比较少。因此，要更加充分地认知律师的作用,善于运用律师的工作来促进企业依法经营管理,维护企业合法权益。

二、关于法律服务需求和供给的对接

"一带一路"建设中的法律服务需求研究明确之后,更重要的是要强化服务供给,实现有效对接,为参与建设的市场主体提供更加优质、更加精准的法律服务。当前,要重点加强法律服务需求和供给的对接。

加强服务机构之间的对接。目前,有来自23个国家和地区的246家律师事务所在中国设立了308家代表机构。2016年代表处派驻代表总数594人、聘用雇员2731人,收入总额为63.73亿元。而中国只有30余家律师事务所在境外20多个国家和地区设立了70余家分支机构。为了适应进一步对外开放的需要,中国鼓励和支持律师事务所之间的对接,鼓励和支持律师行业协会之间的交流合作,让各国律师在业务上取长补短,在资源上实现互补。我们将推动更多的律师事务所"走出去",力争在3年内扶持律师事务所在境外,特别是在"一带一路"沿线国家设立至少30家代表机构。完善法律服务开放措施,扶持推动一批中外律师事务所建立联合经营和业务联盟关系,探索一些新的合作领域。同时,还要建立律师为中国驻外使领馆提供法律服务的工作机制,利用中国律师事务所在境外设立分支机构的资源,推荐优秀律师担任中国驻外机构的法律顾问。

加强服务内容的对接。要努力实现服务内容的有效、精准对接,做到"哪里有法律服务需求,哪里就有律师服务",进而实现"有什么样的法律服务需求,就有什么样的律师服务"。比如,在政策和规则制定方面,广大律师要发挥政策法律咨询和参谋作用,积极参与区域经贸规则谈判、多双边投资协定谈判,为各类市场主体参与"一带一路"建设争取更加开放透明的国际经贸环境,为促进各国政府间的宏观政策沟通交流出谋划策,提供有针对性、符合实际的专业意见。在法律风险防范方面,律师要帮助投资者全面评估因直接投资、市场准入、知识产权、国际金融交易、劳工问题、环境问题产生的法律风险,织密法律防护网,防范投资风险,依法妥善处理矛盾纠纷,提供全过程、全方位的法律服务。

加强服务载体的对接。首先要解决好需求和供给信息不对称的问题,建设发展涉外法律服务网络，由中华全国律师协会筹建"一带一路"国别法律信息数据库和"一带一路"法律服务信息数据库，介绍"一带一路"国家和地区的法律环境，为企业在这些国家和地区投资和发展提供政策法律支持。同时，定期发布国家对外交流和合作领域的重大经济事件和相关优惠政策，为律师服务"一带一路"建设和中国企业"走出去"提供信息参考。为促进"一带一路"沿线国家律师沟通协商和交流合作，我们还将筹建"一带一路"国际律师联合会，为沿线国家律师建立一个沟通交流的国际性平台，凝聚沿线国家律师的力量，在"一带一路"建设法律服务合作中实现共享共赢。

三、关于推动建立多元化纠纷解决机制

"一带一路"倡议法治化，要求运用法治思维和法治方式处理"一带一路"建设中出现的各种矛盾和问题。其中很重要的一个方面，就是要研究推动建立多元化的纠纷解决机制。

研究建立投资争端解决机制。"一带一路"建设中，不同国家或地区之间可能产生一些投资争端，需要相应的机制来化解。目前，国际投资争端解决中心（ICSID），作为解决缔约国与其他缔约国国民投资争议的常设机构，已经成为国际投资争端解决的重要机制，世界上许多双边、地区性投资协定都选择该中心作为争端解决的机构。"一带一路"投资争端解决是选择这一国际投资解决争端机制，还是另外设立一套专门适用"一带一路"沿线国家的投资争端解决机制，需要各方认真研究、分析利弊，并就此展开磋商取得共识。

推动建立国际商事调解机制。"一带一路"沿线国家国情各异、情况复杂，投资贸易的增多必然产生大量纷争，按传统的司法程序解决纠纷，在司法管辖和法律适用方面存在很多难以解决的问题。通过商事调解等非诉讼纠纷解决方式，既提高了化解纠纷的效率，又便利了矛盾的解决，缓和国家之间及企业之间的关系，缓解不同国家法律与文化的冲突，有利于更好、更长远的合作。目前，有关机构和组织作了积极的探索，比如，北京的律师事务所推动成立了"一带一路"国际商事调解中心，选任具备资质的各国调解员，通过线上与线下等方式提供调解服务，加强与司法程序的衔接，为"一带一路"

国际商事调解机制的完善提供了实践基础。

推动建立国际商事仲裁机制。商事仲裁作为非诉讼纠纷解决机制，具有契约性、专业化、保密性、高效性、终局性及跨国可执行性等特点和优势，是世界各国处理商事纠纷的常用手段。近年来，中国商事仲裁有了长足发展，仲裁机构达251家，每年收案超过20万件。中国也已成为涉外仲裁大国，还参与了许多国际仲裁规则的制定。据了解，中国国际贸易仲裁委员会正在积极推进"国际商事仲裁中心"建设；上海国际仲裁中心正在筹建金砖国家上海争议解决中心；深圳国际仲裁院正在打造国际化"粤港澳大湾区"商事争议解决中心。"一带一路"建设中，需要我们进一步推动建立相应的国际商事仲裁机制。

四、关于培养高素质涉外律师人才

为"一带一路"建设提供优质高效的法律服务，培养一大批高素质的涉外律师人才是关键。目前，中国律师队伍已发展到34万多人，律师事务所达2.7万多家。从数量上看，中国已经是一个律师大国。但中国法律服务发展的水平还不高，涉外法律服务仍然是法律服务业的一个短板，关键问题是人才匮乏，涉外法律服务能力还不能适应形势发展的需要。集中体现在以下三个方面：一是不能熟练运用外语作为工作语言提供涉外法律服务。这些年，我国律师队伍中有海外学习工作经历的人员越来越多，但熟练运用外语提供涉外法律服务的律师人才相对还比较缺乏。二是不熟悉国际法律规则，不能在国际商事仲裁、跨国诉讼中熟练运用法律规则。三是办案能力不够强，能够出大庭、办大案、有实践办案经验的律师人才还很少。目前，国际法律服务的分包业务基本上都是国际律师事务所承担的，我国律师缺乏深度介入。总之，无论是从我国经济融入世界经济发展的需要、国际法律服务业的发展态势看，还是从我国法律服务业的发展现状看，加快培养涉外律师人才，都是我们面临的一项重要战略性任务。

培养多种类多层次涉外律师人才。总的目标是要培养一大批具有世界眼光和国际视野、熟悉国际法律规则、熟练处理涉外法律事务的律师人才。从当前情况看，要重点培养以下四个种类的涉外律师人才。一是国际投融资、跨国企业并购律师人才。在国际经济合作中,国际投资并购、项目融资、资产重组等活动,亚洲基础设施投资银行、金砖国家开发银行、丝路基金的建设运营和深化多边金融合作,都蕴含着大量法律服务需求,客观上需要一大批能够提供全方位、多层次的国际投资结构设计、法律尽职调查、金融证券法律服务的人才,促进投融资渠道畅通、防范投融资风险。二是重大工程项目律师人才。随着"一带一路"建设的实施,在交通、能源、信息等领域将有一系列国家重大基础设施建设项目、对外工程项目进行立项、招投标和建设运营。这些重大工程项目,也需要大批涉外律师提供法律服务。目前,我国企业和公民在"走出去"的过程中,往往因为不熟悉当地法律和规则,吃亏上当,造成不必要的经济损失。三是国际贸易争端解决、国际商事仲裁律师人才。这些年,我国已成为国际上贸易救济设限的首要目标国。据统计,2003年至2016年,中国遭受国外贸易救济调查案件1000多件,涉案金额超过千亿美元,中国已连续19年成为全球遭受反倾销调查最多的国家。2016年,我国企业遭受美国国际贸易委员会发起的"337调查"案件21起,是2015年的2.1倍,创下历史新高。为了适应形势的要求,需要培养精通世界贸易组织规则、了解世界贸易组织争端解决机制、熟练办理反倾销、反补贴、反垄断案件,能够有效参与国际商事仲裁的涉外律师人才。四是国际公法领域律师人才。我国涉外律师队伍中,国际公法的人才储备是一个薄弱环节,特别是涉及国际投资争端和海洋、陆地边界、空间权益等问题的国际公法人才培养面临着与国家需要相脱节的困境。因此,要围绕维护国家利益,服务对外开放和国际务实合作,培养一批国际公法领域的涉外律师人才,做到国家利益拓展到哪里,涉外律师队伍的力量就延伸到哪里。

打造涉外领军人才培养计划升级版。自2012年以来,司法部、全国律师协会启动实施了涉外律师领军人才培养计划,提出在四年间着力培养300名左右精通相关领域业务和国际规则、具有全球视野、具有丰富执业经验的高素质律师领军人才。目前,已有500多名优秀的涉外律师进入全国律协的人才库,已组织五批共300多名律师进行培训,先后赴德国、西班牙、美国、英国等国家学习交流。下一步,我们将进一步打造涉外领军人才培养计划升级版,加快步伐,争取在5年内培养500名在全国范围内具有领军作用的涉外律师人才和后备人才,同时加强对这些人才的推荐使用,真正发挥好他们的领军示范作用。

  创新涉外律师人才培养机制。积极鼓励具备条件的高等学校、科研院所等按照涉外法律服务业发展需求创新涉外法律人才培养机制和教育方法，提高法科学生培养质量。我们将会同教育部门，在北京、上海、重庆、武汉、深圳等地建设若干涉外法律人才教育培养基地。要加快发展涉外公职律师、公司律师队伍，在政府涉外部门建立公职律师队伍，在中央企业和外向型国有企业中建立公司律师队伍，为有关部门、企业参与国际交流合作、开展投资贸易活动提供法律服务。要扶持推动一批境内外律师事务所建立联合经营和业务联盟关系，注重在中外律师界交流合作中培养人才。目前，香港律师事务所已在内地设立了64家代表处，先后有14家内地律师事务所与港澳律师事务所建立了合同型联营，11家香港律师事务所与内地律师事务所建立了合伙型联营律师事务所。要进一步研究完善内地与香港律师事务所合伙联营的政策措施，让更多的律师事务所加入到合伙联营中来，培养更多的涉外律师人才。要建立律师事务所聘请外籍律师担任外国法律顾问制度。目前，司法部已经在北京、上海、广东等地部署开展国内律师事务所聘请外籍律师担任外国法律顾问的试点工作，外国法律顾问可以提供涉及外国法律适用的咨询代理服务，还可以分工协作的方式与本所国内律师合作办理跨境或国际法律服务，这必将有助于壮大涉外律师事务所的人才队伍，在交流合作中提升涉外律师人才的服务和竞争能力。

法律护航中国企业"走出去"

张 华

习近平总书记提出"一带一路"倡议以后,如何让我们的企业在走出国门的同时又能受到法律的保护,这是我们大家值得关注的一个问题,所以今天这个研讨会意义非凡。

"一带一路"倡议是全球化背景下的新思维,对于我们来说可以更好地依靠我们国家原有的双边和多边的机制,借助我们原有的有效合作平台,用古代的丝绸之路这样的一个历史符号来推进和平发展是非常有意义的,也能更好地得到国际社会的认同和接受,所以应该讲"一带一路"倡议可以主动发展我们与沿线国家的经济合作伙伴关系,来共同打造政治互信、经济融合、文化包容的利益共同体、命运共同体和责任共同体。

在"一带一路"倡议中,中日两国的经济合作也是非常重要的环节,双方应该互为重要的合作伙伴。所以,这次研讨会的召开也可以更好地针对当前形势进一步研究合作问题,应该说本次研讨会具有现实意义。在今天的研讨会上,有很多中日企业和法律界人士将共同探讨用法律来保证融资的课题。在此过程中,我们的研究成果将推进我们的投融资活动走出国门,对于推进中日之间加强合作具有重大意义。

法律先行助力上市公司海外投融资

钱 衡

伴随着互联互通的深入推进，中国与"一带一路"沿线国家的企业都将获得更广阔的业务发展空间，企业做大做强将更有底气，协作共赢将更有契机。尤其对于上市公司而言，"一带一路"倡议下融资需求和服务需要的不断增加，是难得的发展机遇。以前中国企业在境外投资融资方面有一个特点：技术先行，商务次之，法律最后。鉴于"一带一路"复杂的区域法律传统，在出现风险之后进行事后救济，不光成本非常高，而且很难得到满意的结果。因此，法律工作前置很有必要。协会会员单位，金茂凯德律师事务所，作为上海市一家专业服务贸易重点单位，准确地认识当前经济形势与企业发展规律，先后建立"一带一路"法律研究与服务中心等多个研究中心，深入研究"一带一路"沿线国家的法律制度、产业政策、外汇政策、劳工政策等，致力于为企业对外投资、融资活动提供优质的法律服务。今天的研讨会上举行金茂凯德律师事务所东京代表处和"一带一路"法律研究和服务中心日本站揭牌仪式以及《外滩金融创新试验区法律研究》一书的首发式，我表示热烈祝贺，并期待来自日本、中国专业律师及企业家分享企业在日本投融资的实务经验。

我衷心地希望，此次赴日投融资法律研讨会能为企业家、金融家和法学家们创造一个沟通交流的平台，碰撞出智慧和思想的火花，并通过这个平台，共同探讨"一带一路"倡议的大背景下中国企业赴日投融资的发展方向和途径，为企业投资决策提供智力支持。

牵手法律使对外投资行稳致远

邵 俊

今天的研讨会,我认为有两个主题非常贴切,第一个是对外投资,第二个是法律。这两个主题恰恰可以评价"一带一路"倡议实施以来的经济形势和人们对未来的期盼。中国企业境外投资项目为"一带一路"倡议中的重中之重,但"一带一路"所跨越的不同国家和地区、不同的法律体系和社会背景,给外来投资者带来了一定的未知性和不确定性。因此,就中国企业境外投资时对法律风险的管理进行探讨是非常必要的。在这个形势下,协会会员单位金茂凯德律师事务所设立了日本代表处和"一带一路"法律研究和服务中心日本站,具有现实意义。同时,今天举办的《外滩金融创新试验区法律研究》一书的首发仪式同样意义非凡,其中不少的研究和服务成果也将为上海国际金融中心的金融法制构建和"一带一路"倡议的推进作出贡献。

本次研讨会特邀请了多位中日法律专家和大型上市公司的高管,旨在探讨和交流赴日投资融资的法律问题,分享中国企业赴日投资融资的成果经验,希望为企业在相关领域中的投资、建设、运营和退出提出相关的专业建议。

涉外法律服务贸易为践行国家战略添砖加瓦

吴根宝

我们知道2013年习近平总书记在访问中亚哈萨克斯坦和东南亚的印度尼西亚时先后提出了建设"丝绸之路经济带"和"21世纪海上丝绸之路",也就是"一带一路"倡议。随着"一带一路"倡议的实施,我国的对外经济交流活动取得了丰硕的成果。"一带一路"倡议也推动了我国大量企业和项目"走出去",也必然要求我们提供优质的涉外法律服务。

众所周知,涉外法律服务是我国对外服务贸易中的重要组成部分。这几年,我国服务贸易发展迅猛,2015年全国服务贸易进出口接近7310亿美元,增长14%。上海去年服务贸易进出口完成1996亿美元,也同比增长了14%,这个里面也有我们法律服务贸易的贡献。所以我希望通过今天的研讨会,为推进"一带一路"倡议和企业"走出去"能够获得更多更好更高效的优质涉外法律服务。

今天的研讨会还将举行著名法学家李昌道教授主编的《外滩金融创新试验区法律研究》一书首发仪式,这本书里面有法律服务、法律研究的理论,也有很多成功的案例。这对我们推进"一带一路"倡议和助力企业"走出去"影响深远。祝愿涉外法律服务贸易行稳致远,为中外企业交流与合作增添福祉,为践行国家战略添砖加瓦。

投资日本成为中日经济增长亮点

邵自红

随着中国企业尤其是上海企业到日本投资的热情不断高涨，民企投资日本将成为中日经济增长的亮点。截至2015年底，日本仍是上海第二大贸易伙伴国和第二大外资来源国，日本在沪投资项目已经达到10086个，累计合同外资金额252.16亿美元，2015年上海对日本的直接投资金额为1.4亿美元，同比增长了278%。我们要坚持以开放促改革、以改革促发展，更好地完善投资环境，提高投资便利化程度，鼓励中日企业开展经贸活动，实现双赢。"一带一路"倡议将鼓励企业更快地拓展海外投资，为适应这一经济形势，这两年我们协会在推进企业"走出去"的过程中，调研热点难点问题，组织了多次培训会、报告会，积极推动国外来沪投资和国内企业"走出去"。在这个过程中我们发现法律服务这一块极为重要，很多企业时常因为不了解相关法律，感觉有风险而不敢去投资。这最主要的原因是缺少法律知识，缺少人文交流，以致企业举步维艰。而这一次赴日投资融资法律研讨会召开得非常及时，通过研究、交流企业在对日投资融资过程中碰到的问题，为企业决策提供充分的信息。

此次，金茂凯德律师事务所在日本东京成功设立代表处，将"一带一路"法律研究与服务拓展到了日本站。对此，我代表上海市服务外包企业协会表示热烈祝贺！长期以来，金茂凯德律师事务所为众多国内外知名企业提供着优质的法律服务，并实时关注法律前沿问题，成立了"一带一路"法律研究和服务中心等多个法律研究中心，其精湛的业务技能赢得了各界的认同和赞誉。我衷心祝愿金茂凯德律师事务所东京代表处为企业服务发挥更大的作用，为"一带一路"倡议的推进贡献力量!

随着"一带一路"倡议的不断推进,中国企业拓展海外业务的选择将会越来越多元化。希望能够通过研讨会这个平台,有效加强中外企业间的沟通和交流,促进业务探讨与合作共赢,助力中国企业更好地进行海外投资融资活动,为"一带一路"倡议作出贡献。

在日本开展并购交易前景广阔

蒋 伟

上海豫园商城股份有限公司是著名的"老八股"之一,在今天的中国企业赴日投融资法律研讨会上,我愿和大家分享我们公司在日本进行的并购交易项目情况。

本次收购日本 TOMAMU 耗资将近 10 亿元人民币,收购对象是星野公司股权。现项目名称为星野度假俱乐部,度假村共计 335 万平方米,占总面积的 66.1%,员工共计 182 人,共计 700 多间房,配套设施包括滑雪场、高尔夫球场、水池教堂、微笑海滩等。项目于 2016 年 12 月 21 日交割,2017 年第一季度业务增长达到 2 位数。度假村所处交通便利的北海道中南部,汽车、铁路均有途径前往北海道度假村。现今开始运营的度假房间有 300 多间。未来计划发展为一站式的度假村,度假村主要以冬季滑雪为主。我们公司的战略愿景很明确,即打造现代与传统相结合的文化商业圈,打造城市名片,打造宽阔的护城河,以文化为载体,体现经营水平的提升。

豫园商城是一家主营黄金珠宝业务的上市公司,一年销售额约 200 亿元人民币,其中 70% 以上为黄金珠宝。此外,还拥有餐饮、中医药、旅游产业等不同板块。本次对日本的战略投资体现了区位优势、品牌优势、资金优势、协同优势,使得文化和业务相结合,一切业务文化化,一切文化业务化。TOMAMU 与豫园商城拥有最佳的切合契机,符合对投资回报要求,符合中长期发展的要求。未来,包括黄金、餐饮产业都可能在日本得到进一步的发展。

在项目投资过程中,我们公司聘请了专业的日本律师事务所和会计师事务所进行专门的前期尽职调查,包括工程物业、税收收购、税务安排、资金筹措等各方面的前期准备工作。在考察尽职报告和投资理念相符合后向董事会递交了投资意向书，董事会作出决定后与目标公司签订了排他性协议，签订协议后根据中国证监会的监管要求，聘请了具有中国资质的会计师事务所出具了审计报告，最终以183亿元人民币的对价购买了目标公司的股权，并于后期发布了公司公告。

具体经过来看，目标公司存在多家潜在投资者，包括日本本土企业，由于目标公司大部分股权属于美国基金，董事会经过考虑后决定收购目标公司100%的股权并保留原经营团队，从实际经营情况来看，比较于投资成本，投资回报相当理想。目标公司本身滑雪和高尔夫的度假经营模式在日本本土存在稀缺性，将为吸引中国游客起到巨大作用。整个投资程序基本符合日本投资的决策程序。

接下来，目标公司将引进运营者将空置房间进行改造，制订运营计划。以上为主要项目的收购过程。

作为上市公司高管，我个人的体会是海外投资项目，第一，一定要完善前期尽职调查，聘请当地权威中介机构制作专门尽职调查报告。第二，投资项目需要符合公司战略。上市公司的对外投资项目应当符合中国证监会、证券交易所和国家的相关法律和政策，完成相应的审批手续。第三，一定要做好内幕知情人的告知和保密工作。

开展中日经济交流大有可为

五十部纪英

20年前，我第一次踏足上海，与那时相比上海发生了翻天覆地的变化，为此我感到十分吃惊。中国领导人提出要增加涉外法律律师事务所，金茂凯德律师事务所为此作出了表率，我感到非常了不起。金茂凯德律师事务所和日本前进律师事务所建立了业务合作关系，并派遣其合伙人顾文伟律师常驻日本东京。顾文伟律师在日本取得了外国法律师事务律师资格，拥有开展法律事务的合法资格。金茂凯德律师事务所的业务发展是非常迅速的。

我本人有很丰富的日本企业收购和兼并法律实务经验。投资日本有很多形式，包括收购日本现有企业，进行资本合作，进行业务合作，设立子公司。最简单的方式是收购日本一家现有企业，因为这个企业能够持续运转下去，所以这种方法比较方便。相比较而言，创设一家子公司需要很长的市场开拓时间，并且包括人员的雇用问题。若采用收购方式，上述的烦琐手续都将得到简化。在收购一家企业过程中，需要关注企业的性质、利润等，日本政府还会特别关注企业是否与暴力团体有关联，这些事项都是必须要考虑的。

如何选择被收购的日本企业？最佳渠道就是通过日本的律师事务所、会计师事务所和咨询公司获得相关信息。日本同样存在虚假信息，为避免收购方遭受不必要的损失，被收购企业的信息最好来源于信誉良好的法律律师事务所。

如何确定被收购企业的价格？收购价格应当是由值得信任的会计师事务所所测算决定。就我个人近期参与的案例来说，被收购企业从事的是糕点业务，投资方为中方。但被收购企业实际业绩并不理想，收购价格却很高。为此，收购后中方需要花费大量精力运营公司并使其产生利润，这对收购方的实际影响是十分巨大的，所以必须正确地了解被收购公司的业绩如何并由此得出准确的收购价格。

收购之后最重要的是公司的经营。在日本，当公司的所有人发生变更，成为外国人时，员工一般会选择辞职，所以为了公司正常的运作可以考虑保留原公司人才，最佳的方式是采用日本的管理模式，并尽量保有日方董事成员。日本文化和管理模式的不同，形成了企业与律师事务所和咨询公司的长期合作关系，这也是非常重要的。我个人就经历过这样一个案例，中国经营者在收购一家日方旅馆业公司后采用中国的经营方式，虽然降低了一部分成本，但造成员工的流失，公司运作陷入困境。

投资日本所需要注意的事项非常繁多，其中重要的几点就是选择可靠的专业人士、丰富投资信息来源以及保持谨慎的投资态度。当然，投资日本并不意味着只有收购兼并。设立分公司、子公司也是可行方案之一，但前提是必须保证在日本拥有日方的协助者，这会带来巨大的便利。中国企业到日本开展投融资活动，专业机构可以为他们从设立到管理到融资乃至上市提供一系列服务，包括收购兼并、知识产权、劳动法、签证等多方面服务。

作为一名日本专业人士，我要说，开展中日经济交流大有可为。

赴日投资前景可期

顾文伟

中国是日本最大的贸易伙伴国,日本在华投资企业约23000多家,创造了1000万个以上就业机会,相当于上海常住人口的一半。中国对外投资处于世界第三位,美国第一位,中国香港第二位,日本第四位。中日两国的投资关系因此非常密切,中国现阶段对日本投资仍是低水平的,根据日本官方资料,欧美仍为对日最大投资地区,占80%左右;亚洲地区占日本海外总投资16%左右,其中,中国仅占0.5%,新加坡、中国香港、中国台湾、韩国是在亚洲地区中投资日本的领先地区,中国仅排第七位。根据数据显示,2012年中国在日投资约57亿日元,2013年达到141亿日元,2014年达到615亿日元左右,但是到2015年投资又较前一年总额减半,中国对日投资数额每年都在发生波动。近年来海外投资日本的比例逐年增长,究其原因是日本的经济开始复苏,2015年全球对日投资额约为25兆日元,主要的投资领域包括电力、医药、机械设备、旅游观光等。

投资日本的优势在于,日本有巨大的市场,日本的商品种类繁多,包括食品、日用品、奢侈品;日本技术水平先进,从日常生活生产技术到电子产品技术先进;观光旅游有巨大潜力,日本酒店现今基本供不应求;日本投资安全系数高,到任何地方基本上都不需要安检。

日本政府对外国资本持欢迎态度,由于日本本土土地等资源稀缺,这造成日本本土的贸易丰富,排外的民族环境基本不存在。日本政府也在积极改善投资环境,包括语言环境、基础设施环境、国际学校的配置、投资窗口办事效率的改善、经济特区的建立、税收降低、法律改善、人才引进。

日本国内现阶段值得投资的行业主要包括汽车业、航空业、食品加工业、电脑业、环境业、医疗业等。投资日本比较重要的几个问题是，投资方式是收购本地公司还是设立新公司，还有诸如签证及知识产权保护问题也需要注意，就知识产权来说，投资者至少要提前两三年考虑在日本的商标、专利等问题。

"一带一路"涉外法律服务
若干问题研究

李志强

  自 2013 年 9—10 月,国家主席习近平先后提出共建"丝绸之路经济带"和"21 世纪海上丝绸之路"(以下简称"一带一路")倡议,"一带一路"从中国的单方战略发展成为一个得到全球普遍共识的世纪工程,其内涵和外延包括了政治、经济、文化、社会、环境等诸多方面。2017 年 5 月 14 日,"一带一路"国际合作高峰论坛在北京召开,会议共达成政策沟通、设施联通、贸易畅通、资金融通、民心相通 5 大类,共 76 大项、270 多项具体成果,预示着"一带一路"倡议达到了一个新的阶段。一方面意味着中外经济往来将更为频繁,另一方面也意味着涉外法律行业将进入井喷的时代。同时,伴随着"一带一路"的践行,我国涉外法律服务问题也开始凸显。

一、发展涉外法律服务对于践行"一带一路"倡议的意义

  2016 年 5 月 20 日,中央全面深化改革领导小组第二十四次会议审议通过了《关于发展涉外法律服务业的意见》,其中第一条就阐明了发展涉外法律服务业的重要性和必要性:发展涉外法律服务业,是适应经济全球化进程、形成对外开放新体制、应对维护国家安全稳定新挑战的需要,对于增强我国在国际法律事务中的话语权和影响力,维护我国公民、法人在海外及外国公民、

法人在我国的正当权益具有重要意义。① "一带一路"建设的重点在于"走出去","走出去"必然伴随着一系列的风险,而涉外法律服务能够帮助预防或者规避这些风险,这便是发展涉外法律服务对于"一带一路"建设的意义所在。

司法部党组成员、副部长熊选国 2017 年 3 月 1 日在主持召开学习贯彻《关于发展涉外法律服务业的意见》座谈会上指出,我国经济发展进入新常态,经济全球化深入发展,"一带一路"倡议实施以及企业"走出去"的浪潮,为我国涉外法律服务业创造了难得的历史机遇,同时也带来了新的挑战。

(一)"一带一路"建设中的风险

1. 因直接投资产生的法律风险。由于我国与"一带一路"沿线国家的利益并不完全相同,一些国家的法律出于意识形态、国家利益、安全等方面的考量,会对合营企业中外国投资者的投资范围和持股比例设定许多限制,或是要求合营企业中必须有所在国政府及其委派机构参与经营。即使有些国家没有此类法律限制,其政府也往往拥有对合营企业重大决策的否决权,从而极大地削减了合营企业的自主经营权。一些国家的法律出于反垄断和维护有效竞争的考虑,对外国投资者的跨国并购提出了特别要求,或建立了不透明的跨国并购审查程序,可能会大大增加我国企业海外跨国并购的难度。而且,一旦所在国对特定的跨国并购项目持有怀疑,有时甚至会借助"临时立法"的方法加以限制,从而形成后果较为严重的法律风险。

2. 因市场准入产生的法律风险。市场经济条件下的准入制度,其目的是促进市场的合理竞争和适度保护。"一带一路"建设中,一些贸易伙伴出于对保护本国经济利益的考虑,往往会通过设置严格的法律和市场准入门槛,以及苛刻的通关程序,来限制海外投资主体及产品进入其本国市场。近年来,随着贸易保护主义势力的抬头,从以往赤裸地诉诸关税壁垒,到今天实施各种隐形非关税壁垒,贸易保护主义的形式可谓五花八门,由此引发的法律风险愈演愈烈。如哈萨克斯坦近年来出台政策法规,限制外国资本对其能源领域的投资,限制外国企业在哈萨克斯坦石油开发公司中的持股比例,并规定

---

① 参见《关于发展涉外法律服务业的意见》,http://legal.people.com.cn/n1/2017/0111/c42510-29013508.html,2017 年 5 月 20 日。

股东向第三方转让股权时,哈萨克斯坦政府享有优先购买权,这就使得在能源领域的外国投资者完全丧失了对公司管理和控制的可能性。

3. 因知识产权保护产生的法律风险。知识产权作为一种竞争性资源要素在国家的经济和科技发展中扮演着极其重要的角色。当前,国际投资法发展的一个重要特征是高标准的知识产权保护,这方面的规定甚至比世界贸易组织《与贸易有关的知识产权协议》的要求更高,这就要求一些国家对其现有的知识产权政策进行有效调整。"一带一路"建设中的投资贸易行为,必然会引发知识产权保护问题。如果对外投资与贸易各方对知识产权问题考虑不周,措施不到位,很容易造成知识产权资源的流失,甚至引发知识产权纠纷。

4. 因国际金融交易产生的法律风险。随着中国企业"走出去"步伐的加快,中国企业参与国际金融投资的情况越来越多。然而,国际金融交易和监管十分复杂,且涉及两个或两个以上国家的金融交易法和金融监管法,这就决定了国际金融交易风险较国际贸易风险和国际直接投资风险更大。同时,国际金融交易风险还具有影响范围广、破坏性扩散性强、控制难度大等特点。

5. 因劳工问题引发的法律风险。随着国际社会对人权关注程度的增加,劳工权利作为工作中的人权,已逐渐渗透到国际投资法、国际贸易法等领域。劳工权利保护已成为国家的义务、企业的社会责任。"一带一路"建设中因劳工问题可能引发的法律风险主要有:一是因不平等招工,忽视所在国特有的民族问题、性别问题等,触犯平等劳动及反歧视相关的法律,将会面临行政罚款等处罚;二是漠视所在国法律赋予工会的权力,未能与当地工人组织及工会形成良好关系,可能会面临罢工和激烈抗议的风险;三是在雇工待遇和福利保障方面,如果触犯所在国的劳动法,可能面临处罚、诉讼,甚至并购失败等风险;四是企业在进行人员裁减或调整时,要特别注意所在国有关裁员力度、裁员补偿等方面的法律,否则也容易引发纠纷。

6. 因环境问题产生的法律风险。随着国际环境法的发展和生态文明价值凸显,世界各国尤其是发达国家的环境保护标准和法律越来越严。"一带一路"建设中,海外企业如果不能严格遵守所在国的环境标准和法律,将会引发严重的环境问题。由于部分中资企业在海外投资中履行环保社会责任方面存在缺陷,中国投资者在海外已面临过多起此类事件引发的麻烦。如中国某企业在波兰实施某一工程中出现了疏忽,没有充分认识到当地对环保的要求,而环保成本在波兰筑路工程项目总投资中的占比一般是10%左右,特别是在中国企业负责的工程沿途一共生存七种珍稀两栖动物,包括一种雨蛙、两种蟾蜍、三种青蛙以及一种叫"普通欧螈"的动物。咨询公司要求中国企业必须在入冬前将珍稀蛙类搬到安全地带,因为这些蛙马上就要冬眠,必须避免施工对这些珍稀蛙类造成的伤害。中国企业为此停工两周,员工全力以赴用手搬运珍稀蛙类。事实上,许多国家都有严格的环保规定,中国企业环保意识不足,对环保投入成本估计不够,这是中国企业必须加以改进的地方。

7. 因经营管理不善产生的法律风险。由于法律意识淡薄和固有的商业惯性,我国海外投资企业在经营管理中容易,触犯法律,从而产生法律风险。一是可能产生商业腐败法律风险。欧洲国家对企业腐败有严格的法律规定,一旦企业被发现有行贿、贪污等问题,将面临严重的竞业禁止和制裁风险,企业声誉可能毁于一旦。二是可能产生税收法律风险。同一主权国家都会根据其本国法律对同一纳税实体进行征税。因此,企业在境外经营时,既要根据属人原则向我国政府纳税,又要根据属地原则向所在国政府纳税。如果企业的纳税情况及避税手段不符合所在国的税收法律,则会面临复杂的税收法律风险。三是可能产生项目规划设计法律风险。如果某一项目的规划设计不符合东道国相关法律的规定,项目完成后,就无法通过东道国的验收,从而导致投资遭受重大损失。四是可能产生合同管理法律风险。现代的合同管理涉及合同的谈判、起草、签订、履行、变更、终止、违约处理全过程。在这一全过程管理中,任何一个疏漏,都可能引起争议或纠纷,从而产生风险,造成损失。①

(二)提供涉外法律服务的作用

面对上述各类风险,我们的企业往往没有足够的专业能力予以应对,这时就需要专业的涉外法律人士提供专业法律服务,使企业规避这些风险。涉外法律服务通过各种形式,能够给客户提供巨大的帮助。

1. 参与规则制定的作用。"没有规矩,不成方圆"。国际经济往来中的规矩就是各国的法律规范以及国际公约或者区域性的规定。"一带一路"的

---

① 李玉璧,王兰.建设中的法律风险识别及应对策略[J].国家行政学院学报,2017(2).

建设伴随着国内外多方面的近距离接触，其中会产生良性的合作，当然也不乏各类冲突，规则的制定和适用就显得尤为重要。在沿线企业的实践下，很可能出现现行法律规制的盲点，这时候一方面需要法律的适用和解释，另一方面就需要新规则的制定。律师在制定新规则中应该享有一定的发言权，因为律师长期以来一直位于法律适用的前沿阵地，对于法律得失具有较为深刻的理解。律师对"一带一路"倡议实施过程中的法律问题，可以提出自己的思考和立法建议，这对于"一带一路"法制建设的完善意义重大。[①]

2. 开展对外法治宣传的作用。律师为各方主体提供法律服务，代表的是一种法治理念，尤其是在"一带一路"倡议背景下涉外法律服务方兴未艾。在"一带一路"建设过程中，中国企业大量走出国门，法律服务也伴随着这些企业走出国门。在这一过程中，中国律师代表中国的法律制度、法治理念与国外律师进行交流，使得"一带一路"沿线国家乃至辐射开去的更多的国家看到中国的身影，了解中国的法律机制。这在一定程度上是对中国法律服务在世界法律服务市场份额缺失的一种弥补，更是将中国法治理念推向世界，让世界加深认识中国的一个契机。

3. 促进依法决策的作用。这里的决策不仅包含政府的决策，也包含企业的决策。政府决策引领方向、影响深远，企业决策关乎经营发展大计。在"一带一路"建设过程中，无论是政府管理决策，还是企业经营决策，都需要律师发挥法律咨询和参谋作用，用法治思维和法治方式推进"一带一路"建设。在"一带一路"倡议背景下，无论是政府还是企业，必然会接触国外的法律规范，对此有必要进行相关的研究。律师在日常的执业活动中更有可能接触这些法律规范，相对而言对这些法律规范要有更为清晰的理解。对于政府而言，各项政策的制定需要了解沿线国家的法律规范；对于企业而言，其日常的经营活动更加离不开对于各国相关法律的研究。律师提供的涉外法律服务包括这些法律研究以及决策建议的内容。

4. 提供企业经营法律服务的作用。涉外法律服务的主体部分还在于为企业提供有关经营的各类法律服务，这里包含较多的内容。从宏观视角来看，律师可以为国际货物贸易、服务贸易、知识产权国际保护等提供法律服务，

[①] 赵大程. 在首届丝绸之路法律服务合作论坛上的讲话 [J]. 中国律师，2016(10).

切实维护中外当事人的合法权益。从微观视角来看，律师可以围绕交通、能源、通信等基础设施重大工程、重大项目的立项、招投标等活动，提供法律尽职调查服务，防范投资风险；参与合作工程、项目的谈判，参与合同文本的起草，严把合同订立的法律关等。

    5. 化解矛盾纷争的作用。"一带一路"沿线国家和地区法治水平差异大，法治环境较为复杂，国际经贸合作、跨国投资经营存在法律风险，易引发矛盾纠纷。在矛盾发生以后，就需要律师充分运用代理诉讼、仲裁、调解等手段，化解矛盾纠纷，维护国家、企业、公民的合法权益。"一带一路"倡议下企业法律纠纷面临着更为严峻的形势，一方面是纠纷的量因为上文提到的众多法律风险而增多，另一方面是在案件难度上会体现出更加复杂的特性，与国内案件相比更多地可能适用国外法律。这一点对于企业提出了更高的要求，需要专业的涉外法律服务予以解决。

二、涉外法律服务的现状

（一）律师事务所"走出去"的现状

    总体而言，律师事务所（以下简称律所）"走出去"的方式有在国外设立分所、加入国际性行业组织和与国外律师事务所结盟三种方式。

    1. 中国律师事务所在国外设立分所的现状。中国律所最早在国外设立分所起源于1993年，当年北京君合律师事务所的周晓琳律师取得了纽约律师执照，君合随后在纽约开设分所。之后，也有律师事务所陆陆续续在国外设立分所。截至2012年6月，中国本土律所只有不到20家在海外设立分支机构。这是一个非常小的数字，与中国的经济发展状况和中国的大国地位极不匹配！在这些律所中，律所在规模上大多是国内的一流大所；在地理位置上，基本上以北京和上海律所居多。截至2016年12月底，在国外设立分所和代表处的律师事务所有金杜、君合、德恒、中伦、段和段、金茂凯德、四维乐马等，这一数据与英美等国相比，差距惊人。截至2016年初，在我国设立的外国律师事务所分支机构达到了229家。仅美国和英国两个国家在中国的分支机构就达到了142家，占所有在中国的外国律师事务所分支机构的62%。相比之下，中国律所"走出去"的程度还远远不够。

2. 中国律师事务所加入国际性行业组织的现状。加入国际性律师行业组织，也是中国律所"走出去"的一种方式。1997年，北京君合律师事务所就加入了拥有分布在100多个国家的160家顶尖律所成员的国际律所协会LexMundi，其后又加入了Multilaw。2003年，金杜先后加入了PacificRim Advisory Council和World Law Group。2009年，大成加入World Service Group。北京中伦律师事务所、北京浩天信和律师事务所、北京柳沈律师事务所和广东敬海律师事务所是Terralex的成员。金茂凯德律师事务所加入了国际商业律师联盟（Alliance of International Business Lawyers）。凭借这些行业组织平台，律所成员经常联络、相互熟悉、建立信任关系，可以为今后的合作铺平道路，但是加入国际律所组织的多是起步较早的大所，对于后起律所，这种机会很难获得。

3. 中国律师事务所与国外律师事务所结盟的现状。对于法律服务业，与国外律师事务所结盟，不论是松散型的还是紧密型的结盟，都是扩大律师事务所网络的另一种方式。现在可知的与国外律师事务所结盟的主要有北京金杜律师事务所和北京大成律师事务所。2012年3月1日，北京金杜律师事务所与澳大利亚万盛国际律师事务所（Mallesons Stephen Jaques）结成联盟，初步形成了今天的金杜律师事务所（King & Wood Mallesons），金杜成为第一家总部设在亚洲的全球性律师事务所。2013年，金杜宣布与国际律师事务所SJ Berwin结成首个全球法律联盟，这样的结盟极大地提升了金杜的实力，金杜律师事务所国际联盟如今是全球排名前25位的律师事务所之一，总收入约10亿美元。2015年1月27日，亚洲最大律师事务所——北京大成律师事务所与全球十大律所之一的Dentons律师事务所正式签署合并协议，共同打造一个全新的、布局全球的世界领先国际律师事务所。新律所执业律师人数超过6500人，这是目前全球律师业规模最大的律师事务所。[1]

（二）我国涉外法律业务律师现状

我国提供涉外法律服务的律师人数不多，这是目前涉外法律服务现状

---

[1] 洪建政. 中国律师"走出去"的现状与展望[J]. 法治与社会，2017(10).

的主要特征。涉外法律业务律师的缺乏一方面影响我国提供涉外法律服务的质量和效率，另一方面在一定程度上阻碍了我国律所"走出去"的脚步。在涉外法律业务人才问题解决上，一方面通过自身培养，另一方面通过人才引进。对于自身培养而言，培养投入大、周期长、回报慢、稳定性不足，存在被大所"挖人"且连市场、业务一起被挖走的风险。另外，大多数政府及律师协会没有建立有效的人才培养机制及政策，律所自身的培养经费及机制不足。对于人才引进而言，一方面存在大量的成本，另一方面要面临国内大所之间的争夺乃至于和国外律所之间的争夺。这些直接导致我国涉外法律业务律师的不足。据材料显示，即使如东部发达地区的深圳，作为孕育了平安、华为、招商银行、正威等世界500强和中国百强企业的中国经济中心城市，很多企业涉外法律业务量非常大，但大部分市场份额被欧美律师占有，其原因主要在于深圳的涉外律师缺口达千人以上。

三、对于解决涉外法律服务问题的建议

（一）支持中国律所"走出去"

中国律所"走出去"包含三种模式，即在国外设立分所、加入国际性行业组织和与国外律师事务所结盟，这三种模式目前为止都发展有限。"一带一路"建设的时代背景为中国律所"走出去"创设了重大契机，此时应该借助"一带一路"倡议的东风，实现中国律所"走出去"的战略布局。

1. 将设立境外法律服务机构纳入对外投资管理，落实扶持政策。毋庸置疑的是，国家"走出去"的政策所涉的投资主体范围，当然包括律师法律服务在内的服务业。一方面，这是服务业发展的客观要求；另一方面，"一带一路"倡议下众多企业走出国门，法律服务作为其配套设施，必不可少！针对现阶段律所"走出去"所面临的困境，应该制定相应的法律规章，支持国内律所到境外设立分所，扩宽律所的服务面。不仅如此，国家还应该落实扶持政策。国内律所到境外开设分所，与本土的律所相比，存在先天的劣势，这些劣势包括语言交流的劣势、法律法规熟悉程度的劣势、地理人文环境熟悉程度的劣势等。这些劣势并非一朝一夕能够弥补，需要长时期的发展才能

见效，所以相关部门应该给予各方面的优惠政策，支持国内律所跨境设立分所或代表处的活动。

2. 创新联盟形式，构建为"一带一路"提供专门法律服务的联盟模式。与以往相比，现在"一带一路"的大背景下，律所应该把握机遇建立联盟。据悉国内已有律所提议、酝酿整合有"一带一路"市场资源、业务实践、研究及实务人才储备的律所联盟，专门为"一带一路"建设提供法律服务。可以预见，类似东南亚、南亚、中亚、西亚、中东欧、非洲等综合性或区域性的法律服务专业联盟将会在不久的将来应运而生，且将占据一定的国际法律业务市场份额。当然，在这一过程中，也可以吸收"一带一路"沿线国家的律所加入联盟，以加强联盟的专业性。[①]

（二）引进和培养涉外法律人才

我国律所"走出去"，提供涉外法律服务，这些都需要涉外法律人才的加入，然而我国的现状是涉外法律人才极度匮乏。对此，一方面需要大量引进国外的相关法律人才，另一方面应该着力培养我国的涉外法律人才。"一带一路"沿线国家的法律人士对于当地的法律更为熟悉，国内律所如果能够吸收这些人才，为我国"一带一路"建设所用，将能在最短的时间内弥补国内涉外法律人才短缺的劣势。

当然，治本之策还是培养我国的涉外法律人才，这才是促进我国律所进一步发展的核心力量。其实国内对于培养相关法律人才已经采取了一定的措施，自2012年起，中华全国律师协会实施了《第八届全国律协涉外高素质律师领军人才培养规划（2012—2015年）》，计划在四年内培养300名精通国际法律业务的律师人才。自2008年起，浙江省由政府出资选送百名律师到美国和欧盟接受"百名反倾销律师"培训，人均费用15万元，其中由省政府承担12万元，省律协、地（市）律协、律所或律师个人各负担1万元，这些受训律师归国后，已承办了十多起反倾销大案，在促进国际贸易纠纷解决、维护国家利益上发挥了重要作用。此后，浙江省又陆续制定了培训"百名产权律师""百名跨国并购律师"政策。被称为"三年三个政策，三年三个

---

① 赵耀. "一带一路"法律服务布局的难点与创新 [J]. 法治与社会，2016(12).

'一百'"。江苏省2008年由政府拨款486万元人民币，对55名律师进行国内、国外两个阶段的培训，使其成为高端涉外法律服务人才。

  刚刚闭幕的中国共产党第十九次全国代表大会提出了习近平新时代中国特色社会主义思想，丰富和发展了马克思主义中国化最新理论成果。习近平总书记指出，中国坚持对外开放的基本国策，坚持打开国门搞建设，积极促进"一带一路"国际合作，努力实现政策沟通、设施联通、贸易畅通、资金融通、民心相通，打造国际合作新平台，增添共同发展新动力。中国开放的大门不会关闭，只会越开越大。要以"一带一路"建设为重点，坚持引进来和走出去并重，遵循共商共建共享原则，加强创新能力开放合作，形成陆海内外联动、东西双向互济的开放格局。这些重要论断为新时代中国律师为中国企业"走出去"提供高质量的法律服务指明了路径和方向。

  让我们以只争朝夕、时不我待的朝气，以敢为人先、勇立潮头的志气和持之以恒、坚韧不拔的锐气，在习近平新时代中国特色社会主义思想的指引下，不忘初心，牢记使命，续写无愧于新时代的新篇章！

Legal Risks and Opportunities of Cross-border Infrastructure Construction under "the Belt and Road Initiative"
——From the Perspective of Chinese Enterprises Going Out

李志强

Early in this July, the international credit rating agency, Moody's, for the first time "scoring" the Asian Infrastructure Investment Bank (AIIB), giving this emerging multilateral development bank the highest credit rating of AAA as the same level of the World Bank. During one year and a half since the launch, the members of the AIIB have increased from the original 57 to 80. The recognition of AIIB is an affirmation of the capacity of China's global governance. At the same time, the international cooperation of China's infrastructure has become a hot topic with the initiative of "the Belt and Road".

In the eighth session of International Infrastructure Investment and Construction Forum (IIICF), held in early June this year, more than 1,700 government representatives, financial institutions, Chinese and foreign enterprises and advisory bodies from 63 countries and regions explore the future of international infrastructure development and cooperation on infrastructure construction and industrial development, finance Innovation and industrial investment cooperation, sustainable infrastructure development and other topics.

I Infrastructure Construction Promotes Co-development of Industries

For many countries, the development of infrastructure is a point of strength, so that it can really enter the process of industrialization. This requires enterprises to actively participate in the investment, construction and operation of the relevant supporting industries when participating in infrastructure construction.

The commercial model of investment, construction and operation of integrated operation is the main direction of the transformation and upgrading of overseas business of China Railway Construction Corporation Limited (CRCC) ? Zhao Jinhua, the chief economist of CRCC, said that the current investment-oriented business operation mode is increasingly common; CRCC has achieved business transformation. When we are participating in the construction of ADDIS Ababa - Djibouti Railway, we also participated in the investment and operation of ADDIS Ababa - Djibouti Railway and its industrial parks. The operation of ADDIS Ababa - Djibouti railway, will drive the trade logistics, agricultural exports, urban construction and other related industries along the railway and open up a gateway to the Gulf of Aden for Ethiopia.

In Nigeria, CRCC has also led the development of the China-Africa Lekki Free Trade Area, which has been the largest free trade area in West Africa; the business scope covers oil and gas storage, garment production, trade logistics, automotive assembly, steel processing etc.

Configuring the enterprises' overseas resource in accordance with the host country's industrial plans, said Wang Xusheng, the president of China Machinery Import and Export Group Co., Ltd., "that the traditional contractor's thinking is to distribute resources only for a single project, which caused the project fragmented with each other, and the enterprises' integration in the local country is also at a shallow level. " With the path of industrial development in different countries, equipped with corporate capital, manpower and services with the globalization vision, the profile from which will be global, and the co-development of industries of host country also will be very effective.

II the Opportunities and Challenges under "the Belt and Road Initiative"

One of the core contents of "the Belt and Road Initiative" is to promote infrastructure construction and interconnection, dock national policies and development strategies, deepen pragmatic cooperation and promote coordinated and development to achieve common prosperity. During "the Belt and Road Forum", Xi Jinping announced that China Development Bank and The Export-Import Bank of China will provide 250 billion yuan and 130 billion yuan of equivalent RMB loans, to support the infrastructure construction, capacity and financial cooperation along "the Belt and Road".

At present, the world's demand for infrastructure construction is strong, but also faces many problems and challenges. Yu Jianhua, vice minister of the Ministry of Commerce and vice chairman of the international trade negotiations, believes that, first of all, the financing bottleneck of infrastructure in the world always exists, i.e. on the one hand, the funding gap as high as one trillion dollars each year, on the other hand, there is the lack of policy environment and channels for a huge social capital to the field of infrastructure. Secondly, the development of infrastructure in different regions is uneven, the system construction of some countries is lagging behind, the traffic planning, policies and standards are poorly connected, the level of interconnection is low, the infrastructure is insufficient and the operation efficiency is not high. In addition, economic and social development of all countries put forward new requirements for the sustainability of infrastructure, however, there is a larger gap among many regional infrastructure projects in the economic, social, environmental and other aspects.

III Legal Risk of Cross - border Infrastructure Construction

Since the implementation of "the Belt and Road Initiative", infrastructure enterprises' overseas investment projects have been booming, but also faced with a huge risk, many problems of projects continue to occur, resulting in huge losses. The characteristics of the infrastructure industry itself determine the inevitable risks for the overseas investment of infrastructure enterprises. The international environment and its own management have a more important impact on the infrastructure enterprises. I will summarize the two aspects of the international environment and business management to expresses the legal risk of cross - border infrastructure construction investment of infrastructure enterprises under the background of "the Belt and Road Initiative".

1. Legal Risks in Investment Environment for Cross-border Infrastructure Construction

The legal risks in the international investment environment of infrastructure enterprise are limited by the host country and the international environment, rather than its own business. Based on political background of "the Belt and Road Initiative", I will define the meaning of foreign legal risks as much as possible from the government documents.

(1) Political Risk

In 2011, Ministry of Commerce of the People's Republic of China formulated the Overseas Security Risk Early Warning and Information Release System of Foreign Investment Cooperation, Article 1, paragraph 2 of which clearly provides: "political risk, refers to the political changes, war, armed conflict, terrorist attacks or kidnapping, social unrest, ethnic and religious conflicts, law and order crime, etc. in the host country." The current infrastructure investment and engineering projects are facing more political risks, including but not limited to the following aspects: changes of relationship between China and the host country, the credit of national sovereignty, the risk of national institutional changes, the risk of national tax changes, the risk of war, the risk of government replacement or political party replacement. Since the introduction of " the Belt and Road Initiative ", the overall political situation of the countries involved is relatively stable, but war and terrorist war of the traditional non-safe regional continues and deteriorates, and still poses a potential threat to the infrastructures of foreign investment.

（2）The Risk of Legal and Policy Changes

Laws and policies as the code of conduct for infrastructure firms, play an irreplaceable role in host countries. Therefore, the stability of the law and policy is the premise of the infrastructure enterprises to successfully construct and output capacity. In addition, the international project contracting generally has a long construction period, relatively large investment, which determines the host country needs to provide a stable and sound investment environment. Especially the stability of laws and policies, if the host country law, especially on the tax, import and export, environmental protection, construction and other laws frequently changes, the construction of foreign contracted enterprises will encounter great uncertainty.

（3）The Natural Risks

The natural risks in the investment of cross-border infrastructure construction mainly refer to the risk of project progress, quality and construction personnel of the unpredictable and forceless natural environment where the infrastructure of the infrastructure construction project is located. "The Belt and Road Initiative" across the Asia-Europe continent, the Indian Ocean, Oceania, North and South America and most other countries around the world. The northernmost side along "The Silk Road Economic Belt" is Russia, the Nordic countries, these countries are cold in winter, and covered with snow, soil thaws in summer, when the ground is too soft to construct by large infrastructure. The project construction is often delayed by the cold tide in winter. The weather of Central Asia is dry, which belongs to continental climate, and dust storms threatens the safety of projects and labor frequently.

2. Legal Risks of Enterprise's Management in Cross - border Infrastructure Construction

（1）Contract Group Compliance Risk

Contract group is linked with the sub-contract group, generated from current and future, based on the overall goal of the project. With the expansion of the scale of infrastructure projects and the increase in the amount of investment, many large projects, especially the complex projects of multi-enterprise cooperation, due to involving a number of stakeholders, the coordination with these stakeholders and the dealing with relationship will have a great impact on the success of projects. The responsibility and demand of the stakeholders in the construction project are reflected through the construction project contract, and the subject of the contract is the main body of the resources, the main body of qualification, the main body of the investment and so on. According to the order of the contract to adjust the rights and obligations, it can be divided into cooperation intention contract, project contract, guarantee contract, payment contract, breach contract, maintenance contract, operating income and distribution contract. Once there is a link which fractured from the contract group, it is likely to cause irreparable damage.

(2) Labor Risk

Labor risk has traditionally been a major problem in foreign investment. From the aspect of enterprises, only from the safety point of view of employees, some companies, for cost-saving considerations, firstly did not train the staff the necessary safety skills; secondly the staff did not take the necessary security measures, let alone the logistic Medical security measures. From aspect of the labor, in the face of the temptation of overseas employment, in the face of the incentive of enterprise, they often work overload.

(3) Trade Risk

In the international trade of infrastructure enterprises' project construction, in addition to signing and fulfilling, it also involves the key steps of cross-border transportation, cargo insurance and international payment, and also involves the matching special materials trade required for the project, which inevitably increases the diversity of trade disputes. And because the dispute involves the interests of the host country, and there are many treaties, conventions and practices that govern the trade behavior of enterprises, and even need to pass the laws of a sovereign state, to deal with disputes, in addition, trade disputes are also subject to the change of international political situation, foreign trade policy and other objective conditions, but also increased the complexity of trade dispute resolution.

IV Provide Legal Services for "the Belt and Road Initiative"

1. Participate in the Formulation of Rules, and Ensure Policy Communication

Strengthening the policy communication is an important guarantee for the construction of " the Belt and Road Initiative". To promote "the Belt and Road Initiative", the government should play the role of grasping of the direction and coordination, which requires the development of a set of policy plannings. Lawyers and other professional legal services workers can participate in policy formulation, planning and design and application of international rules, playing a role of legal advice and staff; actively participate in regional economic and trade rules negotiations, multi-bilateral investment agreement negotiations, to build a more open and transparent international economic and trade environment for all types of market participants; to actively participate in the research and demonstration in the process of formulating relevant policies and measures, to provide legal advice, to prevent legal risks, to help the government to improve the level of decision-making; familiar with the policy in the implementation of the policy process, to make plans for the macro-policy communication between governments of different countries, to provide targeted, practical professional advice, to promote economic development strategies fully exchange and docking along " the Belt and Road "Initiative.

2. To Promote the connectivity of Facilities with strict laws and regulations

Infrastructure interconnection is a priority area for "the Belt and Road Initiative". At present, the interconnection construction of China and the countries along "the Belt and Road" is lagging behind, there are some important channel missing sections, the level of many channel is low, can be passed but poor. Part of the cross-border project construction conditions are complex, needing more capital, facing huge legal risk, the coordination is difficult. Promoting the interconnection of infrastructure and construction of international channel, to build the new Eurasian

Continental Bridge and other international economic corridors, construction of safe and secure sea strategic channel, all of which are inseparable from the legal escort. At present, we should focus on transportation, energy, information and other infrastructure construction of registering of major projects, bidding, etc., to provide full-time legal investigation services, to complete security network, to prevent investment risks. Through the agency litigation, arbitration, etc., to handle the contract disputes in infrastructure construction according to the law properly, to provide quality and efficient legal services for enterprises, to promote the construction of internal and external connectivity, safe and smooth, green and efficient international channel.

3. Safeguarding Legitimate Rights and Interests, and Safeguarding Trade Flow

There are differences in the level of the rule of law in the countries and regions along "the Belt and Road Iniaiative" and the legal environment is complicated. In particular, the applicable laws in international economic exchanges are multi-national laws, international conventions or regional regulations, and international economic and trade cooperation is prone to contradictory disputes. Practice has proved that in the international trade activities, if the enterprise, citizens are lack of understanding and awareness to the legal system and rules of host country, they may face enormous legal risks, and even pay a heavy price. This requires us to provide legal services in areas such as international trade in goods, trade in services, international protection of intellectual property rights and international technology transfer, international taxation, and safeguarding the legitimate rights and interests of the parties; and to provide legal services for the development of new commercial formats such as cross-border e-commerce and market procurement trade, and promote the continuous innovation of trade.

（本文系环太平洋律师协会中国理事李志强受邀在2017年5月12日举行的香港律师会成立110年暨"一带一路：连接、融合及协作国际论坛"上的英文演讲文稿）

日本投融资法律研究篇

中国企业赴日投资需要关注的若干问题

桥本诚太郎

一、前言

现在可以说是中国企业进入日本发展的绝佳机会。原因在于，日本国内产业低迷继而使得日本国内公司业绩不断恶化，导致日本许多公司资金严重不足。对于日本而言，虽然其本身在国际交易中并没有引以为傲的自然资源，但其却拥有足以被誉为"世界第一"的技术力量和经验。对此，日本的汽车制造业和电气化制品制造业就是最好的例证。然而，原本依靠日本公司的技术力量足以使其在国际贸易上大获成功，甚至能促使其获得更进一步的发展，但由于资金不足，这一切都无法实现。也因此，经济不景气直接使得相关从业人员待遇下降，优秀的技术人员不断跳槽至韩国企业，最终导致如今连技术力量也开始下降的情况。确实，以三星为首的韩国企业在电子产品领域发展迅速，但其"品牌力"仍然有所欠缺，而在这一点上，日本的厂商以及产品不仅有质量保证，同时也具有相当的"品牌力"。

近年来，前往日本的中国游客数量呈"爆炸"式增长，其往往大量购买日本生产的电气化制品、化妆品、药品等并带回国内，这正是对"日本生产"这样一种品质追求的体现。

中国拥有雄厚的资金，日本拥有相当的技术力量，可以说二者相互需要，二者间存在着一种彼此互助和共同发展的关系。

综上所述，现在正是中国企业进入日本发展的好时机。下文将在对日本企业的大致情形进行概括阐述的基础上，对中国企业进入日本发展的相关要点进行说明。

二、日本的公司法律制度

（一）日本的法律

围绕企业的相关诸多法律中，最为基础的是2005年制定的《日本公司法》。该法是从日本旧商法（商法典）中独立出来，主要规制企业利用公司这样一种组织形态，围绕其运营制定而成的法律规则。其余作为公司法补充的细则，包括日本法务省颁布的《省令》，如公司法施行规则、公司财务规则、电子广告规则等。同时，作为公司法的特别法，还有与公司债、股份等转账相关的法律、附担保公司债信托法、商业登记法等。

但是，与公司相关联的法律并不局限于上文所提及的公司法。例如，公司在经营过程中会进行各种各样的交易，若该交易为买卖合同，则适用民法、商法中与买卖相关的规则。再者，又如独占禁止法（译者：即反垄断法）就是对公司行为从竞争政策的观点出发加以规制。同时，根据法人税法的规定，公司必须对国家支付法人税，这也对公司的行为带来了巨大的影响，不仅仅是公司法本身，其余的民事法等法律规则也与公司具有一定的关联。

（二）日本的公司种类

日本公司法对公司的分类大致可以分为股份公司和持份公司。

股份公司的出资者（股东）只承担成为股东之际对公司的出资义务，与之相对其不承担对公司债权人的责任。而现在股份公司凭资本金1日元即可设立。

持份公司可以分为合名公司、合资公司、合同公司三种类型。其中，合名公司指的是全部社员皆承担无限责任（作为出资者的社员负有承担公司债务等责任义务）的公司类型；合资公司指的是公司中同时存在无限责任社员和有限责任社员（只承担与股东同样的出资义务）的公司类型；而合同公司指的是只有有限责任社员的公司类型见（见《公司法》第576条第2款至第4款）。

股份公司和持份公司的区别在于所有权和经营权是否分离，即在股份公司之中，股东拥有公司，并以股东挑选经营者作为前提。但是，对于持份公司而言，其并不以此作为前提，其所有权和经营权并未发生分离，所有者（=出资者）本身负责经营。

其中，根据2005年《日本公司法》而产生的合同公司因被誉为日本版LLC而备受关注。在合同公司项下，对于内部关系可以通过合同以及章程由关系当事人之间自由约定，这也有益于高风险高回报的风险型企业及合资经营企业（联营企业）的有效运营。同时，与股份公司不同，合同公司并不以董事和监事等作为必备的公司机构。在风险型企业中，为企业提供具有巨大贡献的技术研发的创业家与提供巨额资金的专门投资基金（风险资本）之间，如果能够精准地做到对企业有益，并对企业产生的盈亏分配及战略决策的制订做到相关的权利平衡，无疑会给双方带来积极的影响。在这种情况下，如果根据出资额的多寡来简单决定表决权比率和红利分配就显得并不十分合理。

另外，在合同公司中，对于作出战略决策的方法可以通过章程规定，十分便利。比如规定"不按出资金额（决定表决权）"，而规定"关于一定的重要事项，双方都享有否决权"。

再者，有限责任合伙（日本版LLP）于2006年根据特别法设立。有限责任合伙与合同公司一样，对于盈利分配与业务执行权限的分配可以依据契约自由决定。

概括而言，有限责任合伙与合同公司的区别就在于法人资格的有无。在税收上，有限责任合伙被视作合伙，因而不需缴纳法人税。对风险企业而言，在其初期可能从事伴随大额损失的经营活动时，不必缴纳法人税无疑是重大利好。具体而言，有限责任合伙是对合伙人直接进行课税，与股份公司和合同公司等法人"适用法人税后，还需对出资者的分配进行征税（针对临时所得的所得税）"的二重征税截然不同。

适合采用上述有限责任合伙形式的组织，并非是像设立合资企业般的大规模形态，而是追求业务合作契约意义上的共同经营，又或是公司经营咨询业务、CG、网页制作、软件开发业务等。相对地，如果企业对以"拥有法人格"这一形式运营十分重视的话，通常会选择股份公司或者合同公司的形态。

在日本，虽然股份公司的占比占绝大部分，但在成立公司或设立合伙之际，也必须根据实际，根据其特征进行相应的选择。

三、中国企业进入日本的方法

中国企业想要进入日本，大致可以分为：设立新公司、收购日本企业和资本合作这三种方式。

（一）设立新公司

1. 外国人是否能在日本设立公司。

毫无疑问，即使是外国人也可以在日本国内设立公司，同时，其在日本设立公司的程序与日本人设立公司相同。

当然，外国人在日本设立公司与被承认具有在留资格（相当于获得签证）是两个完全不同的问题。因此，外国人在日本股份公司担任董事一职从事活动时要尤为注意。原因在于即使在商业活动上取得成功，但若无法获得在留资格（获得签证），则无法留在日本而不得不选择回国。

如果外国人有日本人配偶或是定居者、永住者（永久居住权者）、永住者配偶等相应的在留资格，由于上述在留资格没有活动限制，因而该外国人就可以担任日本公司的董事进行活动。但是，对于取得的是人文知识、国际业务、技能、技术等在日本有活动限制的在留资格的外国人，其在担任董事职务，特别是代表董事职务时，原则上就不能一边在日本居住，一边在日本的公司进行活动。

为了取得投资、经营的在留资格，公司的永续性和安定性是必要且不可或缺的。特别是在申请投资、经营的在留资格时，必须要严格制作公司今后的经营计划书。但遗憾的是，日本现在依然是一个相对封闭的国家，因此对于外国人，日本国内采取的仍旧是限制其自由经济活动的方针。

关于投资、经营签证的取得条件，由于外务省的出入国管理局并未公开详细的基准，因而至少在未满足下述条件的情况下，签证的申请是不会被受理的。

（1）在日本国内有确定的营业场所（不可和住宅兼用）。

（2）需雇用至少2名以上拥有日本永住权（日本人或者拥有永住权的外国人）的专职人员（最好雇用2名以上的日本人），或者必须在日本国内支付每年500万日元以上的经费（作为公司设立之初的救济措施，我们建议有必要尽早雇用2名以上的专职人员）。

（3）申请人的出资金额在资本金500万日元以上（投资经营签证以一定金额以上的投资为必要）。

（4）需具备能切实证明企业经营活动具有安定性及持续性的内容。

外国人如果要在日本设立公司并进行运营，由于存在上述在留资格（签证）的问题，因而不单单公司法，外国人还必须遵守入管法（入国管理法）等形形色色的规定，特别是对于入管法的规定，还需要有深入的学习和了解。

综上，实际上若中国人想在日本从事经营活动，取得日本签证就是首当其冲的重要问题。

当然，股东本身居住在中国，仅以出资确保其作为公司股东的经营权，而将代表董事等职务交由持有签证的人员或者日本人担任也是可行的。再者，对于如上述的合作乃至联营企业等与日本企业共同经营的情形，上述繁杂的手续自然可以忽略不计。

无论如何，在日本设立新公司之际，都必须与日本的律师进行商谈，对要设立何种公司以及如何设立公司进行讨论。再者，与熟知签证问题的行政书士（译者：日本的一种法律职业）进行沟通也必不可少。

2. 中国投资者购买日本不动产。

必须作为补充进行说明的是，外国人在日本创业之初可能要购买日本的不动产，对此，日本对于不动产的购入并没有针对外资进行特别规制的法律。但是，关于日本的不动产购入问题，对于不动产相关的法律规定，以及不动产隐藏的瑕疵问题（土地污染或者设计施工不良等）仍需调查，因而委托专家进行调查就显得尤为必要。另外，虽然存在专门面向中国人的日本不动产中介，但其中也不乏无法信赖的从业者或中介人员，引发纠纷的例子也比比皆是，因而对于中介的选定需要多加注意。

笔者的服务客户，一位中国人社长因持有大量现金而遭受欺诈，因而在动用大额金钱时必须要慎之又慎。

（二）收购日本企业

1. 总论。

设立新的公司往往需要耗费一定的劳力、资金和时间。而最简单的在日本发展的方法就是直接收购已经开展经营活动的日系企业。但是收购必须先对作为收购对象的公司进行彻底的调查，即尽职调查。所谓尽职调查，意指从财务层面到法务层面，进行双向全面的调查。一般而言，在日本的中小企业中，有相当一部分公司的财务报表并不能反映企业的实际运营状态，因而在收购之前为了了解企业的实际情况，尽职调查是必不可少的。

因此，不光是律师事务所，尽职调查还必须和会计事务所进行协作，且应尽可能选择能够与擅长尽职调查的会计事务所进行协作的律师事务所。

2. 收购（M＆A）时的要点。

（1）寻找值得信赖的日本律师事务所。在收购的过程中，股份取得和营业转让等法律问题会错综复杂地交织在一起，各种合同书的制作以及尽职调查都是必不可少的，为此就必须要寻找精通日本公司法的律师。再者，正如上述所言，仅靠律师难以单独完成公司合并，其有必要与注册会计师和税理师等进行协作。也因此，如果委托和上述业者有着紧密联系的大型律师事务所，则整个进程就会被较为顺利地推进，而收购作业也以此作为出发点。

（2）针对收购对手方的日本企业开展公关活动。由于日本是一个岛国，对于外资收购很多公司通常具有一种强烈的排斥感，这也是基于害怕被外国企业吞噬的不安所催生的。具体而言，比如担心是否会在外国公司获得全部技术后被舍弃，或者担忧仅仅是为了在股份交易中获得利益而被收购之类。

特别是从数年前开始，中日关系由于政治问题而骤冷。原本经济问题和政治问题理应是有所区分的，但是面对中国企业的收购，日本企业显然格外慎重。

为此，中国企业若要收购日本企业，究竟是一种怎样的期待，为实现该种期待具体又要如何做，要提出明确的收购计划，以此彻底消除日本企业担忧就显得十分重要了。

当然，企业的负责人也要不断反复进行实际面谈，以此获得对方的信任。

（3）不忘考虑企业的利害关系人。收购日本企业，还有一个必不可少的关键点就是需要考虑该企业的利害关系人。例如，中国台湾鸿海企业的社长和夏普的社长曾一度就收购达成协议，但最终夏普一方改变了主意，对此也有鸿海"被欺骗"的传言。但实际上，夏普并没有欺骗鸿海的故意。因为，当时一直和鸿海董事长进行长达一年交涉的夏普社长并没有做出同意收购的最终决定，上述权限归属下任社长。

另外，在日本，企业会从主银行那里借入大量的资金，在该种情形下，这种主银行对企业的战略决策具有巨大的影响力。因而，就需要对公司的主银行进行"疏通"，以获得其支持。

如上所述，应了解银行是否拥有意思决定权，社长以外的"会长"是否拥有实质的意思决定权，是否需要获得当地的自治体、政府的支持等，应当在了解谁是企业的利害关系人的基础上，充分考虑应采取何种措施取得相关利害关系人的支持，否则收购往往会受阻。

而在企业的利害关系人中，不可忽视的另一个主体就是被收购公司的劳动者（雇员）。由于外资企业的收购，劳动者们往往怀着对自己将来劳动环境变化的担忧。因此，必须对工会尽到说明义务，充分提升劳动条件，从而获得劳动者们的理解。

为了与企业的利害关系人疏通上述关系，需要寻找擅长相关关系搭建业务的咨询顾问业者，通过他们对关系人进行"疏通"。上述事项无意之中往往会被忽略，但是细想一下实则为理所当然，不可或缺。

（三）资本合作

就和已经展开经营活动的日系企业进行资本合作的方式而言，也即是说，对已经开始经营的日系企业进行出资，双方通过共同出资设立新的联营企业等，这些进行资本合作的方法不胜枚举。

对此，也有必要对合作内容进行协商，制作详细的契约书。

四、近年来的倾向

类似鸿海与夏普，一方企业收购另一方企业的情况，今后想必还会发生，但是其数量并不会多，也不会呈现爆发性增长的态势。

理由在于，迄今为止虽然也有中国企业收购日本企业的例子，但在完全收购之后，即使是由精通日语的中国人在日本经营，也会因为中日文化之间的差异导致经营困难。

于是，近年来，与让自己成为拥有意思决定自由的多数派股东相比，选择成为贯彻与日本企业之间构建有效关系的少数派股东的资本合作的方法更具有吸引力。这种情形下虽然只保留了作为少数股东的否决权，但是通过和日本企业构筑友好关系，中国企业可以从日本企业那里得到技术、经验和理念。因为中国企业的最终目的并非是在日本市场追求利润，其最终目的终究是要回到将资金、技术、经验和理念输到中国市场的经济活动中。

但是，在这种情形下，仍应冷静判断究竟是否该和日本企业进行资本合作。正如上文收购部分所述，需要仔细应对（1）寻找值得信赖的日本法律事务所；（2）对作为对手方的日本企业进行公关活动；（3）充分考虑企业的利害关系人等要点，这些是针对日本企业的关键点。

五、后记

正如上文所言，无论是在日本设立新公司，还是收购既有的日本公司或者与日本公司进行资本合作，所有工作的重点无疑是和各界业者及顾问等进行合作。实际上，笔者所属的律师事务所也和上海的大型律师事务所进行着业务合作，与各界业者、顾问等也保持着良好的渠道。这既和我们的业务效率直接挂钩，同时也和顾客对我们的信赖度紧密相连。事实上，我们也承担着诸多已经来到日本创业的中国客户的顾问工作，提供各种协助。

但是，必须注意的是，不是所有的日本律师事务所都同笔者的事务所一样，能够与其他各方保持着密切的协作，这点必须引起注意。

对于各位中国客人而言，在进入日本市场之际如能选择好的律师事务所，无疑关系到巨大的商机，甚至会影响到世界经济的发展。

中国企业收购日本企业的方式程序及注意事项

杨得洲[①]

一、对日本企业收购的方式和主要程序

对日本企业收购的法律依据主要包括，2006年修订的《公司法》《外汇及外国贸易法》[②]（2014年修订）《金融商品交易法》和《反垄断法》等相关法令。本文主要就中国企业在日收购企业运用的方式和程序、适用的法律及实务中需关注的相关问题等予以介绍，以期为中国企业赴日收购有所帮助。

（一）收购的方式及相关法律规制

1. 新股认购和营业转让。

首先，作为收购方获得被收购方的经营权的方式，新股认购和营业转让为中国企业收购日本企业最为常用的，和公司合并等不同的是，公司的形式并没有发生很大的变化。利用这种方式，虽然会残留被收购方的少数股东，但是原则上，不需要股东大会通过，只要董事会同意就可实现，具有机动性、快捷性的特点，是收购方能够最快控制被收购方的方式。

其次，新股认购要考虑是否为直接从目标公司收购股份，或直接从现有股东处收购股份。从目标公司收购股份则为第三方定向增发，会发生公司股

[①] 日本软银集团中国法顾问，中国北京市执业律师，日本国立神户大学法学博士，厦门大学法学院法学学士。

[②] 日文原文为《外国為替及び外国貿易法》（2014年6月13日修订）。

份稀释，只为获得公司同比率的表决权，则可从现有股东处收购股份。但从现有股东处收购后的持有股份超过三分之一时，《金融商品交易法》要求原则上必须进行要约收购①。

最后，日本法的营业转让包括资产、营业行为、人员、债权债务等一揽子转让行为，类似中国法中资产转让的法律概念。

2. 要约收购。要约收购被制定在金融商品交易法里，在市场外的股份收购中，收购后的持有股份超过三分之一时，原则上必须进行要约收购。要约收购时，收购方必须事前公开收购的期间，收购的股份数，收购的价格等。要约收购的长处是，不需要被收购方的董事会和股东大会的同意，即便是敌对的立场，也可以利用这种方式进行收购。另外，由于很难实行全部股份的收购，所以不能完全排除少数股东的存在，还会受到被收购方强大的反收购措施的限制。特别是最近，通过中国国内的基金和在日本设立的公司共同设立日本法项下的投资事业有限责任组合的方式对日本上市公司进行要约收购的新手法被频繁使用。

3. 合并。合并是日本公司重组的典型模式，广义上包括合并、换股、三角合并等方式。除了简易的合并方式外②，日本的合并也和中国一样，一般不仅需要被收购公司的董事会的多数同意，而且还需要股东大会的三分之二的多数同意作为合并的前提。中国企业进入日本市场时，除了可利用三角合并的间接方式外，在日本法下，几乎不太可能以直接合并的方式进行收购，但可通过在日本新设公司的方式来完成合并。同时，具体而言，在日本公司法下，设立一个新的公司③，几乎没有资本金的要求（最低注册资金为一日元），而且设立的手续费用也很低，一个月内就可完成新公司的设立。利用这种手法，可以汇集必要的经营资源，也可使用灵活的经营方式，但由于需要股东大会的同意作为前提，在实务操作中，相对比较花费时间，不利于快速收购。

---

① 原则上，满足以下三个条件时，要求进行要约收购：（1）该交易的内容为收购负有提交有价证券报告书义务的公司（上市公司均负有该义务）；（2）收购后，对目标公司的表决权持有比例将超过1/3；（3）在证券交易市场外收购股份。

② 日本《公司法》，1997年，对合并法制进行简易化，并对纯粹的持股投资公司进行解禁。因此，以合并的方式进行收购比以往更易成功。

③ 日本的公司大部分是株式会社，除此外还有合名会社，合资会社，合同会社。其中，合名会社的全体出资人，合资会社的部分出资人须对公司债务承担无限责任，因此这两种类型并不常用。

4. 股份交换①。1999年，日本公司法创设股份交换制度。利用换股的方式，可使被收购公司成为完全的子公司。这种方式原则上不仅需要收购双方签订股份交换协议，还须获得股东大会特别决议的同意。在日本，通过这一方式可使子公司轻易地从上市市场完成退市。和合并一样，收购双方要订立换股协议，并需要股东大会特别决议通过。

5. 三角合并。三角合并是指，收购公司的全资子公司在和被收购公司进行合并时，被收购公司的股东通过用被收购公司的股份和收购公司的股份进行换股，而成为收购公司股东的一种方式。三角合并的程序，和合并一样，不仅股东间签订合并协议，还要股东大会的特别决议通过。三角合并的优点在于，除大体上具有换股的优点外②，外国公司可以在把日本公司改组为全资子公司或日本企业把外国企业改组为完全子公司时，利用这一方式。特别是还有一点值得中国企业关注，从2007年5月1日起，外国企业的三角合并制度已在日本被解禁，之前不能以国外母公司股份作为收购对价的规定已被废除。中国企业可在日本设立100%出资的子公司，通过这个子公司来收购目标公司。除了可以用现金为收购的对价以外，还可以向日本目标公司的股东交付作为母公司的中国企业的股份来实现对价的交易③，通过这样的方式，不仅降低了收购日本公司的成本，也使收购的成功率大大提高④。另外，利用对价的柔性来达到完全子公司化的手法，也被作为反收购规则广泛利用。

(二) 收购的程序

如图1所示，简要介绍一下在日本并购的实务操作程序。

---

① 关于换股的规定，中国的规定在《上市公司收购管理办法》中，而日本是在《公司法》第2条第31款至第32款，第767条至第774条里规定的，这里的换股概念也把日本的股份移转制度（772条至774条）包括在内。

② 合并和股份交换如果满足一定的要件，可以暂缓缴纳税收，但三角合并不可以。

③ 见日本《公司法》第768条第2款等。

④ 于这一点，中国《公司法》《证券法》《收购管理办法》等并不要求外国企业的子公司一定要是100%出资才可以收购国内企业，从这一角度来说，国内的收购成本相对更低。详细可参考拙稿《关于中国上市公司的反收购规制的立法现状和课题》，载日本《神户法学杂志》第58卷第3号2008年281页。

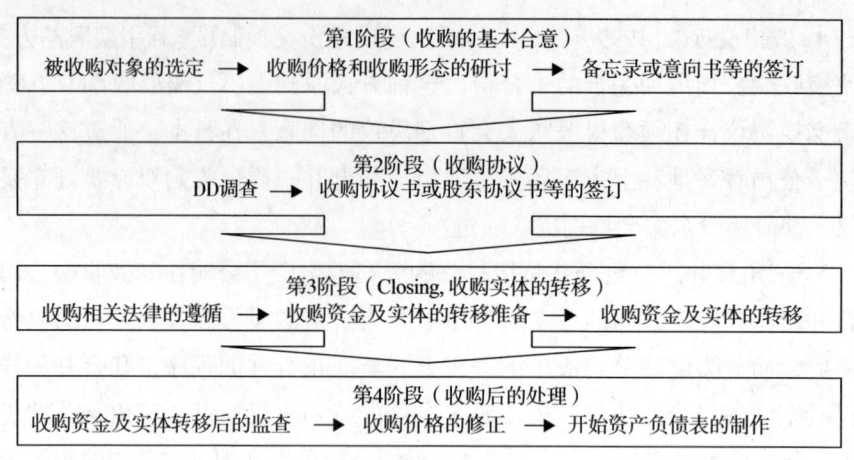

图 1　收购实务的过程

1. 第 1 阶段（收购的基本合意）。

在这一阶段里，包括收购的准备阶段，与被收购方谈判并达成合意的过程。

首先，被收购对象的选定可以有两种情况。一种是被收购方向收购方提出被收购的意向。另一种是收购方单方寻找收购对象。作为后者，收购方要通过自身单方先收集公开的信息和非公开的信息来确定被收购的候选对象，再依据一定的基准来对被收购的候选对象进行调研，进而确认被收购方的出售意向。

其次，分析被收购对象提供的信息的同时，也以此为基准研讨收购提案的内容。在这一阶段，能获得的信息不仅是有限的，而且通常还很难把握信息内容的正确性和可靠性，是通过假设被提供的信息的正确性来确定收购价格[①]。与此同时，还必须讨论收购的形态和收购资金的筹措方法。[②] 随后，根据收购方内部确定的方案，向被收购方提出并购提议，进入最初的收购交涉。通常，双方会签订保密协议（Non-Disclosure Agreement），就基本的收购价格和收购条件谈妥后，会签订备忘录（Memorandum of Understanding）或初步意向书（Term Sheet）等。

[①] 为了更好地规避收购风险，也可以通过日本当地的调查咨询公司来保证和提高收购信息的可靠性和正确性。

[②] 关于这一点，在日本的要约收购里，虽然也需要提供收购者的资金证明信息，但并不严格要求一定要金融机构的担保或者财政顾问的连带责任声明。详见，企业价值报告书《公正な企业社会のルール形成に向けた提案》2005 年 54 页以后。

2. 第 2 阶段（收购协议）。

签订初步意向书后，收购方就要立即进入收购的尽职调查（Due Diligence, 通常简称 DD 调查）阶段。DD 调查，目的是把收购的风险降低到最小程度，是保护收购方利益的最重要的环节。DD 调查是指对被收购对象所有的经营活动，包括生产、销售、资产、劳动、财税等全方面所进行的调查。根据调查的结论，再次对收购价格和收购条件进行交涉。一般由收购方的律师先拟出收购协议书草案，交由被收购方的律师评议和审查。作为交涉的结果，把合意事项在收购协议书里正确地反映和确认后，双方正式签订收购协议书（Share Subscription Agreement）或股东协议书（Shareholders Agreement）等。

3. 第 3 阶段（Closing, 收购实体的转移）。

签订收购协议书后，要遵循收购的相关法令，提交必要的申报。比较典型的是，要向日本的公正交易委员会提交申报。公政易委员会依据这些申报进行审查和做出是否允许收购需要花费一定的期间,通常至少要 1 个月的期间。在这段期间中，为了收购后的事业运营，收购方要在做出各种各样的运营计划书的同时，筹措收购资金或者为收购设立新的公司。还要为了应对收购的审查，进行必要的准备。在获得收购许可后，完成收购的准备过程，进行收购实体的转移。收购实体的转移，意味着收购协议书的履行，被收购方从收购方手里获得收购的对价，收购方从被收购方手里获得收购对象。收购实体的转移终了后，收购的对象就从被收购方转移到收购方[①]。

4. 第 4 阶段（收购后的处理）。

通常，在收购协议书里，依据收购实体的转移日的被收购对象的资产负债表，会有对收购价格进行修正的条款。依据这个条款，收购后，收购方或者被收购方的会计师会立即对收购实体的转移日的资产负债表进行审查，决定收购价格的最终额。然后，进行资产的鉴定和评估，把收购价格分摊到各个资产里，开始制作收购方设立的新公司的资产负债表。

---

① 在这里，依据不同的收购形态，比如资产收购、营业收购、股份收购等，进行必要的所有权证或税务方面的转移登记手续。对于这些业务，可由律师和行政书士、司法书士、注册会计师、税务师等来完成。

二、中国企业收购日本企业的相关案例

（一）新股认购和营业转让的案例

案例 1　上海电气收购秋山印刷的工厂及经营权

2001 年 3 月，上海电气集团和香港投资公司在日本共同设立的 Akiyama International 株式会社通过营业转让的方式，收购了濒临破产的日本秋山印刷机械的特殊印刷制造技术、品牌及生产设备等的经营权，总投资超过 20 亿日元，成为中国企业首次重组日本破产企业。

案例 2　广东美的收购三洋电机的微波炉设备

2001 年 10 月，通过营业转让的方式，广东美的收购了日本三洋电机的生产微波炉的主要设备——微波振荡器的制造技术和生产设备，广东美的通过高附加值设备的生产提高了产品价格的竞争力，成为中国首个生产微波振荡器的企业。

案例 3　尚德太阳能电力收购日本太阳电池 MSK

2006 年 9 月，通过股份收购的方式，尚德太阳能电力公司以 3 亿美元收购了日本的太阳电池 MSK，创下了中国企业收购日本企业的最大规模。

案例 4　苏宁收购日本老字号电器连锁企业 LAOX 株式会社

2009 年 6 月 24 日，日本的家电上市企业 LAOX 株式会社经过董事会的同意，向苏宁配发 15 亿日元的第三者新股和通过新股预约权的方式，使苏宁成为其第一大股东，注资款项用于 LAOX 的经营发展及回购原优先股股东所持有的部分优先股股权。随后苏宁分别通过 2010 年和 2011 年两次增资，取得 LAOX 发行在外普通股 51% 的份额，成为绝对控股股东。

案例 5　北京光线传媒增资日本 AccessBright 公司

2015 年 11 月，北京光线传媒接受在中国面向智能手机发布游戏的日本 AccessBright 的第三方增资，出资几十个百分点成为 AccessBright 的股东。AccessBright 通过第三方增资筹措约 6 亿日元，今后将获得日本的动漫人物角色，从而在中国市场制作影视作品并上映。

案例 6　上海豫园旅游商城收购星野 TOMAMU 度假村

2015 年 11 月 11 日，上海豫园旅游商城收购日本北海道的滑雪度假村"星

野 TOMAMU 度假村"100% 的股权，收购额为 183 亿日元（约合人民币 9.5 亿元）。

案例 7　美的收购东芝的白色家电

2016 年 3 月 30 日，日本东芝向美的集团的子公司美的国际控股转让其经营家电业务的合并子公司"东芝生活方式公司"已发行股票的 80.1%，转让金额约为 537 亿日元。东芝生活方式公司仍保留现公司名称，继续销售冰箱等白色家电。美的继续雇用转让业务中的所有员工。美的得到在全球范围内使用东芝品牌的许可，许可期限为 40 年，且获得 5000 多项知识产权，还获得东芝与家用电器相关的其他知识产权。

（二）要约收购的案例

案例 1　投资事业组合要约收购日本上市公司 M·H·GROUP

2015 年 5 月 15 日，为获得日本美容行业的先进技术和管理经验，拓展中国市场，无限责任组合成员日本企业剑豪集团株式会社和有限责任组合成员的中国企业润首有限公司依据日本投资事业有限责任组合合同法律共同设立了剑豪 1 号投资事业有限责任组合，通过剑豪 1 号投资事业有限责任组合进行了要约收购，获得日本上市公司 M·H·GROUP 株式会社 50.81% 的普通股表决权，并新任命了 M·H·GROUP 的会长和 3 位董事及 1 位监事。

三、对日本企业收购的注意事项

（一）对被收购日本企业做到尽职的 DD 调查

日本的市场规模巨大不仅是对日投资的最大魅力，且进入日本市场，还可收集先进的技术信息和获得专业的人才。但也有不少不利因素，比如说，人才，土地，成立和公司的运营成本相对太高。还有，被收购公司产品的竞争力，企业的研究开发能力，商业习惯的差异，特别是在收购以后，对劳动，税收法律等情况的掌握也是必要的。因此，在收购前，请律师或相关专家，对被收购日本企业进行尽职的 DD 调查是必不可少的。实务上的 DD 调查主要包括对公司的概况调查，对事业活动全盘的调查，对经营管理者和一般员工的调查，对生产销售活动的调查，对财务报表项目的调查，对管理体制完善状况的调查。除此之外，还要到被收购对象的现场，不仅要做好以书类调查为主的事前调查，而且还要通过现场的气氛和同员工的面谈来掌握收购对象面临的实际问题等。

（二）偶发债务，账外负债的风险

由于把被收购对象作为企业继续进行经营，就要不得不承担某种程度上的偶发债务突发的风险。偶发债务的典型事例有诉讼，产品索赔或者由于税务调查而发生的追征税等。但是，在这些日常的经营活动里，当发生的偶发债务数额非常大时，或结果难以预测时，如果收购方没有预备准备充足的金的话，收购后会受到不可预料的损害。因此，当被收购对象把环境债务，产品责任，退休金债务和多额的担保债务等重要的偶发债务作为经营事项时，就要不得不考虑偶发债务风险发生的可能。

（三）对部门或子公司收购的特别事项

被收购对象如果是某个公司的子公司或部门，其并非独立企业也是一个问题。如果不是作为独立企业，被收购后，就不得不事前建立功能设置，包括经营管理者等人员的配备等。另外，如果收购前，母公司或总部的服务手续费没有被要求交付，被收购后，被要求交付的可能性会有。特别是，在一定期间内，如果接受母公司或总部的服务，被收购后，这些服务的质量也有下降的可能。

（四）最新日本法律监管的动向及关注要点

1. 外汇及外国贸易法的监管。

根据《日本外汇及外国贸易法》《对内直接投资等相关政令》[①]《对内直接投资等相关命令》[②]这三部主要法令，外国投资者获得日本上市公司股份的比例达到10%以上等的对日本国内的直接投资，在交易或实行日的所属月份的下个月前15日之内，原则上仅需通过日本银行向日本财务大臣及业务主管

---

① 日文原文为《対内直接投資等に関する政令》（2016年2月17日修订）。
② 日文原文为《対内直接投資等に関する命令》（2016年2月17日修订）。

大臣事前备案或报告；但根据《日本外汇及国外贸易法》第27条的规定，如果目标公司的特定业务可能对日本的国家安全，公共秩序、公众安全保障或经济有重大不良影响的，在交易或实行日的6个月之前，需通过日本银行向日本财务大臣及业务主管大臣事前备案（附带审查），申报该次对日本直接投资的业务目的、金额及实行的日期等。

依据2016年4月最新修订的《外汇法问答（对内直接投资篇）》之附件1、附件2、附件3记载的分类，通常需要进行事前申报的行业包括：①涉及国家安全的行业：武器、航空器、人造卫星、原子炉、原子力用发电机、火箭等助推器及原子能材料的制造业等；②涉及公共秩序、公众安全保障的行业：农林业、渔业、矿业、采石业、砂石业、制造业、电气、燃气、供热、自来水业、信息通信业、运输及邮政业等；③对经济可能有重大不良影响的行业：农林业、渔业、矿业、采石业、砂石业、建筑业等。

2. 金融商品交易法的监管。

最近《金融商品交易法》加强了披露规定，东京证券交易所，金融厅等日本主管机关要求提供关于收购方的信息，包括收购目的，收购价格的计算依据，收购资金的存在证明，预定收购股票的数额等信息，特别会对收购方及其主要经营者有否犯罪纪录及资金来源进行严查。

日本主管机关并不因收购方是外国企业而对其投资加以限制，但根据目标公司的业务内容不同，如日本通信行业的无线电波宽带（Broadband Wireless Access）等，事实上主管机关可能会在审查过程中对收购目标公司的股份比例等附加一定的限制条件。

3. 反垄断法的监管。

根据目标公司的营业额等，还须按日本反垄断法进行事前备案。反垄断法针对股份的取得、合并、共同新设分立、吸收分立、共同股份转让及营业转让等分别制定了申报标准。对于有备案义务的企业结合，日本公正交易委员会在法定期间内对该企业结合是否将在一定的交易领域中存在实质性的限制竞争进行批准、附条件批准或要求采取禁止等必要措施。同时，原则上自事前备案受理日起30日内，不得实施该企业结合。有备案义务而不及时备案，或在备案中填写虚假信息等，可能会被处200万日元以下的罚金。

4. 特别领域的法律监管。

除了上述外汇、金融商品交易、反垄断的限制外,在某些特别的领域,日本也有对外资的相关限制。比方说通信领域的《电波法》《放送法》及日本电信电话株式会社等相关法律,海运领域的《船舶法》,自然资源领域的《矿业法》等均对外国投资者的许可证取得、表决权的取得比率等有一定的限制。

日本股份市场的 IPO

八木田

一、日本证券市场

日本国内有东京证券交易所、名古屋证券交易所、札幌证券交易所、福冈证券交易所四个证券市场。

各市场又分为本则市场和新兴市场。前者包含东京证券交易所及名古屋证券交易所的市场第一部、市场第二部，札幌证券交易所及福冈证券交易所的本则市场。后者包含东京证券交易所マザーズ、JASDAQスタンダード、JASDAQグロース，名古屋证券交易所セントレックス，札幌证券交易所アンビシャス，福冈证券交易所Q-Board。

另外，将能够直接购买（证券）的投资者限定为专业投资者的TOKYO PRO MARKET位于东京证券交易所。

二、东京证券交易所的上市基准（国内股）

（一）形式要件（东京证券交易所第一部/东京证券交易所第二部）

1. 股东人数（上市时的预计数）：2200人以上/800人以上。
2. 流通股份数（上市时预计数）：（1）流通股数为2万单位以上；（2）流通股数（比例）为上市股票等的35%以上或（1）流通股数为4000单位以上；（2）流通股的市值总额为10亿日元以上；（3）流通股数（比例）

为上市股票等的30%以上。

3. 市值总额（上市时预计总额）：250亿日元以上／20亿日元以上。

4. 持续经营年数：从重新申请上市的申请日的上一个经营年度末日起算，公司设置了董事会，并持续经营已满三年。

5. 净资产总额（上市时预计）：连结净资产总额10亿日元以上（且单体企业净资产额不能为负）。

6. 利润总额或市值总额（关于利润，按照连结经常净利润调整少数股东盈亏），符合以下（1）或（2）：（1）最近2年的利润总额在5亿日元以上；（2）市值总额500亿日元以上（最近1年销售额未达100亿日元的情况除外）。

7. 虚假陈述或否定意见：（1）最近2年的有价证券报告书等不存在虚假陈述。（2）最近2年（除最近1年）的财务报表等审计意见为"无保留意见"（日语表述为"无限定的合理"）或是"保留意见"（日语表述为"附排除事项的限定合理"）。（3）最近1年的财务报表等审计意见原则上为"无保留意见"。（4）如果申请上市公司的其他股票等在国内其他金融商品交易所上市时，不能出现以下①和②：①最近1年的内部控制报告书记载了"不能表明评估结果"；②最近1年的内部控制审计报告记载了"无法表明意见（不表明意见）"。

8. 股份事务代理机关的设置：股份事务已委托东京证券交易所认可的股份事务代理机关，或已经获得该股份事务代理机关的愿意受托该股份事务的内诺（译者：程度比承诺稍弱，类似正式签约前的私下同意）。

9. 单位股数及股票种类：单位股数预计为100股，重新申请上市的股票等符合以下的任意一项：（1）只发行一种附表决权股份的公司的该附表决权股份；（2）发行多种付表决权股份公司，获取经济利益的权利的价额比其他任何种类的付表决权股份都要高的该种类付表决权股份；（3）无表决权股份。

10. 股份转让的限制：有关重新申请上市的股份，其股份转让未设限制或是可预计到上市之前不会对其进行限制。

11. 指定转账机关：属于指定转账机关转账业务的对象或者有预计能成为其业务对象。

12. 有关实施合并等行为的预计：不属于发生公司合并、公司分立、子公司化或是非子公司化或是营业转让时，或是预计2年内可能进行上述行为的情形下，上市申请者不是因该行为产生的实质的存续公司；上市申请人将成为解散一方的公司合并，或上市申请人将成为其他公司的全资子公司的股份交换或股份移转，预计在2年内实施。

（二）实质要件

1. 企业的持续性及收益性（持续经营，而且具有稳定的利润）。
2. 企业经营的健全性（公正、忠实地开展经营）。
3. 企业的内部治理及内部管理机制的有效性（妥当地构筑公司内部治理及内部管理机制，并有效地发挥其功能）。
4. 企业内容等披露的适正性（适当且正确）（企业内容等的披露适当且正确地进行）。
5. 从其他公益和投资者保护角度出发，东京证券交易所认为有必要的事项。

（三）上市有价证券的发行人为外国人或外国法人时——本国制度的考量

上市有价证券的发行人等是外国人或外国法人，在适用对该外国人或外国法人的该交易所适用时，规定考虑该外国或外国法人本国等的法律制度、实务习惯等（东京证券交易所、有价证券上市规则第7条）。

三、上市前的大致日程

（一）概要

实施IPO时，原则上在进行IPO的时期（以下称申请期），在申请期之前的直前期（译者：即将进入申请期之前的一段较短的时期）以及此期间之前的直前前期（译者：即将进入申请期之前的一段较短时期之前的又一段较短的时期）有必要准备审计证明。

首先，直前前期的前期乃是上市意思的决定时期。此时期内，进行监查法人（会计审计师事务所）的选任、短期调查、保荐人的选任。

其次，直前前期及直前期是为了成为上市企业的准备时期。在此期间，应当为在上市申请时提交审计证明做准备，即在接受监查法人（会计师事务所）

审计的同时，接受保荐人的建议和指导，整备经营业务的管理机制。

最后，在申请期内接受保荐人的审查，并接受上市市场的审查。

（二）上市意思的决定时期

此阶段针对监查法人的短期调查进行补充。为使企业的上市作业推进的更有效率且具实效性，有必要仔细确认上市的各项课题。为此，在上市的意思决定正式确定的阶段应接受监查法人的短期调查。

短期调查的项目包括公司业务的概要、经营计划等利润管理的情况、会计业务管理机制、经营管理机制、交易状况、内部控制机制的状况等。

（三）成为上市企业的准备时期

为克服短期调查所确定的各项上市课题，在构筑和整备各项机制的同时，有必要积累至少1年的运用（各项机制的）实绩。为此，有必要在直前期就直前前期不足部分进行整备、运用。

总之，最好能在此期间制作申请文件的草案，并尽可能早地接受保荐人的建议。

（四）申请期

为了上市，有必要及时进行公司章程变更等事宜，具体来说，对于股份转让有限制的公司而言，有必要废止相关章程条款。另外，原来由公司管理股东名册的公司，应选任并设置股东名册管理人（委托股份事务代理机关）。

关于公告方法，如果公司原来选择的公告方法是在官方报纸刊载的，则有必要变更章程，使用其他方法，如使用全国版的日报或是电子公告的方式。

无论公司规模如何，上市时应当设立会计监查人（审计人）和监事会（监察委员会），并为设置这些机关有必要变更《公司章程》。

另外，关于交易股数，有必要将100股作为交易的最小单位记载于《公司章程》。

上市申请文件提出时，接受保荐人审查，之后，接受证券交易所的上市审查。经过这些审查，如果获得准许上市，则应向有管辖权的财务局提交有价证券申报书，或者发布招股说明书。

四、内部治理准则

东京证券交易所 2015 年 6 月 1 日施行的修订版上市制度中,为充实上市公司的内部治理,规定上市公司应当实施内部治理准则,如果公司不实施内部治理准则,则必须以报告书的形式披露不实施的理由。公司内部治理准则的概要如下。

(一)关于公司内部治理准则(东京证券交易所资料摘录)

公司内部治理准则中,内部治理是指,公司在对以股东为首的,包括客户、员工、地域社会等各方相关者的立场进行考量的基础上,进行透明、公正且迅速、果断的意思决定的治理结构。本准则是对有利于实现具有实效性的公司内部治理的各主要原则的归纳,这些原则的实践,将是各公司通过遵循可持续发展以及中远期的企业价值提升的自律规则,从而有利于达到公司、投资者以及整个社会经济发展的目标。

(二)基本原则

1. 股东权利、股东平等的确保。上市公司为了使股东权利得到切实保障而实施适当应对,与此同时,应创造股东可适当行使权利的环境。另外,上市公司应该确保股东实质的平等性。对于少数股东和外国人股东,应该充分考虑易产生股东权利保障、权利的行使环境和保障实质平等问题的相关方面。

2. 同股东以外的利害关系人间的适当协作。充分认识上市公司的可持续性发展和中远期的企业价值创造和提升,是以员工、客户、交易对手、债权人、区域社会为首的各方利害关系人的资源提供和贡献的结果,上市公司应该努力实现同这些利害关系人的协作。董事会、经营管理团队应该为在公司内形成尊重这些利害关系人的权利、立场和形成健全的经营活动伦理的企业文化、风土方面发挥领导作用。

3. 适当的信息披露和透明度的保障。上市公司关于公司的财务状况、经营业绩等财务信息、经营战略/经营课题、风险及内部治理信息等非财务信息,应该在按照法律法规进行披露的同时,主动提供法律规定应公示范围以外的信息。此时,董事会应该基于披露、向社会提供的信息在股东间进行建设性对话的基础上,将此类信息(尤其是非财务信息)生成为对使用者来说易懂、具有高度有用性的信息。

4. 董事会等的职责。上市公司的董事会基于对股东的受托责任、说明责任,应该促进公司持续的成长和中长期企业价值的提升,追求公司收益能力、资本效率的改善。

(1)明示企业战略的大方向。

(2)整备由经营管理团队承担风险的环境。

(3)应从独立且客观的立场,切实履行包括对经营管理团队(包括执行董事)、董事实施高度实效监督在内的各项职责。该项职责在设置监事会的公司(其职责的一部分由监事以及监事会承担)、提名委员会的公司、监查委员会的公司等,采用任何公司内部机关的情况下,都应该被妥善的履行。

5. 和股东的对话。上市公司为有助于其可持续发展和中远期企业价值的提升,也应该在股东大会以外的场景下与股东进行建设性的对话。经营管理团队的干部、董事(包括外部董事)应该通过此类对话向股东倾听,关心股东担心和忧虑的问题,与此同时,努力以简单的形式向股东说明经营方针并获得其理解。为获得包括股东在内的各利害关系人之间的平衡理解,进行妥善应对。

五、结语

总之,为最终实现IPO,还涉及诸多方面。比如,制订公司经营计划、讨论资本政策,或整备、运用公司内部机关、各项机制等。因此,可在以保荐人为首的专业机构的支持下,推进必要的手续。

企业在日谋求上市合规机制精要

阿部信一郎

一、前言

中国企业家当中,咨询到日本进行公司上市等相关问题的人日趋增多。通过在日本上市,企业在日本的资金调配将变得更加容易,企业的社会声誉、企业信用等将得到提高,同时在招揽优秀人才方面较之以前也都会有长足进步。在总数为293万家的日本企业(股份公司、有限公司、合伙企业)当中,中国上市企业约为3600家,其比例仅有0.1%。通过上市,使企业的社会信誉和知名度得到飞跃提高,作为上市公司,通过调配不特定多数投资者的资金,雇用从业人员,以及利用同交易对手方进行各类商事交易,可以不断扩大公司的经营活动。因此,"上市"对于扩大公司规模,乃至推动整个国家经济发展方面的作用受到广泛期待。

另外,为了上市必须确立(创设)、维系(维护)合规机制,因而需要遵守以《公司法》《金融商品交易法》《税法》《劳动法》《业法》(行业规则)等为首的强制性法律法规,同时还需要遵守证券交易所规定的诸多上市规则和企业行为规范,如《公司内部治理准则》《コーポレートガバナンス・コード》[①]等法规。为了通过监查法人的会计监查(审计)、证券公司(金融商品交易业者)的接收(保荐)审查、证券交易所(金融商品交易所)的上市审查,精心的上市准备是不可或缺的。保护投资上市企业的不特定多数

---

① 参见股份公司东京证券交易所于2015年6月1日发布的《公司内部治理准则——为提高公司的持续成长和中长期的企业价值》。

的投资者和将来（潜在）的投资者，使公司股票尽可能获得流通市场的信赖，从而使证券交易所的持续稳健运行成为可能。因此，只有认真遵守上述强制性法律和软法的企业才能称得上是具备上市资格的企业。

企业一旦上市就会被不特定多数的投资者要求不断推进公司发展、分红、维持并提高公司股价。投资者们所期待的股份投资回报，无非是红利收入和股价上涨的资本收益。此种利益正是在维持恰当的公司合规机制（这种合规机制的标准应该比没有上市前更加高）的前提之下取得的。

在日本，现在最大的问题是如何在大企业不正当经营、财务丑闻等接连发生的背景下，防止此类事件的再度发生。因此，企业合规机制应当如何设计，以及一旦确立之后，应当如何维持和发展该机制就显得十分重要了。当然，对于合规机制承担首要规制责任的应该是公司法和金融商品交易法等相关法律。但仅此尚不足以达到完整的规制效果，还需要证券交易所制定的诸多上市规则等法规。这里的"法规"虽然不是通过国家强制力强制施行的规范，但实际上，上市公司的诸如"退市"（终止上市）等事项都是依据证券交易所的规则进行，而退市问题对该企业来说，属于关系到公司信用乃至公司生死存亡的重要问题，因此，这种交易所规定的"法规"也具有事实上的强制力。

日本现共有东京、名古屋、福冈和札幌四所证券交易所，各证券交易所合计有12个证券市场，包括：上市要求最为严格的本则（主板）市场（东证一部等）[①]，面向专业投资者的TOKYO PRO MARKET，在企业成长过程的初期就可以调配资金的新兴市场マザーズ（东京）[②]、ジャスダック（东京）[③]、セントレックス（名古屋）、Q-Board（福冈）、アンビシャス（札幌）。

本文以下如未经特别交代，则均以东京证券交易所上市为例进行阐释，并附加各种论点进行讨论。

[①] 东京证券交易所的本则（主板）市场有东证一部和东证二部，名古屋证券交易所有名证一部和名证二部，福冈证券交易所和札幌证券交易所也有本则（主板）市场。一部和二部的区别在于是面向大企业还是中型、中小型企业。

[②] 对象企业是那些具有高度成长可能性的企业，上市审查标准中不包括盈利标准和净资产标准。

[③] 上市标准中包含了盈利标准和净资产标准，按照企业规模和业绩等，已取得一定经营业绩为对象的标准市场和不设盈利标准的，有发展潜力的企业为对象的非标准市场。

二、上市审查

公司为了使自己的股票上市，能否顺利通过上市审查最为关键。上市审查时，是否符合上市标准就被审查和判断出来。上市标准分为形式标准和实质标准。所谓的形式标准也就是接收（保荐）标准，比如东京证券交易所本则市场一部、二部的上市形式要件就包括：股份数[①]（获得上市时股份数的预测）、流通股份数[②]（获得上市时股份数的预测）、时价总数[③]（获得上市时股份数的预测）、公司连续经营的年数[④]、净资产额[⑤]、利润总额和市值总额[⑥]、监查（审计）意见[⑦]、股份事务代理执行机关的设置、合并[⑧]等相关实施的预测。这些形形色色的标准都作为要件被确定了下来。

而实质标准则是上市审查的核心内容。在上述东京证券交易所本则市场的新股上市过程中，企业的存续性（持续性）和收益性、企业经营的稳健性、企业内部治理以及内部管理机制的有效性、企业信息披露的适当性等都会被审查。一般而言，关于标准的审查期间，东证本则市场为三个月，マザーズ为两个月。

---

① 股东人数 800 人以上。
② 流通股份数 4000 股以上，流通股市值总额 10 亿元以上，流通股占公司上市股比例超过 30%。
③ 20 亿日元以上。
④ 3 年前开始设置董事会，并持续经营。
⑤ 连接报表后的净资产额在上市时预计达 10 亿日元。
⑥ （1）企业整体盈利在近两年合计达到 5 亿日元以上；（2）市值总额预计达到 500 亿日元以上（但近一年的销售额未满 100 亿日元的情形除外）。
⑦ （1）近两个经营年度年终时，公司有价证券报告书（年报）无虚假陈述；（2）近两个会计年度年终时（最近 1 年除外），对于经营年度的经营财务报表（财报）等的审计意见为"无保留意见"或者"带强调事项的无保留意见"；（3）最近一个经营年度年终时，对于经营年度的经营财务报表（财报）等的审计意见为"无保留意见"。
⑧ 如可能发生以下合并情形的，则不予受理申请。（1）存在合并、公司分立、子公司化或非子公司化，或者营业转让，或首次上市申请日的前一个经营年度的末日起计算 2 年内有可能实施的情形，以及申请人公司由于该行为而无法存续的情形；（2）存在申请人公司作为解散公司的合并，申请人公司成为其他公司的全资子公司的股份交换或者股份移转，预计在首次上市申请日的前一个经营年度的末日起计算 2 年内有可能实施的情形。

三、具体的股份上市规划

（一）上市团体的选定

从着手准备上市开始到上市结束的整个周期，通常情况下，东证本则市场需要三年至四年、JASDAQ 和マザーズ需要三年左右。在这段期间内，申请公司需要：（1）选定制作上市申请以及股份募集、卖出证券所需的监查报告书的监查法人（注册会计师）[①]；（2）选定负责对上市进行各种建议建言，对股份募集、卖出主要负责的证券公司[②]；（3）设置印刷公司和股份事务代理执行机关。为了保证上述准备工作更有效率，缩短上市时间，雇用专业的上市团队的例子也不在少数。在公司内部体制方面，需要构筑横跨各部门以及项目团队之间的通力协作。项目团队的负责人由社长担任，实际的项目负责人由董事、执行董事担任，而实际的实务则由各部门（经理、总务、营业、法务等部门）的负责人承担。此外，外部主要股东也有必要了解上市报告。

（二）经营管理机制的整备

作为团队业务最主要的是，在公司内整备经营管理机制。实务中，至少从申请日的前一个经营年度的年末开始往前追溯一年，开始完善和整备相关机制。通过之后大约一年的时间来积累运用（该机制）实绩。

作为管理机制，需要满足的事项五花八门，尤其是对于内部牵制组织的确立、盈利计划（预算）的编制、会计（开示）制度的整备、股份事务、公司内部规定和各种指南的整备、内部监查制度的实施、关联公司当事人和其他特定交易的准备以及企业管理的充实尤为重要。

一是有关内部牵制组织，即要确立一种能够事前防止不正当经营行为发生的组织体制。

二是有关盈利计划的编制，虽然需对未来三年制作中期计划，但要求董

---

① 具体的作用是：实施监查、预备调查（确定上市的课题、障碍并加以改善）、对经营计划建言献策，对有关内部管理机制的整备和建立的建议建言，对决算机制的整备、申请书等材料制作的建议建言、对有价证券报告书（年报）的检查、对来自证券公司询问如何回答的建言。

② 具体的作用是：对公司资本政策的建议建言、对有关公司内部管理机制整备、构建的建议建言、对申请书等材料制作的建议建言、对上市主体适格性的审查以及做股份的募集和出售等业务。

事会必须在第一个年度的单年度预算中，根据经营者的目标和方针来进行预算，也必须对预算进行月度计划和实际业绩之间的差异分析。

三是有关会计（开示）制度的整备，这里需要对上市公司进行审计的会计师事务所提供两年的监查报告（审计报告）[①]。将上述预算和差异分析等内容充分记载后的财务会计报表需要向股东适时开示。法定开示（强制披露）分为：同公司内容相关的开示（发行开示[②]、持续开示[③]）、公开收购（发行人以外的人实施的公开收购[④]，发行人实施的公开收购[⑤]）时的开示、股票大量持有状况的开示[⑥]。

四是关于股份事务，是在公司股份上市后就将相关事务转移委托给股份事务代执行机关代为管理。此外，限制股份转让的公司在上市时必须废除转让限制，废止生效之日当天，现任董事和监事的任期届满，因此需要同时进行公司董事和监事的选任决议（根据《公司法》第332条第4款第3项、《公司法》第336条第4款第4项）。

五是整备、改善规定业务流程的公司内部规定[⑦]和指南，而相关规定和指南也要保证至少一年的实际运用。

六是通过内部监查制度，从公正、独立的角度来检讨、评价、建议和指导为达成经营目标的经营活动的合法性和合理性。调查并合理指导财务和业务上的信息是否按照法律规定和公司内部规定得到有效执行，此外，内部监查制度还负责检查各部门的控制活动的妥当性和有效性，据此评估公司内部治理的情况并提出相关改善的建议。

上市审查时，也会审查上述制度在前1年度内是否建立并有效运行，因此有必要提前构筑该机制。

[①] 监查报告（审计报告）的对象是近两年的连接财务报表和个别财务报表以及申请期所对应的季度连接财务报表和季度财务报表。有关监查意见（审计意见）。

[②] 包括有价证券申报书、发行登记书、发行登录补充材料、招股说明书。

[③] 包括公司年报、内部控制报告书、季报、半年报、临时报、公司自我股票收购状况报告书、母公司情况的报告书。

[④] 包括要约收购申报书、要约收购报告书、意见表明报告、对询问回答的报告等。

[⑤] 包括要约收购申报书、要约收购报告书等。

[⑥] 包括股票大量持有报告书、变更报告书。

[⑦] 同组织、具体权限相关的公司内部规程，包括业务分工规程、职务分工规程、议事规程以及经理的相关规程、预算管理规程等。

为开展上述内部监查,有必要设置直属于社长负责的独立部门。并且需要监事以及监查法人(注册会计师)从监查的实效性和效率性的角度提供协助。

七是有必要确认公司是否利用与关联公司、关联当事人或其他特定人的交易① 进行利益操作和利益输送等活动。上市审查的对象不仅包括申请公司而且包括其子公司、关联公司等公司。为了确保关于连接空间(连接财务报表)的企业内容得到公开,并适时开示,有必要构筑子公司、关联公司的管理体制和内部管理机制。

注意事项包括申请人的监事不能兼任子公司的董事、执行董事、使用人(根据《公司法》第335条第2款、第331条第3款、第400条第4款)。如果兼任子公司高管,则因兼任获得的报酬从排除包办的角度考虑,应该同母公司进行合并。除此以外,对业绩不佳的关联公司(关联公司、母公司、子公司的总称)进行公司整顿的检查、对关联公司之间相互重复的业务有无进行整顿必要性的检查②、母公司董事高管所持有的关联公司股份的转让③、核心子公司上市时的问题④ 如何解决,上述问题都要引起重视。

八是司内部治理的充实。日本公司法要求公司在公司内部设计和整备一个能确保公司机构(董事、董事会、监事、监事会、专业委员会)的业务执行符合法律和公司章程规定的机制,以及其他能确保公司业务合理、合法开展的机制(《公司法》第348条第3款第4项、同条第4款、第362条第4款第6项、同条第5款、第416条第1款第1项以及公司法施行规则第98条、第100条、第112条)。首先,上述公司机构的设置至关重要。从确保执行

---

① 比较典型的例子如:不动产的租借、金钱借贷、债务保证、申请公司的主要采购方、销售方、专利使用费的支付对手方是的特定的公司董事高管或者大股东。

② 与申请公司不同的是,若没有使关联公司继续存续的理由,有时会在公开时被要求进行合并。而使公司继续存续的积极理由如:在其他公司维持人事、工资体系上的差异对于公司运营是有益的;由于需要政府许可,有必要使其作为公司继续存续;使其作为其他公司存续可以带来业务订单接受上的便利;税法上的优惠;责任的明确化和公司运营效率的提高等。但是,有必要注意:是否利用关联公司进行利润操作,以及是否存在对母公司有利的肆意交易或者是否肆意设定交易价格等情况。

③ 关联公司所得的利益应全部归属于母公司,而不该归属于母公司的董事高管个人是证券交易所的立场。母公司的董事高管,为了提高自己持有的关联公司股票的分红,关联公司极有可能会成为母公司利益操作的对象。

④ 《证券交易所对于核心子公司上市的思考》(发表于平成19年10月29日)中提出,对在已上市的母公司所属的企业集团中承担核心经营角色的子公司,其首次上市是否形成双重获利问题,该报告就相关问题拉响了警钟。

公司业务的董事合理、合法地执行公司业务，以及实现公司机构相互牵制和监查的角度来说，董事会和监情会的作用尤为重要。各公司机构内部权限和职务分工的明确化在防止公司不正当经营方面是极其有效的。向股东、债权人、交易对手方等公司外部利益关系人说明公司活动的有效性来说，一个设计成熟的公司机构设置也是必要的。

在证券交易所进行上市申请时，因需要提交《关于公司内部治理的报告书》（《コーポレートガバナンスに関する報告書》）[①]以及"独立董、监事登记表"（"独立役員届出書"）[②]，因而有必要在申请上市前，由董事会就法务省令规定的相关整备进行决策。

此外，还需要设计对反社会势力（译者：如涉黑势力）的检查机制。还要确认反社会势力是否会通过第三人（或机构）影响公司。

九是设计一个能够应对内部控制报告制度的机制也是有必要的（《金融商品交易法》第24条之4的第4款第1项、金融商品交易法第193条之2的第2项）。此制度以上市公司作为对象，虽然在上市申请时没有特别要求，但等到上市后再开始着手整备的话会来不及，因此也只有在上市前进行准备。这一制度要求负责财务报告的公司内部控制的责任人（经营者）进行内部控制的评估，同时要求注册会计师对相关评估报告进行审计。虽然评估和审计的对象仅仅是财务报告，但公司内部控制机制四大目的之一是"确保财务报告的可信性"，因此，为确保其可信程度，其他"业务的有效性及效率性""同公司业务活动相关的法律法规的遵守""确保公司资产安全"等三个紧密相关的目的也都应考察。[③]

[①] 记载的内容包括：（1）对于公司内部治理的基本观点以及资本构成、企业属性和其他信息；（2）经营方面的战略决策、执行以及承担监督的经营管理组织和其他公司内部治理机制的情况；（3）股东及其他利益关系人相关政策的实施情况；（4）有关内部控制机制的事项等。

[②] 独立董事监事（日语为：独立役員）指的是，与公司一般股东不会产生利益冲突的公司外部董事或是外部监事，作为有价证券上市规则的企业行动规范中规定，公司至少要确保一名以上的独立董事监事。

[③] 可参照《与财务报告相关的内部控制的评价、审计基准及与财务报告相关的内部控制的评价、审计的实施基准的修订（意见稿）》《与财务报告相关的内部控制的评价、审计的实施基准》第一部分1.（5）、"（内部控制）四大目的之间的关系"（平成23年3月30日企业会计审议会发布）。

(三) 业务计划和资本政策

业务计划的制订对企业来说是必需的,有必要将本公司的盈利能力和成长性通过公司业务和经营计划书对外言明[①]。业务计划书中需要对外公布公司的经营理念、公司概况、经营战略、市场分析、预算、资金流转、资本政策等事项。其中,资本政策规定了上市时的股东构成、已发行总股本数、表决权比例以及必须调配的资金额目标等,有必要认真讨论资本政策在何种情况下通过何种方式实现。资本政策不仅能补充上市的形式标准,而且考虑所需资金的调配方法[②]、时期、股东构成的变更[③]、安定股东对策[④],还会讨论创业者的利益和对公司董事高管以及从业人员的激励[⑤]等事项。

[①] IR 资料的制作也很重要。其目标是制定有关公司业务模式、今后的经营战略,制作使投资者可以获得认同感的资料。

[②] 这里有股东增资、第三人定向增发、新股预约权、附带新股预约权的公司债、上市公开募集和卖出等方法。

[③] 这里有股份转让、赠与、新股预约权、附带新股预约权的公司债、第三人定向增发、公司自有股份的取得、上市公开募集和卖出等方法。

[④] 比如股份持有者包括:创业者家族、董监高和公司职员、股东持股会、金融机构、关系密切的交易对手方等。但是最近,金融机构有意解除"股份互持"的状态。

[⑤] 比如股权激励以及股东持股会等。

日本投融资之公司法基础

梁 爽[①]

一、投资日本的大好时机

"一带一路"是习近平主席在2013年提出的倡议,包含"丝绸之路经济带"倡议和"21世纪海上丝绸之路"倡议,这个源自中国,世界共享的多边框架已经在诸多领域得到落实,初显成效。日本是与我国一衣带水的重要邻邦,作为世界第三大经济体,同我国保持着良好的经贸往来和经济联系。中日之间有着两千多年的友好往来,唐朝名僧鉴真曾应日方请求,先后六次东渡,促进了两国文化的传播与交流。鉴真的不畏艰难、伟大高尚的献身精神感动了无数日本人,日本人尊其为"鉴真大和尚",并奉之为"天平之甍"。学汉字、仿唐制,中国曾在建筑、医药、宗教、书法等诸多领域对日本有深远影响。直至今日,在日本的各大书店里,"唐诗宋词"、"孔孟老庄"仍十分畅销。从全球范围看,除少数以华人为主的国家外,在官方语言中仍继续使用汉字的国家唯剩日本,笔者认为,这些都意味着两国间存在深度交流的基础和文化底蕴。

20世纪中叶,日本在不到20年的时间里迅速完成工业现代化,被誉为世界的经济奇迹,然而90年代中期以后,日本进入了被称为"失去的二十年"的经济低增长期。在此期间,日本的年均GDP增长率仅为1%,而日本进入深度老龄化社会,劳动人口大幅减少,对低迷的GDP增长又是雪上加霜(据估计,在1995—2015年,日本劳动人口大约减少了1000万)。然而,日本

[①] 上海市青年东方学者,华东政法大学国际金融法律学院副教授。

始终坚持"科技立国"的国策,在这"失去的"二十多年里,日本的劳动生产率得到显著提升,根据国际清算银行的估算,日本人均GDP在2000—2015年累计增长了20%,远远超过美国的11%。日本在诸多科技领域,尤其是在环保节能产业领域领先世界。更令人惊讶的是,自2000年来的17年间,日本共有17位科学家获得诺贝尔自然科学奖,平均每年一位获奖。从国际专利申请数量(Patent Cooperation Treaty,PCT)来看,日本为42459件。

"产品创新"和"工匠精神"使"日本制造"享誉全球。日系车的销量在全球也一直领先,可见大家对日本产品的认可和对日本品牌的信赖。日本是世界闻名的成熟的消费市场,日本2014年商品零售总额约为122亿日元(约为1.18万亿美元),许多中低档商品和原材料都依靠国外进口,随着老龄化的不断加剧,在医疗、健康、护理等领域产生了各种各样的需求。

如今,赴日访问留学、旅游、购物、投资的国人越发增多,中国企业对日投资也快速递增,关注度持续上升,中日两国双向投资格局日渐形成。这几年,为了改变"封闭性国家"的形象,日本大幅放宽了包括留学、投资各类赴日签证的门槛,在日留学生的就业和定居越来越简单。第一是实现对内直接投资金额翻番,达到35兆日元;第二是提出引导民间投资消费的增长战略,提出稳步实现物价上涨的目标,摆脱通货紧缩的局面;第三是要在2020年东京奥运会前,接纳4000万名外国游客(2007年的数字为800万人,而2017年已经突破了近2800万人)。2012年,日本政府发布了《2015版日本复兴战略》,提出了以旅游观光、生物医疗、节能环保以及养老服务为核心的四大成长计划。同时,为了给外国企业创造更好的投资环境,日本政府在商业、服务业、交通及通信网络系统等方面大幅增加投入,并且,将之前广泛认为的日本高税收壁垒逐步消除,根据2016年法人税法改制概要,法人税税率将由23.9%阶段性地降低到23.2%。其中2016年4月1日以后开始的营业年度适用23.4%的税率,2018年4月1日以后开始的营业年度适用23.2%的税率。

更值得关注的是,随着美国宣布退出TPP等诸多多边合作框架,日本也开始谋求以某种方式参与到"一带一路"倡议中。2017年6月5日安倍晋三首相在"亚洲未来"国际会议晚餐会上发表演讲,表示日本愿意同中国在"一带一路"倡议中合作。对于中国企业家来说,无疑迎来了进入日本市场发展的又一契机。

二、投资日本的若干须知

进入日本市场首先应当从了解日本公司法等法律的角度，充分做好准备。鉴于本书中许多日本专家的文章已经就中国企业进入日本市场时，在劳动法、公司法、公司破产和并购、上市过程中的合规机制等问题进行了阐述，因而本文将就这些问题以外的论点展开阐述，以期增进中国企业家进军日本市场时，对日本法律框架，尤其对日本公司法的理解。

首先，在日本设立公司时，一般需要通过聘请"司法书士"代为进行设立活动。从事"行政书士"（代理个人或企业法人同政府部门打交道，处理登记、报批、办理执照、项目审批、签证等业务的职业）与"司法书士"（对企业的经营活动进行相关调查，处理债务整理，创立公司，住宅贷款，房地产登记及名义变更等业务）工作的法律工作者必须通过类似于我国国家司法考试的一类考试，方可得到执业资格。上述两类法律工作者在日本被称为"准法曹"，这是和"法官""检察官""律师"等"司法三曹"相对应的概念。在日本法上，存在"非辩禁止"的规定，这同我国民事诉讼允许"公民代理"的制度不同，在日本要提起诉讼，必须通过委托执业律师方能进行。

其次，最近赴日投资"民宿"的国人日趋增多，这里不得不提醒的是，在日本很多地方，"民宿"依然是没有法律规定的"灰色地带"，而日本政府已经于2017年10月24日召开内阁会议，确定自2018年6月15日开始实施新的"住宅宿泊事业法"（民宿法）。未来，日本的民宿将采取"登记备案"制度，对营业周期和天数等也将做出明确限制（预计民宿每年营业天数的上限为180天），且日本各地方（都道府县）的条例可以进一步缩短这一上限，这也意味着，超出营业天数上限的民宿将被认定为违法。

再次，日本同我国一样，在征收所得税时都对部分所得适用累进税率，即个人的所得越高，征税的金额也越大。但日本的所得税主要采用综合课税制度，除个别所得外，要求将所有所得合并起来一同征收所得税。相比之下，我国的个人所得税主要采用分类课税制度，要求将不同类别的所得分别计算、分别课税。此外，日本的所得税是以家庭为单位进行申报，而我国的个人所得税主要以个人为单位进行申报。并且，日本所得税的扣除项目较多，而我国的个人所得税在扣除方面没有考虑纳税人的家庭状况等因素，统一适用同一扣除标准。比如，日本在计算应税收入时，不仅允许扣除当年度的投资损失额，对当年度未抵扣完的部分，还允许结转至下年继续抵扣，有点类似于我国的企业所得税中的亏损结转弥补制度，而我国的个人所得税中并没有这一规定。在计算个人所得税的应纳税所得额时，除计算应税收入外，有必要计算出允许从应税收入中扣除的项目金额。日本的所得税在对可扣除项目的规定方面，充分考虑了各家庭的经济状况和各家庭成员的基本情况，除适用380000日元（相当于约22300元人民币）的年度基本扣除额外，根据不同家庭的情况又分别设计了配偶扣除、抚养扣除、残疾人扣除和学生勤工俭学扣除等，允许将基本扣除额及其他扣除项目扣除后的余额作为应纳税所得额。

最后，同我国企业只能以一个自然年度（每年1月1日至12月31日）作为营业年度，即所有企业都要以12月31日为会计决算日并进行企业所得税纳税申报的做法不同，如在日本设立"株式会社"（"会社"即为"公司"，"株式会社"即为"股份公司"，本文以下出于理解方便，统一使用"公司"），需要通过章程规定营业年度（在日本的本土居民企业，一般习惯于将会计年度设定为4月1日到次年的3月31日。当然在日本，对于营业年度没有强制要求，企业可以自由选择会计决算日）。换言之，在日本，企业可以通过制定公司章程等自行规定会计年度，并结合其会计年度来判定相关的法人税申报纳税期限。

三、日本公司法基础[①]

平成17（2005）年修法以前，有关公司的法律曾被收编在日本旧商法典第2编（日本旧《商法》第52条的规定至第500条的规定）以及旧有限公司法（还包括旧《商法》特例法）中。平成17（2005）年，日本在废止"有限公司"的形态、对法律条文进行口语化，并且将有关公司的规定从商法典中分离出来的基础之上，新制定了独立的公司法法典。以下将对日本《公司法》中不同于我国公司法规定之处，且值得我国赴日投资的企业家们关注的若干

---

① [日]近藤光男.最新日本公司法（第7版）[M].梁爽,译.北京:法律出版社,2016.

制度进行简述。

（一）公司形态与公司机关

日本公司采用准则主义，即使没有获得行政机关的审批许可，只要满足了法定要件，公司依然可以取得法人（资）格。2005年日本公司法修改时，允许设立"1日元"公司（我国2013年公司法修订时也废除了最低资本金制度），但为了获得日本签证，作为外国人赴日投资，仍然需要满足500万日元的投资额要求。另外，由于日本公司法已经废除"有限责任公司"这一公司形态，在日本如要设立新的公司，只能采用"股份公司"（也就是株式会社）的形态。当然，在日本公司法框架内，公司的类型仍可分为：股份公司、合同公司、合名公司、合资公司4种类型（日本《公司法》第2条第1款第1项的规定）。后3类又被统称为"持份公司"（日本《公司法》第575条第1款的规定）。此4类外的公司都不是日本公司法所规定的公司。

"持份公司"的公司债务有时由公司社员（相当于出资人）承担（日本《公司法》第580条第1款的规定）。该条规定确定了社员承担无限责任，而即便在这样的场合中，公司债权人首先还是从公司处获得清偿，社员仅仅承担补充责任（日本《公司法》第581条的规定）。此外，依据外国法设立的法人以及其他外国团体，同公司属于同类或者类似的团体都被统称为"外国公司"（日本《公司法》第2条第2项的规定），而且还必须接受特别规定的规制（日本《公司法》第817条至第823条、第903条的规定，第933条至第936条的规定）。

除了"合资公司"，包括株式会社在内的所有公司类型，原则上只需要股东1人即可设立，对于股东分红，原则上按照出资比例进行分配，但公司章程也可以做出特别约定。股份公司的形式往往更适合大公司，而且可以适应公司规模扩大的要求。日本公司法也允许小规模公司采纳股份公司的形式。对于小规模公司，日本公司法允许其限制对外转让股份（日本《公司法》第107条第1款第1项的规定，第108条第1款第4项的规定）。而对于不限制公司股份对外转让，或者只限制部分，而另一部分对外发行的公司被称为"公开公司"（日本《公司法》第2条第5项的规定）。

我国投资者赴日投资设立公司一般均采用"股份公司"的形态，以下对股份公司的公司机关设置进行介绍。在日本公司法的"机关"一章内,存在着有关董事会、会计参与、监事、监事会、会计监查人、专门委员会、执行董事等规定。所有公司可以根据各自章程之规定,根据自身属性和法律的要求来选择机关设置的选项,从而更为灵活地设置公司机关(日本《公司法》第326条第2款的规定),但是这里的公司机关设置并不是采用完全尊重公司章程自治。在日本公司法框架下,股份公司被细致地分类,即股份公司还可以分为公众公司、非公众公司、大公司、设置专业委员会(意思是在公司董事会下设置"提名委员会""薪酬委员会""监察委员会"等专业委员会)等类型。而且,对于各类公司所必须设置的"公司机关"(董事、董事会、监事、监事会等)作出了不同规定。具体请见表1。

表1 各类公司设置的公司机关的不同规定

	董事	董事会	监事	监事会	会计监察人（审计）
公+大	○ 3名以上	○	○ 3名以上	○ 半数以上社外	○
公+中小	○ 3名以上	○	○ 1名以上	△	△
非公+大	○ 1名以上	△	○ 1名以上	△	○
非公+中小	○ 1名以上	△	△	△	△
委员会设置	○ 过半数以上社外	○	×	×	○

表1中:公=公众公司;非公=限制转让公司(所有的种类股均限制转让);

大=大公司(资本5亿日元或者负债总额200亿日元);

中小=大公司以外;委员会设置=委员会设置公司;

○=必须设置;△=任意设置;×=不得设置。

从表1可知,股东大会和董事对于所有的股份公司来说,都是必须设置的公司机关。有关股东大会,日本公司法要求至少在每个营业年度结束后的一定时期以内召集年度股东大会(日本《公司法》第296条第1款的规定)。另外,有关董事,日本公司法规定所有公司必须设置1~2名董事(日本《公司法》第326条第1款的规定)。

（二）公司章程的"记载事项"

在日本《公司法》中，在设立公司时，章程的记载事项可分为"绝对记载事项"和"相对记载事项"，前者包括：

（1）目的（日本《公司法》第27条第1项的规定）：这里必须对公司的目的进行具体的记载，而不能进行包括式的记载或记录。

（2）商号（日本《公司法》第27条第2项的规定）：公司的商号中必须注明公司的种类（日本《公司法》第6条第2款的规定）。而且，禁止使用可能在同其他公司之间引起误认的商号（日本《公司法》第8条第1款的规定）。

（3）本店（总店、总公司）所在地（日本《公司法》第27条第3款的规定）：有关公司总店所在地，要求记载到最小的独立行政区划（行政市、町、村以及东京特别区）。公司总店（总公司）所在地即为公司的住所（日本公司法第4条之规定），公司履行设立登记的也是在公司总店（总公司）所在地（日本《公司法》第49条的规定）。

（4）公司设立时出资财产的价额或者其最低额（日本《公司法》第27条第4项的规定）：有关出资额的最低额，公司法的条文上并没有强行要求，而是由公司任意决定。而且，这里也不要求记载公司设立时发行的股份数。即使没有事先在章程中规定，但只要经全体发起人同意即可（日本《公司法》第32条第1款的规定，第58条第1款的规定和第2款的规定）。公司设立时的发行总股数不是事先规定的股份数，而是出资人实际缴付的出资。此外，曾经存在于平成17（2005）年修法前商法中的所谓设立时的（最低）资本金额，公司法也不再作规定。

（5）发起人的姓名或名称以及住所（日本《公司法》第27条第5项的规定）：在此处记载姓名的人，必须在章程中署名（日本《公司法》第26条第1款的规定），而且还必须承担作为公司发起人的严格责任。

除了以上所述外，关于公司可发行的总股份数（又称为"发行可能股份总数"），并无必要在章程中事先规定，但必须在设立登记前（接受认证的情形下则不需要）载入章程（日本《公司法》第37条第1款的规定以及第2款的规定）。因此，有关公司可发行的总股份数可以在设立程序逐步推进的过程中视各出资人的认股情况而定。有关具体数字，在公开公司（公司发行的全部股份或者部分股份不受转让限制）中，公司可发行的总股份数不得超过公司设立时发行股份数的 4 倍（日本《公司法》第 37 条第 3 款的规定）。这也被称为"授权股份数"，也是成功设立后的公司预定要发行的股份数。只要在这个范围内，不必再经变更章程，公司便能决定发行新股。

除上述"绝对记载事项"以外，还有"相对记载事项"。只要不在章程中写明，不具有效力的相对记载事项有许许多多，在有关公司设立程序的法条——日本《公司法》第 28 条第 1 款中，规定了以下（1）~（4）的事项为相对记载事项。由于这些约定的事项可能由发起人滥用权限而最终导致公司利害关系人利益受损的危险性增加，因此，公司法原则上要求由法院选任检查人来对这些事项进行调查（日本《公司法》第 33 条第 1 款的规定，有关例外，参照该法第 33 条第 10 款的规定）。相对记载事项如下：（1）现物出资（日本《公司法》第 28 条第 1 项的规定）；（2）受让财产（日本《公司法》第 28 条第 2 项的规定）；（3）发起人的报酬（日本《公司法》第 28 条第 3 项的规定）；（4）设立的费用（日本《公司法》第 28 条第 4 项的规定）。

（三）种类股

众所周知，阿里巴巴赴美上市的主要原因是我国证券市场原则上仍不允许上市公司发行"种类股"，但在日本，公司可以通过章程规定允许公司能够发行 2 种以上的种类股（日本《公司法》108 条第 1 款）。

其中涉及：（1）盈余金（日本《公司法》461 条第 1、第 2 款）的分配；（2）剩余财产的分配；（3）限制表决权；（4）股份转让受限；（5）可请求公司取得；（6）公司可基于一定事由取得；（7）公司可依据股东大会决议取得所有该种类股；（8）黄金股（金股）；（9）由该类别股股东组成类别股股东大会选任公司董事和监事。

当然，公司虽然可以发行与如上所述的权利内容等所不同的股份（种类股份），但应根据股东持有的股份性质及数量，平等对待持有同种类股份的股东。违反"股东平等原则"的公司章程和契约都将归于无效。不论公司董事会决议如何或者多数派股东支持的股东大会决议如何，这个原则都是无法改变的。比如，某公司在某个会计年度结束时，董事会以"业绩恶化"为理由，决定不向股东进行分红，又担心得不到大股东的同意，便以一种变向的赠与方式仅向大股东进行分红（赠与金额与往常的分红额度大致相当），日本的法院曾经判处上述赠与合同因违反股东平等原则而归于无效。

同时，在所有股份都被限制转让的股份公司（非公开公司的股份公司），关于盈余的分配、剩余财产的分配以及股东大会决议权的相关事项，可以在章程中对每个股东作出不同的规定。

（四）董事

原则上，董事的权限除了在设置董事会的公司或者公司章程另行规定的情形以外，一般包括公司的业务执行（日本《公司法》第348条第1款的规定）。而为了使董事能更加顺利地对外执行公司业务，日本公司法规定董事各自均拥有代表公司的权限（日本《公司法》第349条第1款的规定）。日本公司法还将拥有代表权的董事定位为"代表董事"（日本公司法第47条第1款的规定）。作为代表董事的特有事项，之前在登记实务中，日本国内股份公司的代表董事必须有1人以上在日本拥有住所，否则其就任或连任登记将不被受理。但是，法务省民事局于2015年3月16日发出通知更改了上述做法，代表董事不再需要在日本拥有住所。但是，分公司的情况，仍然适用该住所条件的规定。

有关公司业务执行的决定，如果董事人数是复数，只要公司章程没有另行规定，一般由全体董事过半数决定（日本《公司法》第348条第2款的规定）。另外，如果公司确定了诸如"代表董事"那样可以代表公司的人，则其他董事的代表权将被否定（日本《公司法》第349条第1款的规定）。这样的原则上的形态可以通过公司章程加以修改。比如，公司章程可以规定，将某种类的业务执行的决定权委任给特定的董事来判断（日本《公司法》第348条第2款的规定）。

为了使董事会对董事的监督权限具有实效性，公司法规定了代表董事及业务执行董事每三个月至少一次将各自的业务执行状况向董事会报告的义务。此外，董事会对董事的监督，不仅包括董事业务执行的合法性，还涉及董事业务执行的适当性。董事的任期，原则上至选任后两年内终止的会计年度中最后会计年度的定期股东大会结束时为止。非公开公司可通过在公司章程中进行规定，将任期最长延长至10年。依据股东大会的普通决议，可随时免除董事的职务。

但是，如果公司董事被频繁地解雇，必定会给董事的地位带来极其不稳定的因素。为此，日本公司法规定，除了公司对为何要解任董事具有正当理由的情形以外，董事对因公司解任而对其造成的损害具有向公司提出损害赔偿的请求权（日本《公司法》第339条第2款的规定）。此处的正当理由比如：发生了对该董事实施经营活动产生障碍的客观状况，董事存在职务懈怠、不正当行为、乃至违法行为和经营能力明显欠缺等情况。既往的判例也认为，董事因为病情恶化而专心疗养的，属于公司对其解任的正当理由。此处的损害赔偿范围仅仅限于，董事剩余任期以及任期届满后，在董事没有被解任的情况下董事应该获得的利益。精神抚慰金以及律师费用等均不包含在内。①

董事实施竞业交易，即董事为了自身或者第三人的利益，实施属于股份公司经营门类的交易时，必须向股东大会就该交易的相关重要事实进行批露，并获得股东大会许可（承认）（日本《公司法》第356条第1款第1项的规定）。有关重要事实的批露必须达到，使判断是否准许该项交易成为可能所需要的程度。从该立场出发，判断或者决定什么是这里所说的"重要事实"。当然，有关交易对手方的信息、交易价格、交易的范围、交易的期间等应当属于重要事实。

（五）监事

受"立法、司法、行政"三权分立思想的影响，同我国类似，日本公司法上同样存在"监事"制度。监事是独任制机关，即使存在多个监事，各自仍可以单独行使其权限。在设置监事会的公司中，监事应有3人以上，其中半数以上须为外部监事。

外部监事是指满足以下全部要件的人：（1）就任前10年间未曾担任过该公司或其子公司的董事、会计参与、执行董事、雇员；（2）就任前10年内任意时段曾担任过该公司或其子公司的监事的，就任该职务前10年间未曾

---

① 可参照大阪高等法院昭和56年（1981年）1月30日判决，金融商事判例第622号第22页。

担任过该公司或其子公司的董事、会计参与、执行董事、雇员；（3）非该公司的自然人和母公司等（法务省令第2条第4项27条），或母公司等的董事、监事、执行董事、雇员；（4）非该公司的关联法人的业务执行董事、执行董事、雇员；（5）非该公司的董事、重要雇员或自然人母公司等的配偶或二等亲内的亲属。

监事拥有"业务监查权限"，业务监查是指对除审计以外的董事业务执行的全面监查。董事之间相互或者董事会对董事业务执行的监督，是对该业务执行的合法性及适当性的判断；一般认为，监事的业务监查限于合法性监查，但在理论上监事也存在"妥当性监查"的权限。为实现适当的监查，监事被赋予以下权限：（1）对公司及子公司的业务、财务状况的调查权限；（2）对董事违法行为等的纠正权限；（3）对董事违法行为等的报告权限；（4）其他为确保监事独立性的权限等。

（六）股东提案权

股东大会的决议事项原则上由董事会决定。与此相对，（若是公开公司，则6个月前开始）全体股东的表决权的百分之一以上，或者拥有300份以上表决权的股东，可在股东大会召开日的八周前向董事会提出将特定事项作为股东大会的目的事项。例如，在定期股东大会中提出，虽然尚未到改选期限，但要求提前选任高管等。如果提出的议题不是股东大会决议事项，公司无须就此进行讨论。另一方面，无论提出的要求是否合法，若无视此规定，董事等将会受到行政罚款等制裁。

同我国不同的是，日本公司法中股东享有"议题的提案权"和"具体议案的提案权"，比如"提议解任董事"为议题提案，而对该提案提出"提议解任董事甲"则是议案提案。

有关议题的提案权，股东在一次大会上可提出的议题虽然没有数量限制，但日本公司法规定，必须在股东大会召开之日的前8周提出将该事项作为大会议题的请求（日本《公司法》第303条第2款的规定）。当然，这里的持有表决权数量的要件可以通过章程进行缓和。另外，这里的持表决权的持有期间以及行使期间等也可以通过公司章程规定进行缩短（日本《公司法》第303条第2款的规定）。另外，6个月连续持有的要件，即使是在设置董事会的公司中，只要是非公开的公司，就不一定要满足该要件（日本公司法第303条第3款之规定）。有关"议案提案权"，原则上（该股东对该事项无法行使表决权的情形属于例外），各股东均享有此权利（日本《公司法》第304条的规定）。因此，在大会召集通知所记载的议题范围之内，股东可以以动议的形式提出议案。但是，如果该议案违反法律或者章程规定的情形，或者与上述议案在实质和内容上属于相同的议案在股东大会上没有获得股东（针对该议案无法行使表决权的股东除外）总表决权十分之一以上赞成，且自没有获得赞成之日起还未满3年的，股东不得就同一内容再提出议案（日本《公司法》第304条的规定）。

需要注意的是，如果股东提案理由过于冗长，或者同一名股东反复提出或者多次提出提案的，有些情况下有可能会被认定为股东权利滥用。[①]另外，股东大会会议记录需要在总公司保管10年，在分公司保管5年，供利害关系人查阅、复印。此外，对选任高管等需要登记的事项作出决议后，应当在两周内进行申请登记。此外，日本法律要求股份公司保存会计计账本（总账、明细账、日记账等）和重要的营业和财务记录10年。

（七）多重代表诉讼

同我国公司法不同的是（我国2017年《公司法司法解释（四）》原征求意见稿中曾出现类似"双重股东代表诉讼"的规定，但正式稿中删除了相关规定），日本《公司法》中存在一种由母公司股东追究子公司董事责任的"股东代表诉讼"制度，且日本法中的有这种穿透型诉权的"母公司"股东仅限于"最顶层完全控股母公司"，因此，这种代表诉讼制度又被称作"多重股东代表诉讼"制度（意指可以穿透多重夹层公司）。

其背景是，在现代社会，集团化成为了很多企业的经营模式。比如母公司主要通过子公司展开其经营业务时，如果因为子公司董事的义务违反使得母公司乃至母公司股东遭到了损害，按照原则，母公司股东无法追究子公司董事的责任。当然，作为母公司的股东，可以追究母公司董事在子公司管理上的责任。但是，相关的义务违反以及损害的证明并不容易。况且，一般来说，

[①] 可参照东京高等法院平成24年（2012年）5月31日决定，资料版商事法务第340号第30页。

母公司也不会积极地去追究子公司董事的责任。因此，日本《公司法》认可持有完全控股母公司百分之一以上股份的股东，追究其子公司董事的责任。这是平成26年（2014年）日本《公司法》修改时最新引进的制度，即"特定责任追究之诉"（多重股东代表诉讼）制度。

在这里，能够提起特定责任追究之诉（多重股东代表诉讼）的仅仅是最终（最上层）完全控股母公司的股东。这里所谓的"最终完全控股母公司"是指，某公司的完全控股母公司，且该母公司之上不再有完全控股母公司的情形。6个月以上连续持有某公司的最终完全控股母公司的股东总表决权数（完全无表决权股东除外）的百分之一（如果公司章程作出了更低比例的规定，则依公司章程规定的比例）以上的股东，或者持有该最终完全控股母公司的已发行总股份数（公司自我股份除外）的百分之一（如果公司章程作出了更低比例的规定，则依公司章程规定的比例）以上的股东，可以对子公司（法律条文的表述为该股份公司，本书以下记述为子公司）提起责任追究之诉的先诉请求（日本《公司法》第847条之3第1款的规定）。

另外，成为诉讼对象的责任仅仅限于对母公司来说重要的子公司的役员行为。即，责任原因事实发生之日，该（子）公司的账面价格为最终完全控股母公司总资产额的五分之一（该比例可以由公司章程降低）以上，只有这样的责任才被称为"特定责任"（日本《公司法》第847条之3第4款的规定）。

（八）营业转让[①]

在日本公司法中，还存在一种公司向他人转让"营业"的交易行为，即"营业转让"。在日本判例上，"营业"（新法为"事业"）意味着"因一定的事业目的而被组织化，能作为有机整体发挥作用的财产"，"营业转让"意味着"通过转让该财产，转让公司使受让人得以承继通过该财产经营的全部或部分营业活动，同时，转让公司在其转让的限度内承担竞业禁止义务"。也就是说，不仅仅是营业资产、设备或多份合同（债权债务、合同地位等），营业转让制度实现了包括转让标的事业的技术秘密、信息、信用、员工等在内的整体转让。

---

① 日本《公司法》原文为"事业转让"，其"事业"二字是日本公司法修订时新修改的，而修法前的原法规定表述是"营业转让"。

商人不论其为何种形态（个人或公司，公司包括：合名公司、合资公司、合同公司、股份公司），均可进行营业转让。营业转让的生效日前，为转让构成营业的债权债务、合同地位，需分别取得合同相对方的同意。而在寻求同意时，很有可能被要求变更合同条件。

但是，股份公司进行营业转让时，因为一定规模的营业转让会影响股东的利益，所以必须履行公司法规定的程序。比如，当转让的营业属于"重要的部分"时，必须满足：（1）董事决定（董事会决议）转让公司应通过董事（公司设有董事会、提名委员会等时为董事会），就与受让公司签订营业转让合同并实施营业转让事宜形成一致决定。（2）股东大会决议经董事（或董事会）决定的营业转让合同应获得股东大会特别决议的承认。未经股东大会决议承认的营业转让合同无效。（3）反对营业转让决议的股东的股份回购请求（注意，在我国《公司法》中，当公司出售资产等情况发生时，股东并不享有回购请求权）。

可行使股份等回购请求的股东行使股份回购请求时，应先向公司表明行使回购请求的股份种类（新股认购权的内容）与数量后再进行请求。在反对股东提出符合法律规定的股份等的回购请求时，公司必须以公平价格回购收到回购请求的股份。关于公平价格的具体计算方法，公司法中并未做规定，首先应当是由公司与反对股东等进行协商。协商期间为股份交换的生效日起30日以内，协商不成时，可以在股份交换的生效日起60日以内请求法院决定回购价格。这同我国法院进行拍卖等做法不同，在决定回购价格时，法院具有一定的司法裁量权。①

除此以外，如果营业转让满足一定要件，则无须股东大会的承认。比如，"简略营业转让"，即受让他公司经营时，如持有转让或受让的相对方的全部股东表决权的9/10（章程规定的比例高于该比例的，依章程规定）以上（这类转让公司、营业全部的受让公司称为"特别控股公司"），实施营业转让或营业的全部受让的公司无须股东大会承认。同时，简易营业全部受让作为受让的对价，受让公司向转让公司交付的财产的账面价格的合计值不超过受让公司的净资产额的1/5，其被称为"简易事业全部受让"。实施简易事业全

---

① 梁爽. 完善股东回购请求权价格认定制度的探讨[J]. 政治与法律，2011(12).

部受让时，受让公司必须于该事业受让的生效日 20 日前将事业全部受让事宜，以及受让资产中含有本公司股份的事项一并通知股东（在公开公司的情形下公告即可）。

（九）内部控制机制

要求公司设计"内部控制机制"，主要是为了防范企业丑闻，包括日本、美国在内的许多发达国家都非常重视该机制。最近，日本又发生了"神户制钢"篡改产品数据的丑闻，[②] 早年还有过"奥林巴斯"公司的丑闻。因此，日本学界、实务界都十分重视如何才能使"内部控制机制"有效发挥作用的问题。在公司上市时，"内部控制机制"也是重要的审查对象。

有关公司的"内部控制机制"，2008 年后，我国财政部等五部委制定颁行了《企业内部控制基本规范》（财会〔2008〕7 号），但我们并没有将"内部控制机制"上升为《公司法》的一项普适性规则。[③] 与我国不同的是，日本已经将"内部控制机制"引入《公司法》而成了一项强制性规定。按照日本《公司法》第 348 条第 3 款第 4 项的规定，董事会专属决议事项中的"确保董事的职务执行行为符合法律以及公司章程规定的机制，以及其他确保股份公司业务适当性和正确性所必需的日本法务省所规定的机制"，一般被认为"内部控制机制"。具体指：（1）构建确保董事及商业使用人（高级管理人）执行职务符合法律及章程的机制；（2）构建董事执行职务相关信息的保存及管理机制（《公司法实施规则》第 100 条第 1 款第 1 项）；（3）构建（风险）危机管理的公司内部守则及其他机制（《公司法实施规则》第 100 条第 1 款第 2 项）；（4）确保董事执行职务富有效率的机制（《公司法实施规则》第 100 条第 1 款第 3 项）；（5）确保商业使用人、经理人的职务执行符合法律以及章程规定的机制（《公司法实施规则》第 100 条第 1 款第 4 项）；（6）确保母子公司及集团公司业务妥当性的机制（《公司法实施规则》第 100 条

---

② 2017 年 10 月 8 日，日本第三大钢铁企业神户制钢承认篡改部分产品的技术数据，以次充好交付客户。质量检测篡改数据的产品已从铝制品、铜制品、铁粉扩大到生产液晶屏所用的合金材料以及主力钢铁产品，全球约 500 多家客户不同程度受到了影响。

③ 梁爽. 内部控制机制的法律化路径 [J]. 金融法苑，2015(1).

第1款第5项)[①];(7)确保构建监事有效监督的机制[②]。这属于股份公司事业报告（年报）的记载内容（《公司法实施规则》第118条第2款的规定），也属于公司监事的监查对象(《公司法实施规则》第129条第1款第5项的规定)。此外，日本《公司法》第362条第2款第6项规定了董事构建内控机制的义务。

而与日本《公司法》中内部控制的基本理念不同，日本《金融商品交易法》的立法主旨是发挥证券市场"公正价格形成之机能"，保证交易秩序的作用，因此更加注重公司的信息披露环节。[③] 该法强制要求董事就有关财务报告的内部控制有效性进行评估，并规定了（属于监察人义务性规范的）内部控制报告书强制审计和披露制度，该法第24条第4款第4项规定公司负有"在公司内建立确保有关财务报表等其他公司信息具有准确性的控制机制"义务。对于日本公司法和金融商品交易法框架下"内部控制"规定的异同点详见表2。

表2 日本公司法和金融商品交易法框架下"内部控制"规定的异同

	公司法（新）	金融商品交易法
对象企业	大公司（资本金5亿日元或负债200亿日元以上）以及设置专门委员会的公司	上市公司及其他行政法规规定的公司
规制对象	确保公司业务合法性与恰当性	财务报告
目的	预防和尽早发现违法或者不当的企业活动	尽早发现不正当的会计处理
机制的具体设计	根据公司的行业规模内容等自由设计	设计必须符合行政法规规定的标准
监察（审计）义务	无	有
开示（披露）义务	有（属于董事会必须决议的内容）	有（将已经审计的内部控制报告书进行披露）
罚则	无	有（不提交内部控制报告书或者报告书存在虚假陈述的，代表董事个人处5年以下有期徒刑或500万日元以下罚金，法人处5亿日元以下罚金）

---

① 这一体制要求合并报表集团公司的子公司构建受到来自母公司的不恰当（不正当或不恰当交易）的指示或要求时的应对机制。

② [日]中村直人.新公司法（第2版）[M].东京：商事法务出版社，2006:221.

③ [日]堀裕，藤池智则.金融商品取引法上的内部统制（上）——内部统制的枠组み及び会社との関系-[J].金融法务事情，2006(1785).

续表

日本系统技术公司案①

以计算机信息技术及软件销售为主营业务,并在东京证券交易所第二部上市的日本系统技术公司(被告,以下简称为Y公司)的业务部长(以下简称为B)为谎报业绩,在公司有价证券报告书上实施虚假记载。该丑闻被曝光后引起Y股价下降,原告(以下简称为X)股东遂提起代表之诉。

该公司的部门设置及业务流程如下:Y公司设业务部(GAKUEN),B为部长,同时,该业务部下设经营部,B同时兼任该经营部部长。此外,公司还设立了对客户订单及验收书的书面内容进行确认的BM科及确保计算机系统运行的CR部,此外,公司财务部门还对公司债权债务实行了单独专门管理。

案件主要起因是B指示下属职员伪造客户订单,而BM科对此毫无察觉,CR部也没有对成品软件进行验收。财务部向客户邮寄"应收账款余额确认书"后,经营部人员向客户谎称"邮件寄错,请勿开封"后回收确认书,并在私自伪装填写后交还财务及审计部门,上述行为反复持续2年多。而对于超期债务,B主张"客户延期使用我公司的系统,且客户预算案未获通过",财务部门认为该理由"合理",审计人员也在审计报告中发表了"财务报表合理"的审计意见。

本案一审、二审均认定Y公司董事长有过失。其理由大致如下:公司年度预决算一般均需董事会决议,而对于长年(2年至3年以上)无法回收的债权,公司应将其视为"重要风险",但本案中董事会并未特别关注该重要风险,且"会计监察人"(审计人员)对财务报表发表了"准确和适当"的意见本身也存在疑问,即涉案交易金额已经达到公司总营业额的百分之二十,故审计也未到位。

对此,日本最高法院首先指出:"违法行为发生之时,Y公司事业部门与财务部门相分离;并构建了通过检查财务部报告营业额的机制……且监察法人(审计人员)与Y公司的财务部,均定期向客户邮送应收账款结余确认书,因此Y公司构建的管理体制已经达到了一般能够估计到的、能够预防营业额谎报等违法行为的程度。"其次,"本案中的违法行为是业务部长与数

---

① 可参照日本最高法院平成21(2009)年7月9日判决,载《金融商事判例》1330号,2009。

名部下共谋……伪造订单……可以说是通常难以设想出的方法。"而且，"审计人员也作出了Y公司的财务报表是公正、合理的意见"。最终，日本最高法院否定了一审与二审（控诉审）所作出的判决。

日本商标法律制度概览

顾文伟

一、概要

日本是《保护工业产权巴黎公约》《商品和服务国际分类尼斯协定》《商标国际注册马德里协定》和国际保护知识产权协会的成员国。

申请日本商标可以通过马德里国际注册途径或者直接日本单独申请途径。例如中国企业在国内申请的商标可以通过马德里途径进入日本申请，也可以就该相同的中国商标直接在日本提起申请，中国自然人也可以通过上述两种途径在日本获得商标注册保护。

二、商标的定义

以下商标受到日本商标法保护：

（1）文字商标（包括日文、中文、英文等所有文字类型），例如：**OJARE**。

（2）图形商标，例如： 。

（3）"文字+图形"的组合商标。

（4）立体商标（例如可口可乐的瓶子）。

三、商标类型

日本允许注册的商标类型有商品商标、服务商标、集体商标及防御商标。

对企业而言，商品商标和服务商标是最惯常形式，例如"长城"葡萄酒就是商品商标，"新东方"教育就是服务商标。

与中国不同，日本允许申请注册防御商标。防御商标是指不以使用为目的，而在与其注册商标（主要为驰名商标）的指定商品非类似的商品上注册的相同商标。例如，日本电器制造商 SONY 电器公司，在自行车、食品等许多与电器并不类似的商品上注册了 SONY 商标，以防止他人使用，有损 SONY 声誉。防御商标扩大了注册商标的保护范围，所以一般仅限于驰名商标。

四、商品与服务分类

日本商标注册采用《商标国际注册商品和服务国际分类》（尼斯分类表），这与中国、美国、韩国等基本相同，但各个国家都根据自己企业、市场等的实际情况，对尼斯分类表进行了相应的修改，例如增加或删除某些商品，以适应社会经济形势的发展。

目前日本采用的《商标国际注册商品和服务国际分类》分为 45 大类，其中 1~34 类为商品类别，35~45 类为服务类别。与中国一样，申请注册日本商标必须注册在具体类别的具体商品上。

五、申请在先原则

日本商标权的取得基于申请在先原则，即相同或近似的商标应该授予最早提起申请的申请人，这与中国完全一致。

申请在先原则促使申请人应该尽可能早地提起申请，相应而言，较早申请获得成功注册的概率更高，当然获得成功注册的因素不仅仅是尽早提起申请。

六、优先权制度

基于日本、中国均是《保护工业产权巴黎公约》成员国，当一件商标首次在中国提起注册申请，申请人可以在中国申请后的 6 个月内通过马德里途径或单独申请途径进入日本，并且可以要求享有中国首次提起申请的申请日作为在日本的申请日。例如，申请人在 2016 年 2 月 1 日递交中国国内申请，在 2016 年 8 月 1 日前就同一件商标递交日本商标注册申请，可以享有与中国相同的申请日期，即 2 月 1 日，而作为进入日本的申请日。

七、审查制度

日本商标的审查制度与中国一致，均采用实质审查制度。除了绝对禁止注册的商标外，如涉宗教标志、国旗、种族歧视等，申请商标是否与在先商标相同或近似以及是否缺乏显著性是商标实质审查的重点。

现行的实质审查制度表明日本商标申请存在注册风险，这种风险在核准注册之前不能完全排除。

八、申请人主体资格

自然人和法人均可以申请商标注册。

商标必须是在与其申请人业务有关的商品或服务上被使用，或被将来计划使用商标的人使用（以上防御商标的例子除外），这样规定是要求商标权利人积极使用其注册商标，节约商标资源。

九、不使用撤销制度

注册商标是被鼓励积极使用的，如果已注册商标在日本连续三年未曾使用过，那么任何第三人可以向日本特许厅提出撤销该注册商标的请求。所以中国申请人在日本获得注册还不能高枕无忧，应该积极使用以防止被恶意撤销。

十、申请流程

1. 商标风险检索。商标检索不是必须的程序，但是，这是防范或者降低注册风险必不可少的有效措施。通常情况下，预备在日本提起商标注册申请之前，进行申请商标的风险检索，以便确认是否存在相同或类似的申请在先商标或者注册在先的商标。当然，需要重点提示的是，这种风险检索仅具参考性质，即便尽到了最高的注意义务，也不能完全杜绝注册风险的发生，因为商标的近似性判断具有很强的主观性，代理人不能在注册之前完全预知审查员的主观判断。

2. 提交申请至日本特许厅。

3. 官方受理，发送电子受理回执文档，包括申请信息、申请日、申请号等，一般在提交申请后 2~3 个月收到。

4. 审查，日本特许厅审查员进行审查，耗时 6~8 个月。

（1）形式审查：申请递交后给定申请号及确认申请时间。此阶段，审查申请文件是否符合要求。如果不符合官方要求，审查员会要求进行补正。

（2）实质审查：根据法律审查商标是否具有可注册性，例如，是否具有显著性，是否与在先商标构成近似等。如果审查员认为商标不宜注册，发出驳回通知。申请人可以在规定时间内予以答复或者申请延时答复。

5. 公告，实质审查通过后，商标会进入 60 日的公告期，任何第三方均可以对公告的商标提出异议。如果初审通过的商标被他人提出异议，申请人可以进行答辩。

6. 核准注册。初审通过的商标，在异议期间没有人提出异议，那么公告期满，该商标就核准注册了。一般来说，日本商标注册申请从递交申请至颁发注册证，顺利的情况下需 8~15 个月，其间若有审查意见或被他人提出异议，时间要延长。

十一、有效期

日本注册商标的有效期为 10 年，有效期满需要继续使用的，应在注册有效期满前 6 个月申请续展注册，每次续展注册有效期为 10 年；如果错过该续展期限，可以有 6 个月的宽展期，但要缴纳额外的费用。

中国等国家企业进入日本市场的劳动法律问题

宫崎晃

一、前言

在加速发展的全球化背景下,无论是发达国家还是新兴国家,其跨国交易量都在快速增长。一个大的企业要想不受别国影响,单纯依靠国内交易取得稳定收益并实现持续性成长几乎是不可能的。在这种背景下,中国等外国企业进入日本市场的情况正越来越受到关注。尤其是在日本已经进入少子高龄化(老龄化)社会,重现过去那样的高速经济增长已经很难。不过,现在日本的"技术实力"或"工匠技艺"依然被认为处于世界领先水平(时而被称为"世界第一"),而实际上目前日本确实有很多"沉睡的技术"尚没有机会崭露头角。因此,日本很希望外国企业进入日本发掘这些技术,并将其推向世界。而对于外国企业来说,日本的技术能为其带来巨大的利益。所以,我们认为利益的一致将加速促进外国企业进驻日本。

但是,一个活跃于国际市场的企业如果不熟悉当地的法律制度,便很难实现在当地的稳健经营。而且,谙熟并能正确运用当地法律,还可以促进企业的成长与发展。企业发展的动力来源是"人",我们认为,中国等国家的企业在日本展开经营活动时,掌握日本的劳动法令是至关重要的。因为企业可以通过高效的人事管理,尽可能激发劳动者的最大潜力,进而实现企业自身利益的最大化。而要实现这一点,外国企业首先应当掌握规范日本劳动者与企业之间的关系的基本规则;同时,还有必要理解和把握日本劳动者的价值观等。

因此，本文专门针对日本的情况，就其容易产生劳动纠纷的领域，日本劳动法令的基本内容，以及与此相关的日本劳动者的价值观问题进行解说。由于在日本最容易引发的劳动纠纷主要是围绕解雇和请求加班费等劳动报酬问题而产生的，再加上近年来越发受到重视的安全注意义务（特别是精神健康）问题，本文的解说内容便以这三个问题为主线展开。

希望本文能为计划进军日本市场的企业或已经进驻日本的企业提供有益的参考。

二、解雇问题

（一）日本的"解雇难"现状

外国企业一接触日本的劳资关系，首先感到不同的也许就是解雇的问题。虽然程度上各有差别，但我们认为在日本以外的很多国家，要解雇一个劳动者应该都不会太难。而在日本，解雇职员是一件相当困难的事。

比如，我们假设有一个没有能力做出公司期望业绩的员工，或一个不断惹出各种麻烦的员工。公司能解雇这样的劳动者吗？在公司看来，公司不是从事社会慈善事业的组织，不是说像志愿者那样雇用一个职员，不需要他干活而向其支付工资。对于公司而言，因为这样的职员提供不了公司所期待的价值，解除和这样的雇员之间的劳动合同是理所当然的，而且如果放任这类问题人员不管，也容易影响其他员工的工作积极性。因此，解雇他看似是没有问题的。

但是在日本，仅仅这种情况基本是无法解雇这个问题员工的。在日本，在缔结合同时，在多数情况下都遵循契约自由原则，即合同的缔结和解除通常可以自由进行。但是，劳动合同法这一特别法从保护力量较弱的劳动者的立场出发，对劳动合同中的合同自由原则进行了修正。劳动合同法规定，经营者解雇劳动者的行为，如果缺乏客观合理的理由，或如依照社会一般观念认为不应当解雇（译者：日语为"不相当"），即构成权利滥用而无效。因此，如果被解雇的劳动者起诉公司，主张公司的解雇行为不当的话，公司必须举证证明解雇具有客观合理的理由，且从社会的一般观念看，该解雇亦合理且应当，才能胜诉。而由于日本的法院过去认定公司的解雇行为符合上述两个要件的案例并不多，所以可以说在日本解雇劳动者的难度是比较高的。而且，一旦法院判决解雇无效，公司就必须给劳动者复职，而且很多情况下，公司会被命令支付该雇员从解雇到复职这段时间的工资，在诉讼拖延数年的情况下，这个数额便会相当高，可能达到数百万日元。另外，公司需承担各种诉讼费用（包括律师费），还要承担因败诉招致的公司社会信用受损的不利后果。

一般认为，日本的解雇难问题的根本原因在于，日本的劳动合同遵循"终身雇用制"。终身雇用制是日本企业雇用"正社员"（即正式员工，一般指与企业订立无固定期限劳动合同的员工）时的惯例，即同一企业一直雇用一个劳动者，直至其退休为止的制度。

现在日本国内也有一种批判的声音认为，终身雇用制加剧了企业裁员和劳动者改换工作的难度，妨碍了企业间乃至行业间因经济条件变化对劳动力进行配置。因此，近年来日本也出台了一些放松解雇限制的措施。比如，安倍政府尝试过以金钱补偿为对价解除劳动合同的方法形成制度，但由于反对派的抵制非常顽强，目前解雇难的情况尚未得到很大改善。所以，外国企业在进入日本市场时，应当充分考虑到日本雇用情况的现状。

（二）纠纷预防的关键点

1. 录用。

如前文所述，在日本解雇劳动者是非常困难的。因此，企业在录用正社员（这里指与企业订立无固定期限劳动合同的员工）时，不仅要进行书面审查，而且还应当通过面试、作文能力、适应性考察等方式挑选优秀人才。其中尤其重要的是通过面试了解应聘者的人品和性格。

除正社员以外，企业雇用非全日制用工（part-time job）时，还应当考虑是否约定劳动合同的期限。约定合同期限（比如每半年更新一次）的好处是，企业如发现谁是问题员工，可以在合同期限届满后选择不再更新，从而终止劳动合同，坏处则是可能错过追求安稳的优秀人才。当然，在非全日制用工的情况下，单纯是否约定合同期限这一要素也不会对人才的质量产生太大的影响。企业关键是要把握自身究竟需要哪种人才，以及要仔细考虑能给这种人才什么待遇和条件。

2. 终止劳动合同的方法。

终止劳动合同的方法并不限于企业主动解雇劳动者。基本来说，劳动合同的解除方式有三种，即（1）劳动者单方解除（主动辞职）；（2）双方协商解除；（3）企业单方解除（解雇）。

其中方法（3）企业单方解除的难度是最高的，风险也最大。因此，可能的话最好用"劝退"方式，让员工自己提交辞职申请书[方法（1）]，或通过协商达成解除合同的合意[方法（2）]，风险比较小。所谓"劝退"是指公司用劝说的方式说服员工，使其主动辞职。劝退本身并不违法，但方法必须恰当，要达到使员工自愿接受的效果。违反员工意志执拗地进行"劝退"则可能构成违法行为。

在员工不接受劝退的情况下，是无法适用方法（1）和方法（2）的。这时企业只能考虑单方解雇员工，但有引发诉讼的风险，企业应当权衡利弊后再作出是否解雇的决策。

三、加班问题

（一）加班的法律规制

1. 法定劳动时间。

经营者首先应当了解日本法律有关工作时间的原则性规定：（1）1天8小时以内，（2）1周40小时以内，（3）一周休息1天以上（这里为了便于理解法律的基本规定，排除了一些例外）。

比如，如果公司实行每天8小时工作制，那每周就只能规定工作5天，否则就会违反规定（2）（1周40小时以内）。虽然根据规定（3）（一周休息1天以上），公司可以让员工每周工作6天，但如果还是每天8小时工作制，1周的工作时间就是48小时，这样就违反规定（2）。

现在日本的多数公司都是采用每周双休制。当然，根据上面的三个规定，公司可以让员工每天工作6小时，每周工作6天（此时一周工作时间为36小时），或一周中其中5天每天工作7小时，另外1天工作5小时（此时一周工作时间为40小时），在法律上也是可行的。

不过，日本和其他国家一样，目前采用周六、周日双休制的企业比较多。

另外，在日本，在盂兰盆节（一个祭祀祖先灵魂的节日，一般在每年8月15日前后举行，持续3—5天）和新年（12月31日至1月3日）期间，许多公司是放假的。虽然这并非法定的休假期间，但在日本已经成了惯例，外国企业在进行劳动时间管理时可作为参考。

2. 劳资协定的缔结。

上述1.中所述的法定工作时间只是原则性的规定，并非绝对不能让劳动者超过规定的时间（延长工作时间，日语为"时间外劳働"）进行工作。实际上，日本的许多公司都有延长工作时间的现象，甚至经常让劳动者的工作时间超过法定的每天8小时。可以说，日本的劳动者的工作时间与许多国家相比都算很长的。

但是，公司要想延长劳动者的工作时间，其前提是必须与工会或劳动者代表缔结劳资协定。

另外，因为劳资协定规定出现在日本劳动基准法第36条，所以又被称为"36协定"。

需要注意的是，公司未经缔结该协定就延长劳动者工作时间，会招致法律的相应处罚。

3. 加班加点的工资。

虽然缔结了36协定后，就可以延长劳动者的工作时间，但公司还必须为此支付正常工资之外的加班加点工资。

加点工资的基本计算方法如下：

超过每天8小时以外的工作时间数 × 每小时的正常工资 ×1.25

如每月延长的工作时间总计超过60小时，则该上浮系数为1.5（中小企业目前始终为1.25）。

如果1个劳动者在某个月加点工作了10小时，他的工资按每小时1000日元计算的话，公司就必须在正常工资之外再支付他1万2500日元的加点工资。

10小时 ×1000日元 ×1.25=1万2500日元

公司让劳动者加点工作，必须以上述方法支付加点工资。

加班工资的基本计算方法如下：

节假日加班工作的时间数 × 每小时正常工资 ×1.35

深夜劳动（晚上10点到次日早晨5点）的工资计算方法如下：

深夜劳动的时间数 × 每小时正常工资 ×0.25

深夜劳动且属于加点工作的工资上浮系数：0.25+0.25=0.5；深夜劳动且属于加班工作的工资上浮系数：0.35+0.25=0.6

（二）常见的纠纷类型

在（一）中我们解说了日本有关加班加点的基本法律规定，在此基础上，下面我们进一步说明外国企业特别容易陷入的法律纠纷的类型。

1. 年薪制。

外国企业在日本从事经营活动时，常有的一个误解就是"年薪制不用支付加班加点工资"。

年薪制是指事先决定一年的工资总额的工资形态。比如一个劳动者年薪500万日元，是指其1年的工资总额为500万日元，而并非指公司要在每年年初一次性支付500万日元给劳动者。日本的法律规定，原则上企业应当每月给劳动者至少结算工资一次，所以日本企业一般采取的方式是把年薪总额分为12份，每月向劳动者支付1份（年薪480万日元的情况下，每月就是40万日元）。

年薪制与月薪制的区别就在于，是否事先确定了1年的工资总额。采用月薪制的，公司可以根据公司的经营状况和个人的业绩灵活决定每月的奖金，而年薪制则不允许作这种调整。

外国企业往往更多地采用年薪制。特别是对白领员工这类工资较高的劳动者，采用年薪制是主流。由于年薪制下支付的工资金额往往高于月薪制，因此有企业会误解年薪制已经包含了加班加点工资，支付了年薪就不用支付加班加点工资了。从用人单位的角度来看，既然年薪制已经确定了1年的工资总额，又往往金额较高，就很容易认为加班加点工资已经包含在了年薪里。

但是在日本，即便采用年薪制，只要企业让劳动者在法定工作时间之外工作了，就必须支付加班加点工资。由于对这一点理解有误的外国企业很多，所以需要特别留意。实践中，采用年薪制的企业被其劳动者起诉支付加班加点工资的案例非常多，我的事务所也接到过许多遇到这类问题的企业的委托。这类案例的特征是企业被请求支付的加班加点工资的金额都很高，而导致请求金额高的原因则是年薪本身就比较高。因为用人单位在与劳动者达成以年薪制支付工资的合意时，认为约定的金额已经包含加班加点工资的数额，这就导致计算加班加点工资的因数之一的"每小时正常工资"的数额过分高于月薪制的数额。在这种情况下，即便用人单位主张在主观上已经支付了加班加点工资，在诉讼中也是不会被法院认可的。加之，高额的诉讼请求一旦被法院确认，便会成为企业的巨大负担。

【回避上述纠纷的方法】

年薪制由于事先确定了1年的工资总额，而且其金额也往往高于月薪制，所以对拥有专业技能，能够期待其拿出高质量工作成果的劳动者来说，是一种不错的激励机制。

但是，要注意年薪的金额不要包含加班加点工资，如果劳动者延长工作时间，仍应当每月另行支付加班加点工资。

例外情况下，也可以把加班加点工资包含在年薪中。要这样做，至少应当把年薪中的正常工资部分和加班加点工资部分明确地区分开来。

比如，企业应当在员工守则或劳动合同中明确记载："年薪500万日元（其中30万日元为45小时的加班加点工资）"。

这个例子明确记载了年薪500万日元之中，具体某一部分金额属于具体多长时间的加班加点工资。企业在把加班加点工资包含在年薪中时，应当注意至少要作出这种明确的区分。另外，企业如果要缔结含有这种内容的劳动合同，最好事前和精通劳动法的律师沟通协商。

2. 工作时间的管理。

外国企业的另一个倾向，是对劳动者工作时间的管理往往不太充分。

工作时间的管理是指对劳动者具体完成了何种程度（劳动时间、劳动内容等）的劳动进行管理。特别是在加班加点这一问题上，工作时间的管理是非常重要的。管理的方法有计时卡、IC卡、业务日志等，日本企业一般使用计时卡管理，即用机器在计时卡上打入劳动者的工作开始时间、休息开始时间、休息结束时间、工作结束时间的管理方法。

如果企业不进行充分的工作时间管理，一旦遇到劳动者提起请求支付拖欠加班费等诉讼的情况，企业将很难应付。

因为在这种情况下，公司首先必须针对向劳动者支付拖欠加班费的诉讼请求展开调查，查清劳动者是否真的以及从事了多少加班工作。如果此时没有留下记录，就无法查清事实。在事实不明的情况下，公司即便对劳动者提出相反（反对）主张，也是没有说服力的。

劳动者一方提起请求支付加班费诉讼的，应承担证明自己具体从事了多长时间加班工作的举证责任，但是在日本的司法实践中，用人单位一般被认为负有管理工作时间的义务，所以如果用人单位不能提出具体有力的反对主张及证据，法院认定劳动者主张成立的可能性是很高的。

【回避上述纠纷的方法】

关于工作时间的管理方法，法律并没有规定必须使用机器设备。用人单位可以自己确认（目视）劳动者的工作情况，然后自己记录，这样做并不违法。

但是为了防止纠纷，最好使用计时卡或 IC 卡这种机器记录方式，或使用让劳动者自己作业务日志的方式。因为诉讼时用人单位如果只能提交自己制作的记录，遇到劳动者主张记录是"单位伪造"的情况，便很难证明该记录的可信性。

相对地，如果是机器记录或劳动者自己制作的记录，就不用担心被指伪造了。因此，有关对工作时间的管理，我们推荐使用计时卡（time card）方式。

四、安全注意义务

（一）何为安全注意义务（相当于安全保障义务）

安全注意义务是指基于某种法律关系，产生特别的社会接触关系的一方或双方当事人，对对方负有的，属于上述法律关系的附随义务的诚信义务（日语为："信義則上の義務"）。该义务最初是由日本最高法院通过判例（昭和 50 年 2 月 25 日判决，见下文）确立的。一般认为，劳动合同缔结后，作为劳动者提供劳动的对价，用人单位当然负有支付工资的义务，但除此之外，用人单位对劳动过程中可能给劳动者的生命、身体、健康带来的危险，负有使劳动者免受该类危险的注意义务，即安全注意义务。

所以在日本，安全注意义务最初是在没有法律明文规定的情况下被认可的。但随着2008年日本劳动合同法的施行，劳动关系中的安全注意义务作为劳动合同的附随义务，已经成为了法律明文规定的用人单位必须履行的义务。日本劳动合同法第5条明确规定："用人单位应当给予必要的注意，使劳动者在其生命、身体的安全得以确保的前提下从事劳动。"

所以，进入日本市场的外国企业应当特别注意，避免因违反安全注意义务而发生损害赔偿的风险。

下面，本文介绍3个有关违反安全注意义务的比较著名的日本最高法院的判例。

（二）判例

1. 八户驻地案（最判昭50.2.25，日本最高法院昭和50年2月25日判决）。

【案件概要】

本案是由于一名陆上自卫队队员在自卫队的修理工厂内因事故死亡而引起的。

死亡的自卫队队员在自卫队八户驻地内从事车辆修理工作时，被一辆正在倒车的大型汽车的后轮轧过头部而死亡。死亡的自卫官的双亲就此向国家提起了损害赔偿诉讼。

【判例要旨摘要】

国家应当就为公务员履行公务而设置的场所、设施或者器具的设置实施管理，同时，应当对公务员按照国家或者上级指示履行的公务实施管理，在管理过程中，国家负有使公务员的生命、健康等免受危险的注意义务。

通过该案，日本最高法院确立了用人单位的安全注意义务。虽然该案涉及的是公务员（自卫官）和国家的关系，但随后该案确立的安全注意义务也逐步扩大适用到民间的雇用关系上。

2. 川义案（最判昭59.4.10，译者：日本最高法院昭和59年4月10日判决）。

【案件概要】

本案是由于一名纤维制品批发公司的新员工A，在晚上值夜班时被潜入公司实施盗窃的该公司前员工杀害引起的。

A于昭和53年3月，进入经营绸缎、皮草、宝石批发业务的公司工作，同时入住了位于公司办公楼 4 楼的单身宿舍。B 于昭和 52 年 3 月进入同一公司工作，但因上司批评其工作态度而心怀不满，于昭和 53 年 2 月离职，直至同年 8 月处于无业状态。B 在该公司工作期间，从昭和 52 年 9 月左右开始，便多次盗窃存放在公司的他人 Y 的绸缎类商品，转售换取现金。离职后，仍经常拜访负责值夜班的原同事，并通过该同事介绍，认识了 A 等新员工。拉近关系后，B 便利用与上述人员聊天、吃饭过程的间隙，乘机继续盗窃绸缎类商品。

之后，B 于昭和 53 年 8 月 13 日（星期天）晚上 9 时许，为盗窃公司的绸缎类商品来到公司，杀害正在值夜班的 A 后，取走绸缎类商品并潜逃。为此 A 的双亲向法院提起了损害赔偿诉讼。

【判例要旨摘要】

日本最高法院在该案中认为公司构成违反安全注意义务，并在判决中论述如下：

"雇用合同虽然是一种以劳动者提供劳动，用人单位支付相应报酬为基本内容的双务有偿合同，但通常情况下，劳动者都是在用人单位指定的场所，使用用人单位提供的设备、器具等从事劳动的。因此，法庭认为，用人单位除负有上述支付报酬的义务以外，在劳动者使用为工作而设置的场所、设备、器具等从事劳动，或按照用人单位的指示完成工作任务的过程中，还应当负有保护劳动者免受生命、身体等危险的注意义务（以下称安全注意义务）。"

该判例被认为是日本劳动合同法第 5 条的基石。

3. 电通案（最判平 12.3.24，译者：日本最高法院平成 12 年 3 月 24 日判决）。

【案件概要】

本案是由于一名广告公司的新员工 A 因为长时间劳动而自杀引起的。

A 在大学毕业之后，于平成 2 年 4 月进入一家广告公司工作。随后，其在公司长时间工作成为了常态。A 从平成 2 年 8 月左右开始，工作至次日深夜 1~2 点才回家的情况逐渐增加，至同年 11 月底前后，发展为工作至次日早晨 4 点、5 点左右才回家。而之后，不回家的次数逐渐增多，即便回家，也要到次日早上 6 点 30 分到 7 点左右，且早上 8 点左右又要出门（上班）。最后，A 于入职后第二年 8 月自杀。

【判例要旨摘要】

日本最高法院认为，"用人单位在给员工分派工作任务时，应当注意工作任务给员工带来的疲劳和心理负担是否已经累积到足以损害员工身心健康的程度。"（健康注意义务），认定 A 的公司在知道 A 已经由于长时间劳动而身心健康受损的情况下，"仍然没有采取包括适当调整分派给 A 的工作量在内的措施。"

（三）回避纠纷的关键点

如上，日本出现过 3 个争讼至最高法院的著名判例，现如今，安全注意义务已经得到了日本企业的广泛认同。

虽然不同的行业或职业的问题点不尽相同，不过共同的趋势是，公司如果没有尽到一定的注意义务的话，是很难举证证明自己已经尽到了安全注意义务并可免责的。

下面，本文就如何防止违反安全注意义务，介绍几个值得注意的关键点。

1. 实施安全教育。为防止劳动者违章冒险作业，公司应当定期组织安全教育。若劳动者采取危险行动，公司应当对其处以惩戒处分等教育引导。相对地，如果无事故的状态持续达到一定期间，则应当奖励劳动者，贯彻奖罚分明的原则。

2. 定期检查、修理相关设施设备。公司应当定期组织检查劳动者使用的设施、设备、机械器具等是否存在安全隐患。一旦发现，应当及时整修。

3. 掌握劳动者的健康状况。公司平时应当注意掌握劳动者的健康状况。另外，在日本，用人单位有义务每年为劳动者组织一次定期体检，但除此之外，上司也应当多观察部下工作时的健康状态。如果发现有人健康状态不佳，应当在其恶化之前及时采取必要的措施（休养和治疗等）。

4. 制作必要的操作指南。为防止事故，公司应当尽可能制作记载有作业、检修方法或者流程的指南、说明。

5. 控制长时间劳动。如上述判例（电通案）那样，日本因过劳导致的自杀和病死已经成为了一个社会问题。如果在一家公司，长时间劳动已经成为了常态，是很容易认定公司构成违反安全注意义务的。所以，请用人单位尽量控制长时间劳动。

6. 设置咨询窗口。用人单位还可以针对劳动者的健康、职场骚扰（性骚扰、职权骚扰等）等问题，为劳动者设置能够轻松和使用方便的咨询窗口。如果公司内部没有相关专家，也可以委托外部机构（如精通劳动法的律师等）进行咨询窗口业务。

7. 考虑买保险。公司因违反安全注意义务导致事故发生的，有时损害赔偿额可能高达数亿日元（如上述的电通案，公司被命令支付损害赔偿金1.68亿日元）。为了以防万一，可以用保险金支付赔偿金，用人单位可以考虑购买用人单位责任保险。

8. 向专家咨询。在日本，除了律师以外，还有"社会保险劳务士"相关职业，以及"产业医生"专门医师。公司最好在问题严重化以前，积极向这些专家咨询，根据他们的建议开展经营活动，这样便可以有效减少纠纷的发生。

日本企业的并购（M&A）和破产

中本综合法律事务所

近年来，包括中国企业在内的海外企业收购陷入经营危机的日本国内企业的案例在不断增加。以下为准备来日投资的企业，从日企的并购和破产两个方面来概述。

一、在日并购交易的概况

关于在日并购交易，首先从想要收购的买方视角来概括关于一般的交易手续和交易形态。同时，本文也将适当介绍对收购陷入经营危机企业时的关注点。

（一）并购的程序

1. 一般的并购交易手续。

在日本进行并购交易的手续，同包括中国在内的各个国家的并购案例相比，其实并没有大的不同，一般来说要经过如下手续（此外，如果出现了复数的买家候补，需要进行投标的情形在以下 2. 中阐述）：

（1）并购交易候选对象的选定。

（2）在买卖双方之间签订保密协议。

（3）对于并购的基本条件拟订协议，达成基本事项的合意书。

（4）买方进行尽职（DD）调查。

（5）对于并购的详细条件拟订协议，签订最终合同。

(6)成交。

以下对于上述手续进行分别概述:

(1)并购交易候选对象的选定。并购交易首先要从希望出售的一方(卖方)和希望买入的一方(买方)分别找寻交易对象的候选人开始。在这样的候选对象选定阶段,起用经纪人(中介)和顾问的情况是很多的,在日本国内,从事这样的中介服务的业者也不少。

(2)买卖双方签订保密协议。买卖双方如果积极探讨并购并有意向,应该签订保密协议。在保密协议中,双方就并购交易进行的交涉以及在其过程中所开示的双方的信息等都应该成为保密协议中约定的义务对象。

通常情况下,自缔结保密协议之后,就应该对并购交易的具体内容进行进一步的正式协商和交涉。

(3)对于并购的基本条件拟订协议,达成基本合意书。如果已经缔结了保密协议,就可以继续就双方所设定的并购交易的基本条件进行协商,在基本条件达成合意的阶段,就应当缔结基本合意书(通常称为 Letter of Intent (LOI))。

通常情况下,基本合意书中要加入交易对象的范围(是卖方的全部营业还是只是部分营业之类的信息)、交易的形态(股份转让,营业转让,公司分立,合并等)、交易的对价以及所设定的并购步骤计划等。但是,很多情况下,对于上述交易条件,在进行了尽职调查之后会发生适当调整。因此,这些交易条件在订立基本合意书的阶段,一般是不具有法律约束力的。

此外,在基本合意书中,规定了买卖双方独占交涉(排他)的义务,常常能够看到要求买方或者卖方在一定期间内,不得同其他买方或者卖方进行相同的并购交易交涉的条款。

(4)实施尽职(DD)调查。在基本条件达成基本合意书的阶段之后,就要实施尽职调查。通常而言,对法务、财务、税务等各个领域,聘任专家(法律方面起用律师,财务方面起用注册会计师,税务方面则起用税务师,各司其职)进行尽职调查,要分析收购会否对公司业务带来影响,以及是否有风险。此外,在以工厂和农用地作为交易对象的情况下,为了确认土壤是否有污染,有时也需要聘请专家来实施环境方面的尽职调查。

(5)对于并购的详细条件拟订协议,签订最终合同。以在尽职调查中所发现的问题为基础，为缔结最终合同，进行协商。

在并购交易的最终合同中，针对成为交易对象的法人、营业、公司资产等标的物，卖方通常要做出详细的表明保证（对于交易的标的物，卖方对买方保证所披露的相关信息是真实的，且保证不存在违法等瑕疵情形），对于尽职调查中所发现的问题，一般也会以适当的形态体现在上述证明条款中。围绕这些问题，交易交涉的过程延长的情形并不罕见。此外，对于违反表明保证的情形，通常会规定交易中止、并购合同的解除、对价的调整、请求补偿等条款。

（6）成交。如果达成最终协议，将在预定的交易日期进行合同的签署并完成交易。

成交的具体程序，会因交易对象和交易形态的不同而发生差异，比如，需要同时进行不动产的名义变更和担保注销，以及公司分立等程序，则有必要到法务局进行登记手续，且有必要事前准备好相关文件。如果交易中存在上述登记手续，在日本，聘用一名专门从事登记注册的"司法书士"（日本的一种法律职业）是比较常见的。

2. 实施投标的程序。

相较而言，如果要让多个买方候选人投标出价，从中选择最终交易伙伴的，应当经过如下手续：

（1）募集并购交易的候选人。

（2）与募集的买方候选人签订保密协议。

（3）披露作为交易对象的公司、营业、公司资产等基本信息。

（4）进行首次投标，并选择买方候选人。

（5）通过首次投标的买方候选人，进行尽职调查。

（6）进行二次投标，确定买方。

（7）经过对最终合同的协商和签署，完成交易。

进行投标的手续，和上述 1. 中所叙述的一般情形相比并没有太大的区别，但为了选择买方候选人，分阶段进行信息开示，实施投标的案例是比较多的（过多的向买方候选人开示信息，对卖方来说也是一种负担，直到上面步骤（5），将尽职调查的买方候选人精选到 2~3 人，再通过二次投标来确定买方的案例也是很常见的）。

按照此种投标方式所实施的并购也常发生在处于经营危机中的企业和正在进行破产程序的企业,为了能使其营业起死回生,把业务出售给赞助者。

诚如本文以下(二)中详细叙述的那样,在处于经营危机中的企业实施并购,出售相关营业的情况下,如果该营业的交易对价没有达到充分,则并购交易本身也是一种对卖方(处于经营危机中企业的)债权人的损害。基于破产财产管理人的"否认权",并购交易本身也可能被撤销。然而,如果实施了招投标,则选择了最合适的买主(也就是说支付最高交易对价的买主),因而交易对价的正当性成为事后问题的可能性很低。因此,对于处于经营危机中的企业实施并购,实施上述投标的案例并不少见。

(二)并购的交易形态(方式)

由外国企业实施并购的情形中,很多是通过对交易对象公司(目标公司)的股份转让、营业转让、公司分立等方式来实现的。以下,本文对各种方式进行概述。

1. 股份转让。

通过股份转让的方式实施并购,简单来说就是原封不动地买入既存目标公司。因为目标公司本身没有发生任何变动,所以没有必要单独转让目标公司的资产、合同、员工等。此外,也没有必要重新获取目标公司已获得的各类许可。从这些方面来说,股权转让的并购方式具有程序上十分便利且负担较轻的优点。

不过,在股份转让的情形下,由于原封不动地接受既存的目标公司,因此通过并购,买方在掌握目标公司的经营权后,有可能更加清晰地面对公司以前的账目(账外负债),因此以前尚不明显的纠纷也会浮出水面。另外,如果目标公司欠债,亏欠公共税、费等,由于采用了股份转让的方式,买方对所有此类责任也必须全部承继。因此,不采用股权转让的方式,转而采用营业转让或公司分立的方式进行并购的案例也很普遍。

此外,在日本法中,实施股权转让本身并不需要获得许可和批准,但例外是,在外国公司投资某些业务领域的情况下,根据《外汇和对外贸易法》(日语为《外为法》对外资进行的监管规定,有时有必要进行事前和事后的申报(比如关于涉及国家安全、公共秩序、公众安全领域和业种的投资,被课以必须提出事先申报的义务)。另外,根据将成为并购方的公司的规模,根据《反垄断法》的规定,可能需要进行企业结合(经营者集中)的事前申报。

2. 营业转让。

营业转让的情形,不同于转让目标公司的股份,必须在适当选择成为转让对象的公司资产(比如除公司资产外,公司的债权债务,与客户之间的契约关系,与员工之间的雇用关系等)的基础上进行转让。因此,如果买方只想收购公司的一个营业部门,或者想要从交易中排除某些公司资产,就不该用股份转让的方式,而最好用营业转让(乃至用后述的公司分立)的方式。但是,在营业转让的情形下,可以接受相关营业的公司是必要的。因此,对于打算在日本新开业的海外公司来说,在采用营业转让的方式展开收购之前,应当先在日本设立新公司(接收营业的公司),而且该新公司有必要提前获得实施相关业务所需的许可。

通过业务转让实施并购的情形,与股份转让不同,因为其能够选择转让对象的资产,因此,不存在违反买方意愿承担账外负债的危险。另外,在营业转让时,对于成为转让对象的个别资产,有必要进行必要的转让手续。因此,除了程序上的负担外,还有一些不确定性,因为无法完全保证所有的资产和权利关系(比如,为了让买方承继合同关系和公司员工的雇用关系,有必要取得对方的同意,若对方不同意,则买方不能继承和对方的合同关系)得到切实移转。

此外,在营业转让的情形中,可以从转让的目标中排除特定的负债,因此,在收购处于经营危机的企业时,对特定负债进行排除后,实施营业转让的案列也是很常见的。但是,此种营业转让的情形,诚如后述,对于卖方来说,如果不支付足够的对价,交易本身可能会因破产财产管理人的"否认权"而被撤销,所以需要注意。

3. 公司分立。

公司分立有吸收分立和新设分立两种,同时要继承目标公司的权利义务关系。和上述第2.点中的营业转让相同,依据当事人双方的合意,因为能够选择继承成为继承对象的权利义务关系,所以收购公司的一个营业部门,以及把一部分公司资产(负债)从交易对象中排除的情况也时常可以见到。

此外,和营业转让相同的是,要根据《公司法》来实施规定的程序,但同营业转让不同的是，这里无须获得对方的同意就当然可以转移与客户的合同关系和同员工之间的雇用关系，这是公司分立的特征。然而，公司分立与股权转让或营业转让相比，公司法中规定了许多法定程序，如公告和债权人保护的程序。此外，对于步骤计划等也需要做认真仔细的准备。

4. 合并。

除上述方式以外，对于已经拥有日本法人的外国公司，该日本法人还可以考虑通过合并、股份交换和股份移转等方式来收购目标公司。

二、从收购的角度看日本的破产法制

（一）日本的破产法（四大破产法制和私人重整）

在日本，公司在处于破产状态（日常的经营无法偿还债务的状态）的情形下，管理层逃脱但全部财产尚未处理而被放置的情形（趁夜远走高飞，日语为"夜逃げ"）也是有的。但是，如果是具有一定规模的公司，为了避免这种混乱的局面，在某些情况下，通常可以采取法律程序来重整经营。

这里可以适用的日本法律有四部。分别是《破产法》《民事再生法》《公司更生法》和《公司法》。适用这四部法律的破产程序分别被称为"破产程序""民事再生程序""公司更生程序"和"特别清算"。这四种程序可以依据公司的要求和目的来区分适用。

一般来说，在公司的经营管理完全不可能被重新调整的情况下，适用破产程序或特别清算，使公司终止。在日语里，把终结公司的存续叫做"清算"（但是，这样的词汇，在日语中并非是资不抵债，也包括即使是资产充足的公司能够清偿债务，甚至把剩下的资金分配给股东的圆满情形，所以说清算并不意味着破产）。这些程序称为"清算型程序"。

除此之外，如果公司能够削减一定的债务，并且可以重建经营管理，则能够适用"公司更生程序"和"民事更生程序"。日语把重建经营称为"再建"，所以这类程序又被称为"再建型程序"。

此外，在获得银行等大额债权人合作的前提下，不依据法定程序，对处于破产状态和或者即将破产的公司进行清算或者重建的情况也是有的。这种情形一般被称为"私人重整"（日语为"私的整理"）。在日本，公司原则上是一个私人的存在，适用意思自治，因此，只要经银行和交易对手方等所有利害关系人的同意，则不需要通过法院等公共机关来实施相关程序。

（二）破产程序·特别清算（清算型程序）

1. 破产程序。

（1）破产案件的现状。

破产程序是最为常见的一种程序。根据日本信用信息机构的调查，2016年度负债 1000 万日元以上的破产案件中，利用破产程序的有 7638 件，公司更生程序的为 1 件，民事再生程序的为 246 件[1]。利用破产程序的案件呈压倒性态势。

申请破产程序，可以是破产公司自己申请，也可以由公司的债权人以及公司董事等利害关系人申请（《破产法》第 18 条、第 19 条）。但是，实际上一般都是由公司自己申请[2]。

（2）破产程序的概要。

当破产程序申请到达法院，法院认定公司"支付不能或债务过剩"（债务人其所有的财产不能完全偿还其债务的状态）之时，就会决定破产程序开始（《破产法》第 16 条）。

对于开始破产程序的公司（下面为了方便，称为"破产公司"），选任破产财产管理人（《破产法》第 31 条）。随着破产程序的开始，破产公司便不能再行支付。即便破产公司的债权人也无法通过强制执行等从破产公司的财产中收取款项。而且，破产财产管理人对于破产公司的财产具有破产财产处分权，可以对财产关系进行调查和管理（参照《破产法》第 6 章），将破产公司的所有财产转为货币资金形成破产财团（参照《破产法》第 7 章），最终分配给破产公司的债权人（参照《破产法》第 8 章）。大体流程原则上

---

[1] 帝国数据库（2017 年 1 月 13 日访问），"全国企业破产统计（2016 年）"。参见网址：https://www.tdb.co.jp/tosan/syukei/pdf/16nen.pdf。

[2] 平成 27 年所受理的破产案件中，在"法人、其他类别"中，7452 件案件中有 7220 件是公司自己申请的破产。可参见《司法统计》（民事、行政，平成 27 年第 105，新受理的申请、受理的方式、全部地方法院）：http://www.courts.go.jp/app/files/toukei/595/008595.pdf。

如此。但是根据司法统计，在2015年发生的7847件公司破产案件中，进行分配的不超过2176件，剩下的案件没有进行任何分配就程序终结①。不进行分配就终结程序，简而言之意味着，破产财产管理人即便进行调查也找不到相当财产。在这种情况下，债权人无法得到完全救济。而即使分配，因为要优先支付税费，劳动债权等财团债权，没有担保等优先权的普通债权人只能公平地按份受偿，因而通常无法得到全部清偿②。

（3）关于否认制度。

从对日投资的观点来看，需要注意的是破产财产管理人所具有的的财产调查和管理的权限。而且，更重要的是，破产财产管理人对破产公司在破产之前所进行的交易，在一定条件下可以将该交易行为归为无效，且能够取回通过交易已经转移给第三人的财产。这个权限就叫作"否认权"（参照《破产法》第6章第2节）。对于"否认权"被认可的情形，破产法上有详细的规定，对相关问题进行讨论的判例和学说也有很多，因此，在讨论大致概况的本文中深入讨论这一点是没必要的。但是"否认权"制度，准确的说，是破产财产管理人对总破产债权人之间的关系，是一种由破产财产管理人将不公平的交易归为无效的制度。破产公司在破产之前把有价值的库存几乎无偿地转让给相关人的情形就是典型的事例。

在进行并购时，应注意并购本身是否被视为上述不公平交易。如果从没有破产风险的公司那里获得营业转让，或者公司分立，就不必再担心会成为否认的对象。但是，如果对方公司的业绩已经恶化则另当别论。此外，对方的公司已经筹备出破产程序的费用，为维持员工在收购方再就业，预先计划

---

① 《司法统计》（民事、行政，平成20年第108，破产程序完成的案件数、破产人以及最终分类、全部地方法院）。可参见：http://www.courts.go.jp/app/files/toukei/592/008592.pdf。

② 一项旧的统计数据显示，获得分配的破产案件（包括个人破产）中的56%（7324个案件中的4103件）仅仅获得了5%以下的分红。《司法统计》（民事、行政，平成12年第104，细分表、由于破产案件获得分配而终止的案件、普通破产债权人的分配率的细分表、全部地方法院）可参见：http://www.courts.go.jp/app/files/toukei/970/000970.pdf。在该年度，破产案件总数为144775件，最后获得债权额5%以上分配的案件还不到全部案件的约2%。

此外，关于债权，如果经营者个人是保证人的，则可以向个人进行请求。但是在大多数情形下，经营者个人同时也会申请破产程序（个人破产），且对于个人来说，可以在破产程序中进行免责的申请。如果免责被法院认可，则经营者个人不再有偿还债权的义务。因此，在许多情况下，如果采取破产程序，除非获得物上担保或由保证公司作为第三方保证人，否则很难收回债权。

破产程序，实施营业转让的情形也是有的。在这些情况下，有必要注意营业转让的价格。问题是即使转让的对象是股票，即使是公司分立，如果交易对手方的业绩已经恶化，也会发生同样的情况。

为了使投资成功，重要的当然是尽可能便宜地买入。但是，此后，当卖方公司破产时，很可能使破产财产管理人认为，业务转让本身很可能属于不公平交易。

为了避免这种风险，事先咨询会计师或法律专家，如果使用的方法是营业转让，则在营业转让之前，合理估算产品的库存和生产设备的市场价值等，留下"营业转让的价格属于合理范围"的证据（证据化工作）十分重要。

又或者，由于破产财产管理人也能够进行营业转让，将其作为"换价"（折现）行为，在某些情形下，也可以在法院决定破产程序开始后，从破产财产管理人那里接受营业转让。

2. 特别清算程序。

特别清算是一种清算型程序，也是一种对有"债务过剩"嫌疑的公司实施的程序（参照《公司法》第510条）。在法院的监督下，特别清算人进行换价操作，在这方面，它与破产程序相似（参照《公司法》第519条）。另外，对于实施清算的特别清算人，公司原经营者照旧任职的情况也是有的。这一点与总是选择中立的执业律师作为破产财产管理人是不同的。

（三）民事再生程序·公司更生程序（再建型程序）

1. 民事再生程序和公司更生程序。

民事再生程序和公司更生程序，两者都是旨在重建公司经营管理的程序。在这两种情况下，重建公司的目的是一致的。但民事再生程序要接受由法院选任的监督委员的监督，但原来的公司经营者仍能继续实施公司的再建工作，而在公司更生程序中，原经营者被踢出公司管理层，公司更生财产的管理人由法院选任，由其着手企业更生（参照《公司更生法》第42条、《民事再生法》第64条）。此外，很多大企业（比如日本航空）采用公司更生程序，而中小型公司采用民事再生程序的倾向比较明显。但是，大企业使用民事再生程序也并不奇怪。因此，以下对使用较多的民事再生程序进行解说。

2. 民事再生程序。

(1)程序概要。

首先,和破产程序不同,开始民事再生程序的公司(为了方便,本文以下称再生公司)在程序开始之后,也可以继续营业,因此,即使在程序开始之后,再生公司也可以管理自己的财产并进行处分(参照《民事再生法》第38条)。但是,债权人不能对再生公司申请进行强制执行,个别受偿等救济也是不可以的,这个同破产程序相同(参照《民事再生法》第39条和第85条)。但是和破产程序不同的是,这里例外地认可对采购等交易关系的债权人进行保护的制度(参照《民事再生法》第85条第2款和第5款)。

民事再生程序开始后,再生公司将中止清偿,并对公司的资产总额和负债总额进行调查(参照《民事再生法》第124条)。在此基础上,制作汇总再生程序必要负债的减免和相应条件的计划表(称为再生计划方案)。上述再生计划方案,若在债权人会议上被表决通过,而且若内容妥当的话,法院将把再生计划方案批准为"再生计划"(参照《民事再生法》第241条)。由此,债权额等权利关系将依据再生计划而变更。之后,在法院选任的监督委员的监督下,该计划被执行,民事再生程序即可完成。

(2)再生程序中的并购。

说到和并购的关联,即使在民事再生程序中,为了达到切割不必要的业务、改善公司收支等目的,也可以采取从再生公司获得营业转让的方法。但是,在民事再生的情况下,公司业务本身仍在继续,营业转让很多时候是在程序开始后,再生计划方案制作的过程中进行的。对于程序开始后进行的营业转让,要在法院所选任的监督委员的监督之下进行,因而要求转让对价具有适当性。同时,因为营业转让被纳入再生计划中,其条件是需要债权人的承认和法院的认可,因此可以说之后也将一直有效。

作为另一种参与方式,在再生计划中,原股东股份减持,而赞助者通过筹措资金成为新股东的方法也存在。在这种情况下,赞助者通过合法的方式买入股份,这和收购再生公司有着相同的效果。在这个方案中,再生计划也需要被认可。

(四)私人重整和其他

在以上(二)和(三)所述的法定程序之外,通过银行等主要债权人和经营者的对话协商，谋求企业再生和清算的事例也时有发生。因为法定程序，一般是由法院参与的程序，因此很难灵活区别和对待交易对手方的债权人和银行债权人，且一旦"公司破产"被报道，还会带来公司品牌以及商品价值显著下降等问题。但是，因为私人重整不涉及法院的强制程序，因此，只要有一个债权人反对再生计划，该再生计划就无法达成。同时，也不能阻止不同意协商的债权人申请的强制执行。

在这些情况下，仅仅由当事人进行对话和协商是很难达成合意的。因此实际上，准公共机构正在扮演类似法院的中介角色。例如，由日本政府出资的支援再生公司"区域经济活性化支援机构"（REVIC）[1] 和日本全国（各都道府县）的各工商会设立的中小企业再生志愿协议会[2] 等。

在私人重整程序中，债权人事先就营业转让对价的分配方法，及后续的清算方法达成协议，赞助人设立的新公司接管了旧公司的业务和交易中发生的债务。之后，根据协议，通过上述特别清算或破产程序使旧公司归于消灭，这比单纯的公司破产，有时更能大幅提高全体债权人的满足程度。

在这种情况下，由于旧公司最终还是实施了法定的破产程序，因此，正如上文破产中所述的那样，对于新公司实施的营业转让，其转让的对价是否"相当"，仍有必要注意。

此外，正如前文所述，对于没有准公共机构参与的"私人重整"，有时会发生涉黑势力（反社会势力）参与，并把这种"私人重整"称为"结账"，由这些势力对公司财产进行不当处分。在这种情况下，可能涉及诈骗、职务侵占等犯罪行为。因此，把"私人重整"交给准公共机构或者知名银行等金融机构以外的人或组织来实施时，应对这种情况保持充分警惕。

---

[1] 可参照主页：http://www.revic.co.jp/。
[2] 例如，大阪府中小企业再生支援协议会，可参照：http://www.osaka.cci.or.jp/saisei/。

在日本进行争议解决法律研究

中山达树　等

一、概要

（一）诉讼

日本是一个统一的国家，有 47 个都道府县和一个司法系统。日本的三级司法系统由五级法院组成：最高院、8 个高院、50 个地方法院、50 个家事法院以及 438 个简易法庭。

日本的最高院负责审理下级法院的上诉案件，但仅在限定区域内。高院负责审理地方法院和家事法院的上诉案件。知识产权高级法院是东京高级法院的特殊分支机构，负责处理有关知识产权的上诉案件。

通常情况下，地方法院是一审法院，由其他法院专属管辖的除外。地方法院同样作为简易法庭所作出裁决的上诉法院。一般而言，地方法院受理的案件都由一个法官审判，除非三个法官决定组成合议庭审理。简易法庭受理标的小于 140 万日元的民事案件。

（二）替代性纠纷解决程序（ADR）

在日本，诉讼是解决纠纷最普遍的途径。对于民事纠纷，最普遍的替代性纠纷解决途径是地方法院和简易法庭的调解机制。其他用于私人纠纷解决的法外途径还不常见，但也逐渐为人所运用。

二、诉讼

（一）法典和法规

民事诉讼程序应当遵守日本《民事诉讼法》（1996年第109号文件）及相关法律。很多日本法律的英文版可以在日本司法部主管的"日本法律翻译数据库"中找到。

（二）程序

一个民事诉讼程序始于一份起诉状。日本民诉程序中没有电子文档系统，所以当事人应当寄送或亲自提交相关书面文件。在接到诉状的30天内，主审法官应当安排第一次聆讯。原告起诉之后，法官应当向有关被告发出传票，被告收到传票之后应当在大概一个月内提交答辩状。

在正式开庭之前一般有两种程序：正式的聆讯和非正式的准备程序。正式的聆讯优先，在聆讯之前双方都会被法院要求提交辩论简报。因此，在正式聆讯过程中双方的律师仅会对已经提供的文件做一个简单的陈述。

除了小额金钱诉讼之外，很多案子在经过几次正式聆讯之后，会在一个小房间里举行非公开的准备程序，该程序由双方当事人和法官参加。在这个非正式的程序中，双方当事人将讨论案件的法律和事实问题，以便明确案件的主要争议焦点。

法庭会在每一个月到两个月内安排一次聆讯（或预备程序）。

法官会时常扮演调解员的角色，法官能在任何时候推动当事人和解。所以经常说，调解率最高的法官，解决纠纷的效率也最高，升职也比别人快。

在日本，没有美国式的广泛的证据开示制度，诉讼阶段与举证阶段也没有明确的划分。当事人可以在任何时候提供他们认为与案件相关的证据材料。但是，延迟提交的证据可以被否认。

一旦案件争议点明确了，案件就会进入审查阶段。在日本，案件的审查阶段相比于普通法系国家持续时间是比较短的。一个证人，通常情况下出庭时间不会超过两小时，包括质证的时间。而且只有很少的证人会被询问。因此，对全部证人和当事人的审查，通常会在半天内结束。

审查阶段结束之后，法官可以要求各方当事人提交最后陈述，或者立即停止庭审转而考虑作出判决。法官可能在庭审结束后延迟判决。判决会在结束聆讯的一个月到两个月内作出。

（三）集体诉讼

日本《民事诉讼法》中没有集体诉讼的规定。如果一个团体想要进入诉讼程序，他们必须推选一个或更多的人来代表这个团体作为原告或被告。

根据日本《消费者合同法》的规定，内阁认证的合格消费者组织，可以要求一个禁令以防止不合理的商业活动。

（四）代理制度

自然人和法人在所有法院都可以代表自己参加各级庭审。另外，没有主体资格的协会或基金可以以他们自己的名义参加诉讼，只要他们设有代表人或管理人。

非律师，比如经过司法系统授权的代理人可以在经过法庭允许的前提下，在简易法庭代表当事人参加诉讼。

（五）域外送达

域外送达是通过政府主管部门的调查委托书或者通过其在日本的领事馆来实现的。直接的寄送是不被允许的。《1965年海牙公约》《1954年海牙民事诉讼程序公约》及其他双边条约和互惠司法援助构成了送达程序。通过国外的机构或日本领事馆进行送达，需要几个月甚至更长的时间，或者向与日本没有外交关系的司法管辖区送达，例如中国台湾、朝鲜，将通过公告送达。但在实践中，法院的书记员通常也会通过信件送达当事人。

根据日本《民事诉讼法》第184条，如果一方当事人需要对外国司法管辖区的证人或其他证据进行质证，该当事人必须与该司法管辖区的政府机构或在日本的领事馆协商。

（六）外国判决的执行

一个已经最终生效的外国司法判决，如要在日本执行需要满足以下条件：

1. 外国法院的管辖权是根据法律、法规、公约或条约所确认的。外国法院的管辖权的确认是依据能在判例中找到的"合理原则"或者公平原则，考虑个案因素而并非依照一个清晰的标准。然而，2012年4月修订的《民事诉讼法》颁布后，修订后的第3.2条至第3.12条对国际管辖的确认作出规定。若《民事诉讼法》第3.2条至第3.12条未能确定日本的管辖，则外国法院的管辖将被确认。

2. 败诉方必须以收到通知传票或者诉讼开始的令状的方式，而非经公告送达，或者其他的类似送达方式。若一方当事人出现没有收到送达，他们将被视为放弃对送达提出异议。

3. 判决内容和法庭审理不得有悖于日本的公共政策。就这一方面而言，依据加利福尼亚民法典的惩罚性赔偿有悖于日本的公共政策。

4. 相互保证，即外国司法将执行日本法院的判决和裁决。如下区域与日本有相互保证：美国多数州、英国、德国、新加坡、韩国、苏黎世、昆士兰（澳大利亚）和中国香港。另外，中国、俄罗斯、泰国、印度尼西亚和其他发展中国家被认为是与日本之间没有相互保证。

除外国破产程序外，日本没有特别的程序来声称上述条件。根据《民事执行法》第24条的规定，当事人寻求外国判决的执行，必须提起判决执行上诉。对于外国破产程序，如外国受托人必须向日本法院提交承认外国破产程序的诉状。

（七）对外国法院的援助

外国司法机构向在日本的个人及组织送达可以通过：

1. 日本外国事务部根据1965年《海牙送达公约》，1954年《海牙民事诉讼程序公约》或者互惠司法援助安排。

2. 当事人所在公约或双边条约缔约国的日本领事馆。

在任一种方式中，个人送达在日本是不被允许的。然而，从缔约国司法机构邮寄送达给日本接受者是否合法目前还存在争议。外国司法证据的质证同样受上述1.和2.当中的部门管理，就有关对外国司法证据的质证，只要上述证据不违反日本民诉法的规定它就是具有效力待定的，即使上述证据与外国司法管辖的法律有悖。

（八）法院文件的查阅

任何人都可以向法院办事员提交申请查阅案件记录，无论案件是否结案，除非：

1. 口头审理不向公众开放的。
2. 有关当事人个人生活的保密材料，该材料已经被声明或者记录上述的查阅将会对当事人的社会生活引起实质性损害的。
3. 商业秘密（依照《反不正当竞争法》第2（6）条的定义）被包含在记录里的。

（九）特免权

在日本，律师受益于律师—委托人特免权。根据刑事准则和律师法的规定，律师负有保密义务。所以，包括外籍律师在内他们可以拒绝披露包含委托人保密信息的文件。当公司内部律师主要在公司从事律师工作的时候，也将得到该特免权的保护。

（十）出具文件

当事人诉讼或第三人举证需依据法庭的要求，依据《民事诉讼法》第220条提交其他当事人指定的证据。证据持有人可以拒绝提供证据在以下情形下：

1. 持有人或持有人的配偶或亲属因揭露行为可能受起诉或者被证明有罪的。
2. 掌握机密的政府官员、医生、律师（包括注册外国律师）或其他专业人员承诺保密的。
3. 技术或专业秘密会被披露的。
4. 文件是持有人用作专业用途的。
5. 文件涉及刑事或青少年案件的。

如果一方不遵守要求提交证据，法院可能会承认请求方的指控来代替不披露的证据。如果第三方不遵守披露的命令，其可能被罚款。

根据《民事诉讼法》的规定，根据法院的命令制成的文件，一方是否可以在外国司法管辖中使用是有争议的。一种观点认为，一方可以要求法院委任文件持有人（按照《民事诉讼法》第 184 条的要求通过外国政府机构或日本领事馆）按照《民事诉讼法》第 223 条的要求寄送文件。然而，这种程序通常不会使用。

三、替代性的纠纷解决机制（ADR）

（一）概述

ADR 在日本被分为两种：一种是有法院参与的司法 ADR；另一种是非司法 ADR，即代替法院处理纠纷的行政机构或私人部门参与的争议处理。

在上述 ADR 中，司法调解作为司法 ADR 是在日本最为常见的 ADR。然而，诉讼仍然比司法调解更为常见。

（二）仲裁

仲裁在日本不是很常用，为鼓励更多采纳仲裁，《仲裁法》（不仅适用于国内还适用于国际仲裁）伴随着《国际商事仲裁示范法（1985）》被颁布。注册登记的外国律师和没有登记但在外国执业的外国律师可以代理当事人在日本参加国际仲裁。

日本签署了《纽约公约》，并且毫无限制地接受了公约的"商业"仲裁，提出保留和拒绝承认或执行仅限于仲裁示范法列出的限制情形。如果一方持有效仲裁协议文书向日本法院起诉，如果被告有异议，法院拒绝受理。

（三）司法调解

《民事调解法》确立的目标是设计一个友好协商和多方讨论的解决机制。民事案件调解在地方法院的指导下进行，家事调解由家事法院主持。调解的过程由一个调解委员会主持，通常由一名法官和两名民间委员组成。不同于诉讼，它并不作出裁决或对当事人的权利和义务作出约束。

（四）非司法调解

调解在日本是最常用的争端解决方法，它由市政机构或私人部门处理。

集体劳动、建筑相关和消费者事务等纠纷通常由调解解决。

（五）劳动争议解决机制

为鼓励更便捷解决劳动争议，日本通过劳动争议解决机制解决。在此机制中，一个法庭由法官和两名兼职专家组成，并在三次听审后完成庭审。当这个机制不能解决纠纷时，案件将提交法院进行诉讼程序。

（六）其他 ADR

根据《ADR 使用促进法》，满足特定条件的私人 ADR 机构可以获得司法部的认证而从事 ADR 工作。

申请成为认证 ADR 机构可产生诉讼时效中止或中断的特殊效果。如果一方申请认证的争议决议没有解决他们的案子，在通知该项解决程序终止的一个月内起诉，诉讼时效是中止的，即使该诉讼超过应用 ADR 认证的争端解决程序进行的日期。

金融 ADR 系统，设立于 2010 年 10 月，在解决金融机构与委托人之间关于金融商品或服务纠纷方面已变得越来越流行。

四、法律职业道德

（一）利益冲突

律师禁止：

1. 经当事人咨询后提供委托的不得再接受作为另一方当事人的委托人，或者与另一方当事人有相互信赖的咨询关系。
2. 作为处理该案件的公务人员、仲裁员或者调解员。

此外，没有委托人的许可，律师禁止：

1. 在其他的案件中接受作为另一方当事人的委托人。
2. 使案件中该委托人的利益与律师其他委托人或律师本身的利益相冲突。

（二）长城机制（Chinese Walls）

被禁止提供法律服务的律师，其同一家律师事务所的其他律师亦被禁止提供上述法律服务，但当提供上述服务是出于维护公平的原因时将不会受此限制。目前尚未有任何条款对"维护公平的原因"或者长城机制进行定义。长城机制可以被视为维护上述公平的一个因素，但每个个案应根据个案的事实和状况而定。

（三）洗钱等行为

很多法律都对洗钱加以禁止。2013年，修改后的《防止转移犯罪所得法案》生效。在特定类型的交易中，除了律师以外，经营者也需要核查更多的委托人资料。

为了防止可能发生的洗钱，当委托人参与下列交易时，律师（包括外籍注册律师）都需要核查他们的身份信息：

1. 在金融机构里管理委托人的账户，保管或者管理的资产超过100万日元。
2. 准备或者正在。
   （1）出售或者购买不动产；
   （2）针对建立或者管理一家公司进行投资；
   （3）签订信托协议；
   （4）出售或者收购一家公司。

律师需要保存委托人的身份文件以及完成交易后五年的交易资料概要。同时，律师需要审查委托人的交易需求是否包含了犯罪内容。倘若交易被确认为包含犯罪内容，则律师不得接受该委托人的要求。

（四）律师费

目前没有任何规定要求败诉方承担胜诉方的律师费。然而，在侵权案件当中，如果胜诉方要求，败诉方可能会承担额外的损害赔偿（大概为10%的损害赔偿金）作为胜诉方律师费。同时，根据《民事诉讼法》第61条的规定，败诉方可能会承担诉讼费。

（五）数据保护

2012年，日本律师协会联合会制定新规对委托人个人身份数据进行管理。根据新规，当律师从事如下业务时，需要在身份数据库当中核查委托人的身份信息：

1. 驾驶执照。
2. 财务账户管理。
3. 维护或者管理不少于两百万日元的资产。
4. 准备或者执行重大交易，包括：

（1）不动产销售；
（2）合并或者变更公司组织形式；
（3）指定公司的代表人。

马来西亚投融资法律研究篇

马来西亚的商业概况

马来西亚位于东南亚的核心地带。这是一个绝佳的地理位置,因为它能为投资者提供一个具有成本竞争力的位置,是进入东盟市场和前往中东澳新的桥梁。马来西亚的经济基础稳固,自然资源丰富,人力资源素质高但工资成本低,造就了其在全球 148 个经济体中成为第 24 位最具竞争力的经济体,列东盟国家第二位,亚太区域第七位。2017 年上旬,马来西亚的经济增长率高达 5.7%。

一、马来西亚对外商投资的开放和限制

马来西亚于 2009 年废除了其外商投资委员会(FIC)的投资指引,使得国内外商家在收购或并购本地公司时无须获得 FIC 的批准。虽然马来西亚政府废除了投资指引,但 FIC 仍然存在。FIC 负责的事项主要在于审查外国商家对马来西亚的商业业务的收购,前提是商业业务必须属于马来西亚的土著,其价值必须超过 2000 万令吉。低于 2000 万令吉或非土著的商业业务收购并不在 FIC 的审查范围之内。

自 2009 年以来,政府逐步开放外商对本地服务业的参与,以吸引更多的外商投资。大马除了对与电脑相关行业,旅游和货运等行业取消对外国投资者参与的某些限制之外,更在 2011 年起开始允许外国投资者对多种行业的 100% 外资所有权,例如医疗保健、零售、教育以及专业环境和快递服务等。至于在电信,金融服务和运输方面,政府针对外资股权的一些限制仍然存在。

外商投资服务业,无论是不受外资股权限制的行业还是其子行业,都受到有关行业部门或机构的监管。简单来说,所有的外商投资服务业都必须接

受其部门和机构的审查和批准。这个审查和批准过程的目的是确定拟议的投资是否符合政府为促进经济发展目标而采取的激励措施和资格。尽管如此，《1969年部门职能法令》赐予了有关部门对批准特定投资项目的酌处权。

马来西亚政府成立了马来西亚投资发展局（MIDA），以吸引外国投资，并将其作为法律和监管问题的协调中心。作为国际贸易和工业部（MITI）的一部分，MIDA的主要任务是指导对制造业和其他服务行业感兴趣的外国投资者。向投资者提供支持与协助的区域机构包括吉隆坡投资（Invest Kuala Lumpur）、槟城投资（Invest Penang）、马来西亚北部经济走廊（Malaysia's Northern Corridor）、东海岸经济区发展局，伊斯坎达地区发展局（IRDA）、沙巴经济发展投资局（SEDIA）和沙砬越经济发展公司。

二、马来西亚投资政策的评估

经济合作与发展组织（OECD）于2013年发布了对马来西亚投资政策的评估。这一评估肯定了马来西亚对其经济改革和自由化所付出的努力，并建议马来西亚开放更多的服务业，加强知识产权的保护，以及持续对公司治理的改革。

马来西亚也在2014年进行了世界贸易组织（WTO）贸易政策的审查，其中概述了马来西亚最新的投资政策。WTO的审查指出，马来西亚政府采取了激励措施来吸引外国投资，一些政府机构也采取积极的行动来引导潜在的外国投资者。除了吸引外国投资外，马来西亚在改革方面也取得了可观的进展，以促进商业活动的发展。例如，马来西亚国家生产力委员会（MPC）已经简化了对外国投资者许可证的办理程序，从而降低了业务的合规成本。与此同时，MPC也简化了施工许可证的程序并缩短了程序处理的时间。

三、工业推广

马来西亚政府编制了对目标行业和地区合格项目进行投资的激励措施。税收减免、融资和特别税务扣除是国内和外国投资者在以下行业和地理区域通用的部分措施：

1. 信息和通信技术（ICT）。
2. 生物技术。
3. 清真产品（如食品、化妆品、药品）。
4. 油气储存和贸易。
5. 伊斯兰金融。
6. 吉隆坡。
7. 纳闽岛（马来西亚东部）。
8. 马来西亚半岛东海岸。
9. 沙巴和沙捞越（马来西亚东部）。
10. 马来西亚北部经济走廊。

四、权益限制

（一）外资股权

自 2009 年 4 月 22 日起，政府放宽对服务业的外资股权限制，以吸引更多外商投资，提高专业技术，增强行业竞争力。在意识到服务行业的增长潜力后，政府决定豁免对 27 个服务业的权益限制。被豁免权益限制的服务业如下：

1. 有关安装硬件的咨询服务。
2. 软件实施的服务。
3. 数据处理的服务。
4. 数据库的服务。
5. 电脑维修的服务。
6. 其他与电脑相关的服务。
7. 所有兽医的服务。
8. 通过住宅机构向老人和残疾人提供福利的服务。
9. 通过住宅机构向儿童提供福利的服务。
10. 儿童托儿服务。
11. 残疾人职业康复的服务。
12. 主题公园。

13. 会展中心。

14. 旅行社和旅游经营服务。

15. 酒店和餐厅服务（仅限4星级和5星级酒店）。

16. 餐饮服务（仅限4星级和5星级酒店）。

17. 饮料服务（仅限4星级和5星级酒店）。

18. C类货物运输服务（必须拥有私人运输许可证）。

19. 体育活动推广和组织服务。

20. 区域配送中心。

21. 国际采购中心。

22. 技术测试和分析服务。

23. 管理咨询服务。

24. 船舶租赁/租赁服务（不包括船运和离岸行业）。

25. 没有船员的货船出租。

26. 海运代理服务。

27. 船舶救助和补救服务。

政府于2012年更进一步开放了另外七种服务业，其中包括18种子行业，允许高达100%的外国股权控制。这些子行业分别为：

1. 电信。

（1）电信业务（网络服务提供商和网络设备提供商许可证）；

（2）电信服务（应用服务提供商许可证）。

2. 卫生保健。

（1）私人医院服务；

（2）医疗专业服务；

（3）牙科专科服务。

3. 专业服务。

（1）会计和税收；

（2）建筑服务；

（3）工程服务；

（4）法律服务；

（5）数量测量服务。

4. 环境服务。

焚化服务。

5. 分销贸易服务。

部门商店和专卖店。

6. 教育服务。

（1）私立高等教育；

（2）国际学校；

（3）技术和职业中等教育服务；

（4）为有特殊需求的学生提供技术和职业中等教育服务；

（5）技能培训中心。

7. 快递服务。

作为制造业增长和发展的补充，政府正加劲努力，促进和发展服务业。政府将逐步开放其他服务业。

至于石油和天然气，外国投资者被允许与本地公司合作参与石油和天然气相关的行业，但外国投资者只能持股不超过49%。政府对金融服务的权益限制却相对比较开放。2009年开始的服务业自由化计划将保险公司的外资所有权限额提高到70%。除此之外，如果外国的投资能促进行业整合，马来西亚中央国家银行（BNM）将允许更多的外资所有权。

对于政府的私有化计划，外国投资者可以参与任何的私有化计划，但外资所有权仅限于私有化企业的25%。

（二）土著股权

除了放宽对于外资股权的限制，马来西亚政府还放宽对于土著股权的限制。自2009年开始，FIC不再规定被收购的马来西亚公司必须拥有土著股权至少30%的要求。

马来西亚的商业结构

在马来西亚经商的方式可分为以下几种类型:
1. 独资企业(Sole Proprietor)。
2. 合伙企业(Partnership)。
3. 有限责任合伙企业(Limited Liability Partnership)。
4. 马来西亚设立的公司(Company)。
5. 马来西亚注册的外国公司(Foreign Company)。

一、独资企业

所有独资企业由一名经营者独自经营。经营者独自出资经营,归个人所有,同时也将由个人承担经营风险和享有全部经营收益。此类型企业比较合适小型的业务,如服务业、零售业、手工业、农业、小贩业务等。

所有在马来西亚营业的独资企业必须向马来西亚公司委员会(Companies Commission of Malaysia 或 CCM)注册。独资企业申请人必须符合以下条件:
1. 申请人必须是马来西亚公民或永久居民。
2. 申请人的年龄必须在 18 岁以上。
3. 独资企业必须在马来西亚半岛或纳闽联邦直辖区实行。
4. 只有经营者本人才能提交申请。

简而言之,只有本地公民才能经营独资企业。CCM 绝不批准外国人对独资企业的注册申请。

主要法规为《1956 年商业注册法令》。

二、合伙企业

合伙企业是由 2~20 名合伙人所组成的企业。合伙人可订立合伙协议来管辖每位合作伙伴的权利和义务。所有合伙人将共同出资，共同经营，共享收益，共担风险，并对企业债务承担无限连带责任。

与独资企业一样，合伙企业必须向 CCM 注册。合伙企业的申请人必须符合以下条件：

1. 申请人必须是马来西亚公民或永久居民。
2. 申请人的年龄必须在 18 岁以上。
3. 合伙企业必须在马来西亚半岛或纳闽联邦直辖区实行。
4. 只有合伙人才能提交申请。

主要法规为《1961 年合伙法令》。

三、有限责任合伙企业

CCM 于 2013 年 2 月 5 日在马来西亚推介了有限责任合伙企业，为商家提供另类合伙企业的形式。该类企业结合了公司制与传统合伙企业的特点，由两个或两个以上的合伙人通过订立有限合伙协议，共同出资与经营、共负盈亏和承担风险，但其风险将限于缴足资金，债权人不可向合伙人追讨债务。

与独资企业或传统的合伙企业相比，这种全新的企业形式将带给企业家或商家一种更有灵活性的企业经营模式，为合作伙伴提供有限的债务承担偿还责任保护，以及更具伸缩性的内部管理。许多国家，如美国、英国、新加坡、印度和日本等也陆续推出这种合伙企业形式，作为替代公司制企业和传统合伙企业的另一种企业经营模式。

合伙企业的合伙人可由个人（自然人）或商业机构（法人实体）或二者结合组成。最少两位合伙人但却没有最高合伙人的人数限制。而有限责任合伙企业的主要特点与好处如下：

1. 具有独立的法律人格和法人地位。
2. 有限责任合伙企业合伙人的法定债务只限于缴足资金，债权人不可向合伙个人追讨债务。

3. 可以向众多的合伙人筹集企业资本。

4. 具有永久延续性。

5. 合伙人的变更不会影响该合伙企业的存在、权利与责任。

6. 合伙人不能够以合伙企业的名义起诉或被起诉。

7. 无须审计和公司秘书服务。

8. 无须遵循会计准则。

9. 无须开董事会议和年度股东大会。

有限责任合伙人必须向 CCM 提交以下资料以申请注册：

1. 企业的名称。

2. 业务的性质。

3. 企业的注册办事处。

4. 所有合伙伙伴的姓名和个人资料。

5. 合规官员的名称和个人资料。

6. 如果有限责任合伙企业是为了提供任何专业服务（如会计师、律师和公司秘书专业），则该申请书应附有根据《2012 年有限责任合伙法令》第一附表第三栏管理机构的批准函。

7. 公司委员会指明的其他相关资料。

该合伙企业的注册费为 500 令吉。此外，有限责任合伙企业必须委任至少一名合规主管。合规主管可以由其企业的合伙人或者由根据《2016 年公司法令》有资格担任公司秘书的人担任，但必须同时符合以下条件：

1. 马来西亚公民或永久居民。

2. 以马来西亚为居所。

主要法规为《2012 年有限责任合伙法令》。

四、公司企业

在马来西亚，所有公司都在《2016 年公司法令》的管辖范围之内。该《2016 年公司法令》于 2017 年 1 月 31 日起分阶段实行。该法规定每一家公司都必须在向马来西亚公司委员会注册后，方能开始经营任何业务。基本上公司结构可分成三种类型。

一是股份有限公司。(1)公司股东对公司的债务偿还责任只限于各股东所持有或同意认购的股份额;(2)可分为私人与公众公司。

二是保证有限公司。(1)所有的保证有限公司都是公众有限公司;(2)其成员于公司清盘时所保证承担的债务,将根据公司的组织大纲和章程里所指定的数额为限;(3)用于非营利目的公司。

三是无限责任公司。(1)公司股东对公司债务负连带无限责任;(2)公司的债权人可以亲自起诉其债务人,但只有在公司无法偿还债务并且清盘的情况下,股东才须承担公司的债务责任。

马来西亚最常见的公司企业是股份有限公司。股份有限公司可以分为:私人有限公司(通过 Sendirian Berhad 或 Sdn Bhd 标识)、公众有限公司(通过 Berhad 或 Bhd 标识)。

马来西亚公司委员会(CCM)对原有的《1965年公司法令》进行了极大幅度的改革,其中包括修改了有关公司的形成条例、公司管理的相关条文,同时也强化了企业监管以及设置了新的企业拯救机制。随着时代变迁和现代化的发展新《2016年公司法令》不但简化了成立马来西亚公司企业的过程、运作手续及管制程序,同时也降低了中小型企业的营运成本。为了提高企业诚信度,《2016年公司法令》也相对提高了对公司董事的惩罚和罚款,因此公司董事必须熟悉新《2016年公司法令》的改革并更谨慎地去执行其董事职责和职务。

1. 私人有限公司。

根据马来西亚最新的《2016年公司法令》,私人股份有限公司必须注意和遵守以下事项:

(1) 1~50 位股东(新);

(2) 最少 1 位董事,而唯一的董事并不需要是马来西亚公民,只需以马来西亚为居所(新);

(3) 股东和董事可以是同一人(新);

(4) 公司可以选择不拥有自己的公司宪法,该公司所有的章程将完全依据《2016年公司法令》(新);

(5) 不需要每年举行年度股东大会(新);

(6) 无股份面额限制(新);

（7）必须限制成员转让股份的权利；

（8）禁止私人公司邀请公众认购其股份和债券；

（9）禁止公众人士存款于公司。

主要法规为《2016年公司法令》。

2. 公众有限公司。

一家私人有限公司可以依据《2016年公司法令》第41条将现有的私营公司转为上市公众公司。公众公司必须先向证券事务委员会（SC）呈交招股说明书，方能邀请公众认购其股票。

上市公司可以申请在吉隆坡证券交易所上市，但须符合证券事务委员会（SC）和交易所上市规定的要求。任何后续发行的证券都必须获得证券委员会的批准。

主要法规：《2016年公司法令》和《2007年资本市场及服务法令》。

五、商业结构概要

表1　商业结构

业务类型	独资企业	合伙企业	有限责任合伙企业	私人股份有限公司
主要法规	《1956年商业注册法令》	《1961年合伙法令》	《2012年有限责任合伙法令》	《2016年公司法令》
法律地位	不具有独立的法律人格和法人地位，经营人可能对商业债务负个人责任	合伙人对债务承担连带责任，合伙人可能对商业债务负个人责任	独立的法律人格和法人地位，合伙人不会对商业债务负个人责任	独立的法律人格和法人地位，股东不会对商业债务负个人责任
债务承担偿还责任	无限制	无限制	有限制	有限制
成员的人数	所有企业为投资人个人所有	2~20人	至少2人	1~50人
外国投资者可否申请注册	否	否	是	是

外商投资及本、外地公司注册手续

一、外商投资

实践中,想在马来西亚从事营业的外国投资者(自然人或法人实体)有如下选择:

1. 设立独立的本地公司。
2. 如果投资者是外国公司,可以依据《2016年公司法令》注册登记为外国公司于马来西亚。
3. 收购所有或大多数既存本地公司的股权。
4. 以合资方式加入本地公司或通过新设立的本地合资公司持有股权。

二、新本地公司注册手续

外国申请人在马注册本地公司时有两个选择:

1. 直接成立 - 申请人需要通过"MyCoID 2016系统"完成公司名称和注册申请,而申请费用为RM1000。
2. 姓名预约 - 申请人需要通过"MyCoID 2016系统"申请公司的名称,每个名称申请的费用为50令吉。

如果拟议公司的名称获得CCM的批准:

1. 直接成立:"MyCoID 2016系统"将直接把公司申请纳入并转交给高级人员作进一步验证。
2. 名称预约:申请人可以进一步将被批准的公司名称进行注册申请并成立新公司,注册费用为1000令吉。

当投资者决定在马来西亚注册一家新公司时,投资者可以通过委任一位公司秘书来协助完成公司注册流程。根据《2016年公司法令》,在注册之前,投资者必须确认该新公司已达到以下基本要求(见表2):

表2 新公司必须达到的基本要求

董事	至少一位董事 1. 董事必须为一名自然人,年龄最少18岁 2. 董事也必须经常居住在马来西亚,并在马来西亚有一个主要的居住地点 3. 董事不得辞职或悬空其职位,如果他的辞职或悬空会造成公司的董事人数少过一名董事 4. 董事也不能是一位曾经被废除的董事
股东	至少1名股东
秘书	1. 必须具有至少有一名公司秘书 2. 如果在注册时还未委任公司秘书,该公司也必须在成立后的30天内委任公司秘书,而公司秘书必须是: (1)受批准的专业机构的成员,其中包括马来西亚特许秘书及管理人学会、会计师学会、律师公会、公司秘书协会、马来西亚认证公众会计师学会、沙巴律师协会和沙捞越律师学会的成员; (2)拥有CCM的秘书执照
章程	1. 一家公司可有也可无章程 2. 如果公司希望发行优先股或不同类别的股份,就必须通过及拥有属于该公司本身的章程 3. 如果公司选择不拥有自己的公司宪法,该公司所有的章程将完全根据《2016年公司法令》制订,而每一位董事或股东都拥有《2016年公司法令》载明的权利、权力、职责与义务
股本	1. 无股份面额制度 2. 最低有偿资本为1令吉

每位投资者也必须给予或通过委任的秘书给予CCM以下文件、资料和声明,以便申请注册新公司:

1. 新公司的名称。

2. 公司生意或业务性质。

3. 公司的注册办事处地址。

4. 将成为股东的每一位的姓名、身份证、国籍及平时居住地址,以及在该股东为法人实体的情况下,其企业名称、注册地、注册号码和其注册办事处。

5. 将成为董事的每一位的姓名、身份证、国籍及平时居住地址。

6. 将成为公司秘书(如有)的人士的姓名、身份证、国籍及平时居住地址。

7. 一名股东将参与的股份类别及股额详情。

8. 注册官规定的其他资讯。

准备好了上述文件或资料后,申请人或公司秘书可通过 MYCOID2016 系统直接完成公司名称和注册申请,系统向马来西亚注册官提交申请。

预测在 1~3 个工作日内,马来西亚公司委员会将通过电子邮件发出注册通知。根据《2016 年公司法令》,注册通知书(Notice of Registration)将为终结性证据,证明有关注册的所有规定和有关该项注册前后的事项已获遵照,因此收到此注册通知书,代表申请人的新公司已成功被注册,申请人即可开始经营其公司业务。

三、外国公司的马来西亚分行注册手续

依据《2016 年公司法令》,外国公司的定义是:

1. 在马来西亚境外注册的一家公司、机构、会社、结社或其他团体。

2. 一家非注册为公司的会社、结社或其他团体,这些会社、结社或其他团体可在其发源地的法律下起诉或被诉,或以其特为该项目而委任的秘书或其他高级职员的名义拥有产业,而其总部或主要业务处并非在马来西亚。

任何希望在马来西亚境内经营业务的外国公司,均可向马来西亚公司委员会(CCM)申请将其公司注册为"外国公司"。外国公司在马来西亚注册的公司通常被称为"外国分公司"。[①]

与注册本地私人有限公司一样,外国公司在马来西亚注册其分部的第一个步骤就是向注册官申请对其公司的名字进行搜索。由于注册外国公司的名称应与其在起源地注册的名称相同,申请书应附有外国公司在其起源地的注册证明书(或类似文件)的副本。此申请的费用为 50 令吉。注册官预计需要 1~2 个工作日来处理及审查此申请。

根据《2016 年公司法令》,在马来西亚注册的外国公司分部必须委任一名代理人,此代理人必须是马来西亚公民,并对《2016 年公司法令》规定外

---

① 根据外国参与马来西亚分销贸易服务指南,外国公司在马来西亚注册的其分部外国公司并不能在马来西亚进行批发和零售业务。所有具有外国利益的批发和零售业务必须通过在马来西亚注册的本地公司进行运作。

国公司必须完成的所有要求负责。此外，如果外国公司因违反《2016年公司法令》而获得处分，此代理人也必须连带承担法院对外国公司施加的一切处罚，除非代理人向法庭证明他不应对此事负责。

与此同时，外国公司也必须在马来西亚设有注册办事处（Registered Office）。注册办事处是外国公司在本地的联络处。此注册办事处必须在普通营业日向大众开放，并且负责接收所有公司发送给其的通知。

申请人必须向注册官提供下列文件或资料以注册为外国公司于马来西亚：

1. 在马来西亚的每一名股东名称、身份、国籍及平时居住地，以及如果该股东为法人实体，企业名称、注册地和发源地，以及该法人实体的注册号码和注册办事处（可给予注册证明书或类似文件的副本）。

2. 受委任为外国公司驻马来西亚董事的每一名人士的姓名、身份证、国籍及平时居住地址。

3. 在发源地的股份持有人或股东的名单及个人资料。

4. 在发源地股份的级别及股额详情。

5. 外国公司的章程的副本。

6. 授权一位马来西亚公民为其分部代理人的授权委托书，其姓名及地址（马来西亚代理人通常被称为当地代理人）。

7. 承诺书（申请人的分公司不会在马来西亚进行批发和零售贸易的书面承诺）。

8. 注册官需要的该等资讯。

所有的文件必须在提交日期的前3个月内通过以下任一方式进行认证：

1. 由公证人进行认证。

2. 由起源地公司的注册官认证。

3. 由外国公司的董事或秘书通过誓章或法定声明进行认证。

如果所述的注册文件中含有马来文或英文以外的语言，申请人必须附上其马来文或英文的翻译。

注册官预计需要1~2个工作日来处理申请者公司注册的申请。如果注册申请获得注册官的批准，注册官将会发出注册通知书。获得注册通知书后，外国公司即可在马来西亚成立其分部并进行营业。

外国公司的注册费用如表3所示：

表3 外国公司注册费用　　　　　　　　　　单位：令吉

股东资金	注册费
不超过 RM1000000	RM5000
超过 RM1000000 但不超过 RM10000000	RM20000
超过 RM10000000 但不超过 RM50000000	RM40000
超过 RM50000000 但不超过 RM100000000	RM60000
超过 RM10000000 或无股份制度	RM70000

四、问与答

问：马来西亚的外国人，即非公民/非居民可以成为公司唯一的股东/董事吗？

答：可以。不过，如果外国投资者想成为公司的唯一董事，他必须符合《2006年公司法令》第196（4）条规定的要求，即以马来西亚为居所。

问：公司可以由一名董事转换成多名董事，再从多名董事转换成一名董事吗？

答：是的，只要公司章程中没有限制，并遵守《2016年公司法令》规定的要求。

问：成立私人有限公司有何要求？

答：成立私人有限公司的要求是：

1. 最少一名股东，最低有偿资本为1令吉。
2. 最少一名在马来西亚居住的董事。
3. 一名合格的公司秘书。

问：谁能担任公司董事？

答：自然人，最低年龄不小于18周岁，非破产人士，没有被定罪和监禁。

问：谁能被委任为公司秘书？

答：《2016年公司法令》第235条规定要求每家公司至少委任一名秘书，其主要或唯一的居住地必须在马来西亚。公司秘书将在以下情况下丧失成为秘书的资格：

1. 破产。

2. 被定罪，且罪行与公司的业务推广，组建和管理有关或因欺诈而被判监禁 3 个月以上。

此外，公司秘书必须是以下受批准的专业机构的成员，或拥有 CCM 赐予的秘书执照：

1. 马来西亚特许秘书及管理人学会（Malaysian Institute of Chartered Secretaries and Administrators）。

2. 马来西亚会计师公会（Malaysian Institute of Accountants）。

3. 马来西亚律师公会（Malaysian Bar）。

4. 马来西亚公司秘书协会（Malaysian Association of Company Secretaries）。

5. 马来西亚认证公众会计师学会（Malaysian Institute of Certified Public Accountants）。

6. 沙巴法律协会（Sabah Law Association）。

7. 砂拉越律师学会（Advocates Association of Sarawak）。

问：私人有限公司需要委任多少股东？

答：私人有限公司的法定最低股东人数为 1 人。

问：一旦公司成功登记，投资者必须应考虑哪一些问题？

答：当注册局发送注册通知给申请者后，申请者即可开始一切业务活动。为了让业务开展得更迅速，投资者在成立了公司后必须注意以下事项：

1. 开立一个银行账户。

2. 如果投资者的业务开展需要一个或多个执照或许可证，投资者必须先获得相关执照或许可证才能开始进行其业务。

3. 必要时注册商品和服务税（GST），消费税的注册不是强制性的，除非投资者的年营业额超过 50 万令吉。

4. 如果投资者打算聘请当地雇员（马来西亚公民和 / 或永久居民），投资者必须向雇员公积金局申请开立账户。

5. 投资者必须决定其公司的财务年度。财务年度必须定在自公司注册之日起 18 个月内的任何日期。投资者需要根据马来西亚会计准则记录其公司的收入和支出（记账）。

问：新公司什么时候可以进行银行开户申请？

答：一旦公司成功注册（接收到由注册局发送的注册通知书），投资者便可以连同所有相关文件进行银行开户申请。为加快办理银行开户手续，有一些银行接受申请表格的预先提交。

问：外国有限责任合伙企业是否可以在马来西亚开展业务？

答：可以，但必须提交相关文件向 SSM 进行注册：

1. 在其起源地注册或成立时的注册证明书的认证副本；
2. 其章程或文书的认证副本（如有）。

问：有限责任合伙企业的每个合伙人都必须居住在马来西亚吗？

答：不需要，但其合规人员必须居住在马来西亚。

马来西亚税务制度

马来西亚内陆税务局负责法律规定下的直接税务管理,如《1967年所得税法》《1967年石油(所得税)法令》《1976年不动产增值税法令》和《1986年投资促进法令》等。

马来西亚的企业主要受制于企业所得税、不动产增值税和消费税。

一、所得税

只要公司的收入来源地是马来西亚,该收入就会被征税。外国来源的收入是免税的,除非该公司在银行、保险、航空运输或航运部门经营业务。

所得收入是按年度进行评估。估税年份是与日历年份相符的一年。例如,2017估税年度是指2017年1月1日至2017年12月31日。此外,马来西亚的税务制度采用自我评估制度,意指确定正确税务的责任在于纳税人。

在马来西亚,居民公司和非居民公司被征收的企业所得税是24%。但是,居民公司可享有优惠率。

根据内陆税务局官方网站所提供的讯息,在2017估税年,居民公司需缴付的税收如表1所示:

表1 居民公司需缴付的税收

应课税收入	税率(%)
缴足资本不超过250万令吉 • 首50万令吉 • 后续资产 备注:该居民公司不可直接或间接被一家拥有超过250万令吉缴足资本的公司控制	18 24
缴足资本超过250万令吉	24

对于2017年和2018年的课税年度，如果公司的应课税收入和前一年估税年度相比较增加了5%以上，公司将有资格把部分收入的标准税率降低1%~4%。税率的减少将适用于增加的应课税收入部分。

（一）税务征收

所有公司在基准年度开始前30天内，必须向内陆税务局总监提供公司应课税的估计，除了以下：

- 一家新成立的公司如果是缴足资金250万令吉以下的，在2~3个课税年度内可以不必遵守这项要求，从开始经营的年份开始算起，但受制于某些特定条件。
- 如果公司开始经营的课税年度的基准期少于6个月，则不需要提供应纳税款或分期付款的估算。

税款支付一般是12个月的分期付款，从公司基准期的第二个月开始。

一般来说，非居民公司除营业来源收入以外的所有收入，是通过预扣税方式被课税。预扣税必须在支付非居民公司的一个月内缴付。

（二）盈利分配

对公司利润的征税是最终的税款，支付的股息、信用股息或分配的股息在股东手中是免征税的。

（三）公司亏损

企业亏损可以用来抵消本年度所有来源的收入。任何未使用的损失可以无限期结转，用于抵消任何商业来源的收入，但须符合适用于不活跃公司的股东连续性测试。

（四）避免双重征税协议

马来西亚与多个国家都签署避免双重征税协议，其中包括加拿大、中国香港、纽西兰、菲律宾、法国、中国等。

在2016年11月1日，马来西亚和中国签署了马、中双边税收协定的换函。

二、不动产增值税

对于处置投资或资本资产,马来西亚并没有就此征收资本利得税。然而,不动产增值税是根据处置不动产(包括土地、建筑物或不动产公司的股份)所产生的收益计算的。

每个人不论是否是马来西亚居民,只要处置不动产包括不动产公司股权在内,皆会就所产生的收益被征收不动产增值税。

不动产被定义为位于马来西亚的任何土地以及在该土地上或之上的任何利益、期权或其他权利。

另外,不动产公司基本上是指一家控股公司,总有形资产占不动产和/或其他不动产公司股份的 75% 以上。

处置不动产通常是将所有权从一个人转移到另一个人,无论是通过出售,还是转让等方式。

(一)不动产增值税税率

表2 不动产增值税税率情况   单位:%

持有期	不动产增值税的税率		
	公司	个人(公民和永久居民)	个人(非公民)
3年	30	30	30
4年	20	20	30
5年	15	15	30
6年及以上	5	0	5

(二)收益和评估

在每次处置中,处置者和收购方双方必须在处置之日起 60 日内分别提交不动产增值税收益。内陆税收局的总监必须根据该收益作出需缴的税率评估。

(三)处置的日期

处置的日期是根据书面协议上的日期而定。在没有书面协议的情况下,该日期定位在收购代价全额支付的日期,或根据任何成文法律完成转让不动产所有权所需的全部事项的日期。如果该处置必须经政府或州政府的批准,那么处置的日期为该批准日期,或者如果该批准是附带条件的,则为条件被满足的日期。

(四)出售损失

出售不动产造成的损失可以无限期结转,抵销未来的实物收益。但是,处置不动产公司股权所产生的损失,并不被视为可抵扣的亏损。因此,没有任何救济可用于此类损失。

三、消费税

自 2015 年 4 月 1 日起,马来西亚已经开始实行消费税,一般税率为 6%,或在某特定供应上为 0%。

任何商品和服务的供应,如其供应地在马来西亚,将被征收消费税;任何进口马来西亚的货物也会被征收消费税。

商品是指任何种类的动产和不动产,但不包括货币。而服务被定义为任何除了为商品供应所需付出的代价。代价可以是货币或其他具有货币价值的东西。

消费税纳税人是指在马来西亚进行应税供应的人,并且年营业额超过 50 万令吉。该人必须在月底年销售额超过或预计超过 50 万令吉的 28 天内注册为消费税注册人。

为了注册消费税的目的,年度营业额的计算是根据 12 个月的应税供应总值计算的。

应税供应低于门槛的人不需要登记为消费税注册人,但也可以在自愿的情况下登记。

(一)供应种类

供应可分为应税供应和非应税供应。在应税供应下,则有标准等级或零等级的供应。

1. 标准等级供应。标准等级供应是指提供的商品或服务受制于 6% 的消费税。所有进口商品和服务除了零等级和非应税供应之外，其他商品和服务则将征收 6% 的消费税。在进项上所支付的消费税可以被索赔。

2. 零等级供应。零等级供应意味着所提供的商品或服务的所适用的税率为 0%。在进项上所支付的消费税可以被索赔。

3. 非应税供应。非应税供应意味着所提供的商品或服务不受制于消费税。那么在进项上所支付的消费税则不可以被索赔。

表3 非应税及零等级供应情况

非应税供应	零等级供应
政府服务 如签发护照、许可证、保健服务和学校教育	基本食品 如米、糖、盐、食油、扁豆、草药和香料、咸鱼
交通服务 如巴士、火车、轻快铁、的士、高速公路收费	管道供水
教育和卫生服务	前 300 个单位的电力使用（家居消费者）
出售、购买和出租住宅物业	婴儿奶粉
特定的金融服务	出口的商品和服务

（二）部分豁免

一名消费税注册人可以申报与应税物资相关的进项税。与应税和免税用品有关的进项税额必须按照应税所得价值占供应总量的百分比进行分摊。

（三）进项税额索赔

对于某些类型的购买，例如乘坐汽车，参加退休俱乐部，员工家庭成员的福利，非员工或非客户的娱乐，皆不允许进行税收索赔。

进项税应在纳税所得额的纳税期内追缴。如果没有提出索赔，海关总署可以允许该人在供货之日起六年内提出索赔。

（四）税务发票

消费税注册人在进行应税供应时，必须开出税务发票。以下的细节必须在税务发票上显示：

• "税务发票"一词必须显示在突出的地方；

• 必须有税务发票的序列号；

• 开出发票的日期；

• 供应商的名称，地址和消费税识别号码；

• 货物或服务收件人的姓名和地址；

• 一个足以识别所提供的商品或服务的描述；

• 对于每种描述，必须区分零等级供应，标准等级供应和非应税供应，货物的数量或提供服务的范围和应付金额不包括税项；

• 所给予的任何折扣；

• 应单独显示应付税款中不包括的税项、税率和应纳税的总额；

• 应付的总税额包括应纳税的总额；

• 如果上述两个项目的金额是以外币计算，那么该金额应换算为马来西亚令吉。

（五）记录和保留期限

每个消费税纳税人必须保存所有会影响或可能影响其纳税责任的全部和最新的交易记录，包括：

所有该消费税纳税人所提供货物和服务的所有记录，包括：税务发票、发票、收据、借记单、信用票据和出口报关单；

所有进口商品的记录；

所有其他内务税务局所决定的记录。

上述记录必须用马来语或英文保存7年。记录可以电子格式保存，但必须易于获取且可允许转换为纸质材料。

四、惩罚

以下是会被处罚的一些违法行为和错误：

• 没有注册；

• 回报不正确；

• 逃税；

• 在没有注册的情况下开出有消费税的税务发票；

• 未能保存记录。

每项罪行定罪的最高罚款额为五万令吉。除了处罚之外,被定罪者也可以被判监禁。

自 2017 年 1 月 1 日起,逾期缴付消费税的处罚如表 4 所示:

表 4　逾期缴付消费税情况

逾期天数	处罚
1~30 天	未付消费税的 10%
31~60 天	未付消费税的 25%
61~90 天	未付消费税的 40%

马来西亚投资津贴

马来西亚欢迎且积极地邀请外国投资者来马来西亚进行投资、成立公司等。在这之前的章节，我们探讨了马来西亚的税收制度。现在，就让我们来讨论马来西亚政府在税收上给予的津贴与奖励，为了促进外国投资和马来西亚的经济发展。

马来西亚的税务奖励都由法令制定，主要的有《1986年投资促进法令》《1967年所得税法令》《1967年关税法令》《1972年销售税法令》《1976年国内税法令》和《1990年自由区法令》。

我们先来看马来西亚政府提供哪些奖励。首先要讨论的是其中之一的税务奖励——新工业地位。

一、新兴工业地位

新兴工业地位开放给参与"受促进的活动"或"受促进的产品"的公司。根据1986年投资促进法，公司被定义为在马来西亚《2016公司法令》下成立注册的公司并在一年的评估基础上驻在马来西亚（居民公司）。

马来西亚的国际贸易与工业部有权利决定哪些活动或商品可归列为"受促进的活动"或"受促进的产品"。根据目前的法令，相关部长会通过考虑各种因素来制定哪些特定领域属于受促进活动或产品。官方规定通用的受促进的活动与商产的目录如下：

1. 通用的受促进的活动或产品。
2. 新兴技术领域受促进的活动或产品。
3. 中小型企业的受促进的活动或产品。

受促进的活动或产品代表在政府的规则下投资哪些领域,当中涵盖制造业、农业、旅游(包括旅馆)、研究开发、培训与环境保护活动领域的投资。通用目录可参考《马来西亚联邦公报》P.U.(A)62。

二、申请新兴工业地位

《1986年投资促进法令》第5条列明了申请新兴工业地位的程序。任何计划参与"受促进的活动"或"受促进的产品"的公司或已经参与其中的公司都可向有关当局申请新兴工业地位;如果该公司已被核准为新兴工业地位,即可向有关当局直接申请新兴工业地位的准证。

任何有关的申请可浏览马来西亚投资发展局的官方网站或向该局查询,也可向马来西亚律师事务所咨询以获取更详细资讯。

三、投资赋税减免

马来西亚政府提供的另一种税务奖励就是"投资赋税减免"。

除了新兴工业地位,公司也可以提交申请"投资赋税减免"作为新兴工业地位的替代选择。同样的,"投资赋税减免"开放给参与"受促进的活动"或"受促进的产品"的公司。不过,必须提及的是,"新兴工业地位"和"投资赋税减免"是相互排斥的。换句话说,一家公司不可就同样的"受促进的活动"或"受促进的产品"同时申请两者。一旦该公司已就任何一个"受促进的活动"或"受促进的产品"被核准为新兴工业地位,它就不再有资格申请"投资赋税减免",反之亦然。

四、通用的"受促进的活动"或生产"受促进的产品"

官方规定的通用的受促进的活动或生产受促进的产品如下:
1. 加工农产品。
2. 制造橡胶制品。
3. 制造化学品和石化产品。

4. 制造木制品。
5. 制造电器电子产品及其零部件及相关服务。
6. 其他。

五、制造业

对于投资制造业领域的公司，它们最主要可获得的税务奖励是"新兴工业地位"与"投资赋税减免"，而马来西亚投资发展局则是负责接收新兴工业地位与投资赋税减免申请的有关当局。

只要公司投资或参与以上所提及的任何法定的"受促进的活动"或"受促进的产品"，该公司可以向有关当局申请新兴工业地位。这类奖励的好处就是可以享有为期五年的法定收入70%所得税豁免。简单来说，公司将按其法定收入的30%课税，减免期由"生产日"算起，而公司可以将被豁免税务的收入存入豁免账户以便从该账户派发免税利息给公司的股东们。

根据《1967年所得税法令》，法定收入是指从总收益中扣除收益支出与资本减免后所得。

除此之外，该公司也可以申请"投资赋税减免"奖励。此奖励的好处就是，核准"投资赋税减免"的公司在五年内的合格资本支出（如用在该核准计划的厂房，机械或其他设备）享有60%的减免，从招致首笔合格资本支出当天算起。

公司可利用这减免额去抵销每估税年法定收入的70%。未来的减免额可结转至以后年度至用完为止。余下的法定收入的30%将依据现行的税率课税。

有关"投资赋税减免"的申请也同样须提交于马来西亚投资发展局。有关方面的申请，如有问题，可随时咨询于马来西亚律师事务所。

六、新兴技术公司

高科技公司是指从事新兴技术领域内受促进的活动与产品的公司。官方规定高科技企业领域的受促进活动与产品的目录如下：

1. 先进的电子产品。

2. 生物技术。

3. 光电。

4. 软件工程。

5. 航天。

6. 其他与高科技有关的活动或生产。

关于税务奖励方面，高科技公司也符合申请"新兴工业地位"和"投资赋税减免"的资格，并可以选择其一。

如果该公司选择"新兴工业地位"，即可享有公司法定收入的100%所得税豁免，为期五年。新兴工业地位减免期内未吸收的资本减免的累积亏损可结转延后，用来抵销减免期后的收入。

反之，如果该公司选择"投资赋税减免"，即在五年内招致的合格资本支出可获得60%的减免，从招致首笔合格资本支出当天算起。此外，公司可利用这减免额去抵销每估税年法定收入的100%。未用的减免可结转至以后年度至用完为止。

所有有关的申请须提交于马来西亚投资发展局。

高科技公司须符合的标准如下：

1. 当地研究与开发的年度支出，至少应达销售总额的1%。公司可从开始生产或营业的3年内达到这个规定。

2. 科学与技术员工的人数应至少占公司员工总数的15%，这些员工必须拥有学位或文凭资格，并有至少5年的相关经验。

七、中小型企业

中小型企业的受促进的活动与产品类似于通用目录，如下：

1. 农产业加工。

2. 制造木材和木材制造品。

3. 制造化学品和药品。

4. 制造塑料制品。

5. 其他与中小型企业有关的活动与生产。

从2009年估税年起，在征收所得税和税务奖励方面，中小企业已被定义为一间在马来西亚的居民公司,并且其在一估税年基期初的缴足资本相等或少于250万令吉,而该公司也不能为一间缴足资本超过250万令吉的公司所控制。

只要符合中小型企业的定义并参与以上的受促进的活动与产品,该中小型企业可以就其高达50万令吉的法定收入享有20%的公司税减免,其余的收入则按照原有的25%计算。

八、小型企业

小型企业在马来西亚法令下有不同的定义。自2012年7月3日起,小型企业的定义已被修订为一间在马来西亚的居民公司,股东资金不超过250万令吉,而其中马来西亚土著持有的股份占该小型企业至少60%。

简单来说,小型企业必须符合以下的条件方能获得税务奖励:

1. 在马来西亚《2016年公司法令》下成立注册。
2. 股东资金不超过250万令吉,并拥有以下马来西亚土著持有股份:

(1)股东资金高达50万令吉,其马来西亚土著持有的股份占至少60%;或

(2)股东资金超过50万令吉但不超过250万令吉,其马来西亚土著持有的股份占100%。

符合条件的小型企业可获得的税务奖励如下:

1. 新兴工业地位:公司法定收入的100%所得税豁免,为期五年。新兴工业地位减免期内未吸取的资本减免的累积亏损可结转延后,用来抵销减免期后的收入。或

2. 投资赋税减免:公司在五年内招致的合格资本支出可获得60%的减免。这减免可被用来抵销每估税年的法定收入的100%。未用的减免可结转至以后年度至用完为止。

独资或合伙经营的企业也可申请这项奖励,但是必须得组织一家新的有限公司来接管现有的生产或活动。

1. 拥有股东资金50万令吉或以下,并参与以上提及的中小型企业的受促进的活动与产品或通用的促进的活动与产品的小型企业必须符合以下的条件:

（1）该公司必须达到产品的增值至少25%；

（2）该公司的管理，技术与监督人员的占比最少为20%；

（3）不超过公司普通股缴足资本的20%由股东资金超过50万令吉的有关公司直接或间接拥有。

2. 拥有股东资金超过50万令吉但不超过250万令吉，并参与以上提及的中小型企业的受促进的活动与产品的小型企业必须符合以下的条件：

（1）该公司必须达到产品的增值至少达25%；

（2）该公司的管理，技术与监督人员的占比最少为20%；

（3）不超过公司普通股缴足资本的20%由股东资金超过250万令吉的有关公司直接或间接拥有。

3. 拥有股东资金超过50万令吉但不超过250万令吉，并参与通用的促进的活动与产品的小型企业必须符合以下的条件：

（1）根据通用目录下的产品的增值率；

（2）根据通用目录下的管理，技术与监督人员的占比；

（3）不超过公司普通股缴足资本的20%由股东资金超过250万令吉的有关公司直接或间接拥有。

所有有关的申请须提交于马来西亚投资发展局。

九、农业

根据《1986年投资促进法令》，公司一词在农业领域体现为：

- 以农业为基本的合作社与社团；
- 从事农业的独资或合伙企业。

生产受促进的农产品或从事受促进的农业活动的公司有资格获得下列奖励：

1. 新兴工业地位。

如同制造业的公司一样，生产受促进的产品或从事受促进的活动的公司可申请新兴工业地位。

核准新兴工业地位的公司享有部分所得税豁免。公司按其法定收入的30%课税，为期5年，自"生产日"算起（"生产日"是第一次售出农产品那天）。

新兴工业地位减免期内未吸收的资本减免和累积亏损可结转延后,用来抵销减免期后的收入。

申请应提交于马来西亚投资发展局。

2. 投资赋税减免。

生产受促进的产品或从事受促进的活动的公司可申请投资赋税减免,作为新兴工业地位的一个替代选择。核准这项奖掖的公司在五年内的合格资本支出,可获得60%的减免,从招致首笔合格资本支出当天算起。

公司可利用这减免额去抵销估税年法定收入的70%。未用的减免额可结转至以后年度至用完为止,余下法定收入的30%将依据现行的税率课税。

为了使农业项目获得更大的利益,合格资本支出包括用在下列活动的支出:

- 土地的开辟与准备工作;
- 农作物的种植;
- 提供马来西亚用于种植作物的种子和机械;
- 建造通路(包括桥梁)、兴建或购买建筑物(包括为员工的福利或住宿而提供者)及对土地或其他建筑物作结构性的改良,以供作物种植之用。

这些通路、桥梁、建筑物以及对土地和其他建筑物的结构性改良,应在有关农作物种植所使用的部份土地上建造或进行。

有鉴于从计划开始至农产品加工之间的时间上的间隔,综合农业投资在加工或制造过程中所招致的合格资本支出,有资格享有另外5年的投资赋税减免。

申请应提交于马来西亚投资发展局。

此外,在马来西亚,马来西亚土著因宗教只能食用清真食品。因此,马来西亚政府给予并提供生产清真食品的奖励。

十、旅游服务业

投资于服务行业的企业可以享受新兴工业地位及投资赋税减免的优惠政策。

获得"新兴工业地位"奖励的公司可获准部分所得税减免,为期五年。该公司仅须就其法定收入所得之30%课征所得税。法定收入为总收入扣除营业支出和投资优惠之后的收入。

免税期从生产日起五年（生产日被定义为其生产水平达到其产能的30%的那天）。享受"新兴工业地位"期间，未吸收的投资优惠和累计损失可以从公司收入中扣除。

所有"新兴工业地位"的申请需要向马来西亚投资发展局提出。

此外，公司也可以选择申请投资赋税减免作为新兴工业地位的替代。核准"投资赋税减免"的公司在五年内的合格资本支出（如用在该核准计划的厂房，机械或其他设备者），享有60%的减免，从招致首笔合格资本支出当天算起。此抵减额可用于冲销其课税年度法定所得之70%。未加利用的任何抵减额可转结至以后年度使用，直至全部抵减额被用完为止。其余法定所得的30%则依现行公司税率征税。申请企业需要在马来西亚投资发展管理局进行报备。

投资旅游项目，包括生态旅游和农业旅游项目，有资格获得税收优惠。这些项目包括酒店业务和旅游节目。其中包括室内和户外主题公园，建设度假营地，休闲娱乐营以及建造至少可容纳3000人的会议中心。

（一）受鼓励的酒店和旅游项目

对1~5星级酒店和旅游项目进行新投资的公司将获得以下奖励：

1. 新兴工业地位。

享有"新兴工业地位"的公司享有五年所得税部分豁免。公司只需对其法定收入的30%进行缴税，从其生产日开始算。生产日由马来西亚国际贸易和工业部部长所决定。

未用完的资本减免额，以及在新兴工业地位期间产生的累积亏损，可结转并从公司的新兴工业地位期满之后的收入中扣除。

申请应该在开始营业前提交马来西亚投资发展局。

2. 投资赋税减免。

公司也可以选择申请投资赋税减免，作为新兴工业地位的替代选择。获得投资赋税减免的公司在五年内的合格资本支出可获得60%的减免，从其招致首笔合格资本支出当天算起。

这笔津贴可以使公司抵销课税年度法定收入的70%。任何未用的减免可结转至以后年度，直至用完为止。

申请应该在开始营业前提交马来西亚投资发展局。

（二）酒店新投资的强化奖励措施

在马来西亚沙巴和砂捞越州新投资建设4星级和5星级酒店的公司可获得以下奖励：

1. 核准新兴工业地位的公司可享有法定收入100%所得税减免，为期五年。未用完的资本减免额，以及在新兴工业地位期间产生的累积亏损，可结转并从公司的新兴工业地位期满之后的收入中扣除。

2. 核准投资赋税减免的公司在五年内的合格资本支出可获得100%的减免。该津贴可以抵销每课税年法定收入的100%。任何未用的减免可结转至以后年度，直至用完为止。

申请应该在开始营业前提交马来西亚投资发展局。

（三）酒店的再投资奖励

如公司再投资于扩建和现代化改造1~5星级酒店，该公司可获得如下额外回合的投资赋税减免奖励：

- 公司在五年内的合格资本支出可获得60%（在沙巴和沙捞越州可获得100%）的减免。这笔津贴，可以抵销公司课税年度法定收入的70%（在沙巴和沙捞越州可抵扣100%）。任何未用的减免可结转至以后年度，直至用完为止。

- 公司可对再投资申请三个回合的投资税赋减免。对于集团公司，只有其中3家公司有资格获得税收优惠。（详见：受促进的活动及产品列表——再投资）

申请应在首笔合格资本支出产生之前提交马来西亚投资发展局。

（四）旅游项目再投资奖励

如公司再投资于扩建和现代化改造旅游项目，该公司可获得如下额外回合的新兴工业地位或投资赋税减免奖励：

- 若公司被授予新兴工业地位，则享有五年法定收入缴纳所得税70%减免。未用完的资本免税额，以及在新兴工业地位期间产生的累计亏损，可结

转并从公司的新兴工业地位期满之后的收入中扣除；或

• 若公司被核准投资赋税减免，则五年内的合格资本支出可获得60%的减免。该津贴可以抵销每课税年法定收入的70%。任何未用的减免可结转至以后年度，直至用完为止。

对旅游项目再投资的公司，有资格申请两轮新兴工业地位和投资赋税减免。

申请应在首笔合格资本支出产生之前提交马来西亚投资发展局。

十一、研究开发

《1986年投资促进法》将研究和开发定义为："在科学技术领域进行的任何系统化的或深入的研究，其目的是将研究的结果用于生产或改进材料、设备、产品、生产或过程，但不包括：

• 产品质量控制或材料，设备，产品或产品的日常检测；
• 社会科学或人文科学研究；
• 常规数据收集；
• 效率调查或管理研究；
• 市场研究或销售推广。

为进一步加强马来西亚研究和发展的综合基础，独立进行开发和原型设计的公司也有资格获得奖励。

（一）签约研发公司

一个签约研发公司，比如，在马来西亚为其他公司（除了其关系公司）提供研究和开发服务的的公司可以享有：

1. 核准新兴工业地位的公司可享有法定收入100%所得税减免，为期五年。未用完的资本减免额，以及在新兴工业地位期间产生的累积亏损，可结转并从公司的新兴工业地位期满之后的收入中扣除。

2. 核准投资赋税减免的公司可以就10年内所招致的合格资本支出获得100%的减免。该津贴可以抵销每课税年法定收入的70%。任何未用的减免可结转至以后年度，直至用完为止。

申请应提交马来西亚投资发展局。

（二）研究和开发公司

研究和开发公司，比如，在马来西亚为其他公司（除了其相关公司）提供研究和开发服务的的公司可以享有投资赋税减免，即在10年内所招致的合格资本支出上获得100%的减免。该津贴可以抵销每课税年法定收入的70%。任何未用的减免可结转至以后年度，直至用完为止。

如该研究和开发公司选择不享有该津贴，其相关公司可以因提供服务给该研究和开发公司而在其支付上获得双倍扣除。

申请应提交马来西亚投资发展局。

申请资格：

签约研发公司和研究和开发公司必须符合以下条件才能申请各种津贴：

1. 研究内容需要符合国家需求并对经济有益。
2. 公司的收入至少70%来自研究活动。
3. 以制造业为基础的研发工作，至少50%的员工具备相关研究能力。
4. 以农业为基础的研发工作，至少5%的员工具备相关研究能力。

（三）公司内部研究

进行内部研究的以促进其业务的公司可以申请投资赋税抵减，以享受10日内所招致的合格资本支出100%的减免。该津贴可以抵销每课税年法定收入的70%。任何未用的减免可结转至以后年度，直至用完为止。

申请应提交马来西亚投资发展局。

（四）研究与开发的额外津贴

1. 对研发奖励的双倍免税政策。

一家公司可以从由财政部长直接承担和批准的研究所招致的收入（非资本）支出中获得双重扣除。

双重扣除，也可以从现金捐款或捐赠给认可研究机构、支付使用经批准的研究机构、批准的研究公司、研发公司或合同研发公司的服务中获得。

获得新兴地位的公司在税务减免期间核发的研发支出可以在减免税期后

累计扣除。

在海外进行的研发支出，包括马来西亚员工的培训，将依照个别案例考虑给予双重扣除。

申请须提交内陆税务局。

2. 研究人员将研究成果商业化的激励措施。

以价值创造为重点的研究人员将从其研究成果商业化获得的收入中获得五年50%免税额。这项工作必须得到科学，工艺与革新部的验证。

申请须提交内陆税务局。

十二、培训的奖励政策

为了鼓励人力资源开发，马来西亚政府提供了以下奖励措施：

（1）投资赋税减免

在科学领域的新私立高等教育机构（PHEIs）和建立技术或职业培训机构的企业有资格获得100%的投资赋税减免，为期10年。该津贴可以抵销每课税年法定收入的70%。任何未用的减免可结转至以后年度，直至用完为止。

以上奖励政策同样适用于现有的在科学领域的私立高等教育机构或拥有技术或职业培训机构的企业，并且也纳入新的投资来升级他们的培训设施或扩大培训能力。

私立高等教育机构的合格科学课程如下：

1. 生物技术。

• 医疗保健生物技术；

• 植物生物技术；

• 食品生物技术；

• 工业和环境生物技术；

• 医药生物技术；

• 生物信息学生物技术。

2. 医疗与健康学科。

• 老年医学医疗；

• 临床医疗科学；

- 医疗生物学；
- 生物遗传学；
- 环境健康；
- 公共卫生。

3. 分子生物学。
- 免疫学；
- 免疫遗传学；
- 免疫生物学。

4. 材料与技术学科。

5. 营养学与技术。

合格的技术和职业课程如下（不详尽）：
- 汽车（电气）；
- 汽车（机械）；
- 计算机技术；
- 数码电子与故障排除；
- 工业固态电子；
- 电力电子。

申请资格：

1. 该公司必须根据《1965年公司法令》在马来西亚注册（如今已修订为《2016年公司法令》）。

2. 该机构的设立须经马来西亚政府批准的高等教育部/特许机构/注册局批准。

3. 至少有70%的入学学生在技术或职业培训或科学领域注册，至少有70%的学生报考技术或职业学习领域。

申请应提交马来西亚投资发展局。

（二）培训的额外津贴

1. 招募员工成本扣除。

以招工为目的的成本支出可以享受赋税减免。可减免的成本支出，包括参加招聘会，支付招聘中介的费用，以及支付猎头的费用。

津贴要求可提交内陆税务局。

2. 给予职前培训的扣除。

公司开始营业前提供给员工的培训开支可获单一扣除，但公司需证明受训的员工将会被录用。

津贴要求可提交内陆税务局。

3. 给予非雇员培训的扣除。

为非雇员的国民提供实习培训的开支可被考虑作单一扣除。

津贴要求可提交内陆税务局。

4. 特别工业建筑物减免。

因招致建筑开支以供经核准工业，技术或职业培训之用的公司，可就建筑或购买建筑物的合格资本支出要求特别的年度 10% 的工业建筑物减免，为期 10 年。

津贴要求可提交内陆税务局。

十三、环境保护活动

马来西亚政府在 2014 年预算中公布绿色科技激励津贴，而该津贴涵盖能源、交通、建筑、废物管理和配套服务活动。

（一）绿色科技项目税收优惠

公司可以在绿色科技项目的合格资本支出上获得投资赋税减免 100%，从 2013 课税年度起（招致首笔合格资本支出的日期不早于 2013 年 10 月 25 日）至 2020 课税年度。该津贴可以抵销每课税年法定收入的 70%。任何未用的减免可结转至以后年度，直至用完为止。

与可再生能源，能源效率，绿色建筑，绿色数据中心和废物管理有关的绿色科技项目有资格获得这一税收优惠。有关的更多详情，请参阅 www.mida.gov.my 以索取绿色技术的激励和/或外派职位的申请指南。

到 2020 年 12 月 31 日之前收到的申请有资格获得此项奖励。

申请应提交马来西亚投资发展局。

（二）绿色技术服务税收激励

获得法定收入100%所得税减免，从2013年至2020年可税年度。与可再生能源，能源效益，电动汽车（EV），绿色建筑，绿色数据中心，绿色认证和验证等有关的绿色科技服务以及绿色乡镇可以获得这种税收优惠。

到2020年12月31日之前收到的申请有资格获得此项奖励。

申请应提交马来西亚投资发展局。

（三）购买绿色科技资产的税收激励

公司可以在绿色科技资产的合格资本支出上获得投资赋税减免100%，从2013课税年度起（招致首笔合格资本支出的日期不早于2013年10月25日）至2020课税年度。

该津贴可以抵销每课税年法定收入的70%。任何未用的减免可结转至以后年度，直至用完为止。

到2020年12月31日之前收到的申请有资格获得此项奖励。

申请应提交马来西亚绿色工艺机构。

十四、其他奖励

（一）再投资减免

再投资减免是给予那些从事制造业及指定农业活动的现有公司，因扩充产能、进行自动化、现代化或产品多样化而生产同一行业相关的产品而再投资者，条件是该公司已作业至少36个月，从2009年估税年起生效。

减免额是公司合格资本支出的60%，并可被用来抵销估税年法定收入的70%，未用的减免额可结转至以后年度至用完为止。

一家公司可将再投资减免用来抵销估税年的全部法定收入，若公司达到的生产力超越了财政部规定的水平。请联络内陆税收局以获取有关各制造业细分行业指定的生产力水平的细节。（请参阅《实用地址——相关机构》）

再投资减免可连续15年享用，从第一次的再投资那年算起。公司只能在合格计划完成后，即建筑物建成后或厂房或机械被启用后，才能提出要求。

从 2009 年估税年起，如果公司向同一集团内另一家关系公司购买资产，该公司将不得再就同一资产要求享有再投资减免。

因再投资而取得的资产在再投资后的五年内不得转让，从 2009 年估税年起生效。

有意在免税期届满前进行再投资的公司，可放弃其新兴工业地位或新兴工业证书以作取消，转而享用再投资减免。

申请应提交内陆税收局。欲放弃新兴工业地位或新兴工业证书以交换再投资减免的申请应提交 MIDA。

（二）加速资本减免

1. 再投资于生产受促进的产品。

享用了 15 年的再投资减免后，再投资于生产受促进的产品的公司可申请加速资本减免。加速资本减免提供特别减免，让公司的资本支出在 3 年内注销，即 40% 的初期减免额以及 20% 的年度减免额。

申请应提交内陆税务局。

2. 废物循环回收。

从 2001 年估税年起生效，从事制造业的公司若因生意上的关系招致合格支出，即可在工厂和机械上要求加速资本减免，若该工厂和机械：

（1）专门用于废物的回收利用；或

（2）用于将废物进一步加工成成品。

符合以上条件的公司将有资格要求加速资本减免，即 20% 的初期减免额以及 40% 的年度减免额。

根据以上规则，公司将不符合要求加速资本减免，如果该公司：

（1）已经获得其他奖励，除了在《1986 年投资促进法令》下因促进出口市场而获得的扣除奖励；或

（2）已根据《1967 年所得税法令》的附表 7A 要求了再投资减免。

（3）申请应提交内陆税务局。

（三）工业建筑系统的奖励

工业建筑系统（IBS）将提高施工质量，营造更安全，更清洁的工作环境，

以及减少对外工的依赖。在购买用于生产工业建筑系统组件的模具方面产生费用的公司有资格获得加速资本减免，为期三年，初期减免额为20%，年度减免额为40%。

申请书应提交内陆税务局。

（四）生产清真食品的奖励

为了鼓励生产清真食品的新投资以供出口市场，以及在生产这类食品方面增加现代化机械的使用以符合国际标准，投资于生产此类食品并已获得马来西亚伊斯兰发展局（JAKIM）品质认证的公司可申请投资赋税减免，其5年内合格资本支出的100%可获得减免。

这减免可用来抵销每估税年法定收入的100%，未用的减免额可结转至以后年度至用完为止。

欲知更多有关从马来西亚伊斯兰发展局获取清真认证的详情，请访问www.halal.gov.my。

申请应提交马来西亚投资发展局。

马来西亚劳工法基本保障

马来西亚的劳工法主要是由很多项法案组成的。除了雇佣合同所提供的保障,无论是本地劳工或是外籍劳工都会受到基本的法律保护。主要的法令和相关的条文如下。

一、主要法令和相关条文

《1995年劳工法令》(保护月薪2000令吉以下或劳动阶级)

依据《1995年劳工法令》,马来西亚半岛与纳闽直辖区内符合以下任何一项的雇员皆受该法律的保护与约束:

- 月薪低于2000令吉的雇员;
- 以劳动为主的熟练与非熟练雇员,不计每月工资;
- 从事运输机械操作或保养的工人;
- 监督劳动工人的督工;
- 家庭帮佣。

该法令主要针对工作休息,裁员规则,薪水发放等基本合约条款为雇员提供保护。该法令也明文规定,雇主不能与雇员签署比该法令的基本利益更低的合约,否则即属无效。东马来西亚的沙巴劳工法规与沙捞越劳工法规,大致上条款相同,但这两项东马来西亚的法规涵盖月薪低于2500令吉的雇员,比《1955年劳工法令》更广。

主要的基本条款如表1所示:

表1 《1995年劳工法令》基本条款

主题	内容
工资	◇ 工资最迟必须在工资期限结束后的七天内发出 ◇ 工资期限不可超过一个月 ◇ 当雇员被警方扣留或在监狱里的期间，雇主是没义务发出工资的 ◇ 在没得到雇员的同意下，雇主可扣除以下款项： • 公积金、社会保险金、所得税 • 扣回三个月前错误发出的工资 • 尚欠雇主的赔偿 • 取回先前无利息的贷款
停职通知	除了发生在合约期限的停职通知，雇员或雇主都可以依据以下的通知期限向另一方呈上停职通知： | 雇用年限	通知期限
少于2年	4个星期
2~5年	6个星期
超过5年	8个星期 | 雇主必须在停职生效日将雇员薪水结清，如果雇员没呈上停职通知而欲终止合约，雇主最迟必须在停职后的三天内发出工资 若任何一方不愿等到以上期限截止才停职，该方可赔偿另一方相等于在以上通知期限内将形成的薪水数额并立刻停职，比如，若雇主想要马上辞退工作八年的雇员，即可赔偿该雇员接下来八个星期的薪水并令他立即停职；而如果是那名雇员想要马上离职，他就必须赔偿雇主相等于八个星期薪水的数额
停职通知（特别情况）	在以下的特别情况下，雇主就不须根据以上的通知期限来裁退员工： • 经过适当查询和谨慎考虑后，以行为不当为由终止雇佣合约 • 当雇主或其家人因为暴力或疾病理由受到即刻的生命威胁
解雇福利	在雇用合约截止前被解雇的雇员可享有解雇福利，解雇福利不可少于以下计算法： | 服务年限	解雇福利
少于2年	每服务年，10天工资
2~5年	每服务年，15天工资
超过5年	每服务年，20天工资 | 在以下情形下的雇员不得享有解雇福利： • 已达雇用合约里所注明的退休年龄 • 雇员因行为不端而被解雇 • 雇员自行解约 • 在停职通知期限内停止工作 • 雇主已提供雇员更新合约的选择 • 雇主已提供重新雇用的机会，给予的条件是同等或更好待遇的

续表

主题	内容
工作时间	一位雇员是不能被要求在以下的情形下继续工作： • 没有休息至少30分钟而持续工作超过5个小时 • 一天超过8个小时 • 一天持续工作超过10个小时（包括休息时间） • 一个星期超过48个小时（主要针对轮班作业） 然而，在一些特别情况下，雇主可以要求雇员工作超过以上的时长；这些特别情况包括当工作受到意外或预料之外的干扰，或当工作是针对机器或机械厂的紧急施工 超时加班 • 超时加班费最低为每小时工资的1.5倍 • 除了在以上提及的特别情况下，即使加班，雇员是不能一天工作超过12个小时的 • 加班时间一个月内不能超过104个小时
假期	每周休息日 每位雇员在一个星期内须有一天由雇主决定的休息日 如果是轮班制的话，一定要有持续不少于30个小时的时间作为"休息日" 休息日工作 一位拿月薪的员工，如在休息日工作不超过一半的正常工作时间，将付一半的基本工资；如超出一半的正常工作时间，将付一天的基本工资 当加班超过一般工作时间，将付每小时工资两倍
有薪公假	每位雇员可享有11天以基本工资计算的有薪公共假期，其中5天必须是国庆日、最高元首诞辰、苏丹或统治者诞辰、劳动节、马来西亚日。除此之外，雇员仍可享有任何《1951年假期法令》宣布的公共假日，农历新年则占了原有11天有薪公假的两天 公共假期的加班费是除了假期基本工资，另加两天基本工资（无论雇员是否工作满正常工作时间），当天的超时加班费也将是正常的3倍
有薪年假	每位雇员将可在每十二个月的持续工作期间享有如下的有薪年假： | 服务年限	年假
少于2年	8天
2~5年	12天
超过5年	16天 | 若该雇员最终在服务满一年内停职，他享有的有薪年假将只是和他以服务月数成正比的天数

续表

主题	内容
病假	雇主须缴付雇员的医药费，除了牙医费和未经相关单位注册的医疗服务；在一个历年内，雇员可享有有薪病假如下： | 服务年限	病假
少于 2 年	14 天
2~5 年	18 天
超过 5 年	22 天 | 若须住院则一个历年内的合计有薪病假为 60 天

《2016 年最低薪金法令》

马来西亚实行最低薪金制，无论是外籍员工还是马来西亚员工，所有公共企业和私人企业的雇主都必须按照该法令的最低标准制定薪金。

表 2　马来西亚最低薪金标准

地区	最低薪金（令吉）
马来西亚半岛（马来西亚）	1000
沙巴、沙捞越、纳闽直辖区（东马来西亚）	920

注：例外：家庭帮佣的最低薪金仍然按照 2012 年的西马来西亚为 900 令吉；东马来西亚为 800 令吉。

《2012 年最低退休年龄法令》

该法规定马来西亚所有雇员的最低退休年龄为 60 岁。雇主不能强迫雇员在 60 岁以前退休，否则最高罚款 10000 令吉。但是如果合约允许，雇员有权力要求提早退休。非马来西亚公民员工不受该法保护。

《1994 年职业安全与健康法令》

雇主需尽可能保障雇员的卫生与安全，特别是提供一个安全的工厂作业制度。如果雇用人数多达 40 人以上，雇主必须在工作地点设立一个安全与卫生小组，其主要任务是检讨工作地点的卫生与安全措施，以及调查相关事项。

《1967 年工业与机械安全法令》

该法规定雇主身为工厂的占有者有责任确保工厂的环境符合基本的安全条件以保障工厂员工的安危。基本的安全规定包括防火设施、逃难通道、地面规格足以承受重物等。

《1950年合同法令》第28条

有关贸易或事业限制的条款（restraint of trade）将作废。雇主不得通过雇佣合同里的条款来限制雇员在停职后对其事业或贸易的追求。这项法律的例外如下：

1. 贸易限制条款牵涉了商誉买卖。
2. 双方在分散前是合伙人关系。

《1967年劳资关系法令》

该法适用于整个马来西亚，主要列下关于工会和雇主或资方之间的纠纷调解渠道，也制定了劳资集体谈判协议的有关条文。尤其重要的是该法设立了工业法庭，是专门为雇主与雇员之间的纠纷而设的纠纷调解管道。

二、雇佣本地员工

《1991年公积金法令》（EPF）

雇主与雇员须根据该法每月缴纳雇员公积金，缴纳的比率如表3所示（准确数额可参考该法的第三列表 Third Schedule）：

表3　雇主与雇员缴纳公积金比率

雇员类别	雇主缴纳的数额	雇员缴纳的数额
月薪5000令吉以下	大约相当于该月薪的13%	大约相当于该月薪的8%
月薪5000令吉以上	大约相当于该月薪的12%	大约相当于该月薪的8%

违背该法的雇主除了将被要求偿还原本应该提交的数额之外，还可能面临刑罚入狱不超过三年或罚款不超过10000令吉的处罚或两者兼施。

《1969年社会保险法令》（SOCSO）

社会保险机构（SOCSO）依据该法实施失能养老金计划（又称第一类别）（First Category / Employment Injury and Invalidity Schemes）和工伤保险计划（又称第二类别）（Second Category / Employment Injury Scheme）。第一类别适用于60岁以下的雇员；第二类别适用于已达60岁的雇员。在第一类别里，雇主每月必须缴付大约相等于该雇员月薪的1.75%的数额，同时雇员则缴付大约其月薪的 0.5%。在第二类别里，由雇主单独缴付大约相等于雇员月薪 1.25% 的数额。

违背该法的雇主除了将被要求偿还原本应该提交的数额之外，还可能面临刑罚入狱不超过两年或罚款不超过 10000 令吉的处罚或两者兼施。

三、雇用外籍劳工

根据《1968年（限制）雇佣法令》第五条和《1959/63年移民法令》第55B条，雇主必须确保外籍劳工拥有相关的工作准证，否则罚款10000~50000令吉或入狱一年或两者兼施。除此之外，在雇用外籍劳工之前，雇主必须注意《1955年劳工法令》第60M条，该条规定雇主不可以雇用外籍劳工为由辞退本地员工。

目前，马来西亚政府仅对建筑业、种植业、农业、服务业、制造业 5 个领域开放外籍劳工。马来西亚未对中国全面开放普通劳务市场，只允许在特定条件下引进少量中国技术工人。目前开放申请的国家包括：印度尼西亚，柬埔寨、尼泊尔、缅甸、泰国、越南、菲律宾（只限男性）、巴基斯坦、斯里兰卡、泰国、土库曼斯坦、乌兹别克斯坦、哈萨克斯坦、印度（只限特定领域）、孟加拉（只限种植业）。

雇主必须在外籍劳工入境前就向入境安全通关（ISC）和移民局提出申请。外籍劳工将持有 VP（TE）准证，该准证附带几项限制，即该外劳不许携带家人入境，不许转换领域或雇主，不许在准证期间结婚。

《1991年公积金法令》（EPF）

公积金缴纳对外籍劳工并非强制性规定，但外劳仍可以选择自愿缴纳以获得公积金所提供的储蓄利益。但是，无论该外劳的月薪是多少，雇主只有义务每月缴纳 RM5 进入该外籍雇员的公积金户头。

四、雇用外派人员

外派人员是指负责企业高层的管理或运作或涉及专业技术操作的外籍雇员。外派人员持有的准证有别于外籍劳工，他们许多不受限制，包括不许携带家人入境和不许在准证期间结婚等。马来西亚移民局将外派人员的准证分为三个类别,该外派人员必须符合其中一项类别的条件方可获批准证(见表4)。

表4 不同类别外派人员条件规定

第一类别	第二类别	第三类别(高水平技术人员)
月薪至少10000令吉	月薪至少5000令吉	月薪介于2500~4999令吉
雇用合约最长5年	雇用合约最长2年	雇用合约不得超过12个月(最多只允许两次更新)
可携同家属	可携同家属	不可携同家属

注:以上是最新颁布的条件于2017年9月1日生效。

欲申请聘请外派人员的公司也必须符合公司的实缴资本的条件,如表5所示:

表5 公司实缴资本条件

股权比例	最低实缴资本(令吉)
100%本地拥有	250000
合资公司(外国占至少30%)	350000
100%外国拥有	500000
外国拥有(外国占至少51%)的批发和零售贸易业(须向国内贸易,合作社与消费部申请准证)	1000000

欲聘请外派人员的公司除了必须向移民局的外派人员服务支会(ESD)提出申请之外,须事先根据该公司的商业领域向有关单位提出申请。例如在金融或保险领域的公司须事先获得国家银行(BNM)的批准,在制造业或酒店旅游或研发领域的公司须事先获得马来西亚投资发展局(MIDA)的批准。

马来西亚知识产权保护

马来西亚的知识产权保护包含了专利（patents）、商标（trademarks）、工业品外观设计（industrial designs）、版权（copyrights）、地理标志商标（geographical indications）和集成电路布图设计的保护（layout designs of integrated circuits）。马来西亚知识产权保护是经由马来西亚知识产权公司（MyIPO）负责管理。马来西亚是世界知识产权组织的成员（WIPO），也是《巴黎公约》和《伯尔尼公约》的签署国。此外，马来西亚也是《与贸易有关的知识产权协定》（TRIPS）的签署国。此协定是世界贸易组织（WTO）体系下的一个多边条约。马来西亚的知识产权法是遵照国际标准，因此，马来西亚为本地和外国投资者提供充分的保护。

一、专利

马来西亚根据《1983年专利法令》和《1986年专利实施细则》进行马来西亚的专利保护。

马来西亚于2006年签署《专利合作条约》（PCT），并且自2006年8月16日起生效。因此，国际专利申请人可以向马来西亚知识产权局（MyIPO）提交PCT国际专利申请。

定居在马来西亚的专利申请人可以直接提交专利申请而国外的申请人只能通过注册专利代理人的协助才能提交专利申请。

马来西亚的专利申请条件类似于其他国家的立法。专利申请人必须确保其发明是新的，并且涉及创造性和适用在工业上。"新"字意味着这项发明并未以任何形式在世界任何地方公开披露，而短语"涉及创造性"意味着对于在这项发明的技术领域具有知识和经验的人来说,此发明不能是显而易见的。最后,"适用在工业上"是指可以批量生产。

另外,不可申请专利的发明如下:

1. 科学发现,科学理论和数理方程式。
2. 植物或动物的品种或用于生产植物或动物的生物学过程,除了人造微生物,微生物学过程和这些微生物学过程的产物。
3. 做生意的规则,方法和计划或纯粹的智力活动的规则和方法。
4. 疾病的诊断和治疗方法。

为了符合 TRIPS 的标准,《1983 年专利法令》授予了专利人自提交申请之日起 20 年的专利保护期。此外,根据该法案,对实用创新颁发(Utility Innovation)的保护证书的最初保护期限为 10 年,并可续展 2 次,每次续展后所获得的保护期限为 5 年。

专利拥有者有权使用、实施、转让其专利发明或与他人签订执照合同。

与此同时,《1983 年专利法令》在强制许可的范围内,允许已经在国外市场存在的国外专利产品进口到马来西亚(平行进口)。虽然如此,马来西亚政府有权以违背社会治安与道德为由,禁止专利的商业开发。经过修改的《1983 年专利法令》已纳入《专利合作条约》里,并允许在强制许可范围内的专利进口。

若有任何侵权的行为,马来西亚法院可以给予以下指令:

1. 法院的强制令。
2. 赔偿金。
3. 利润赔偿。
4. 其他合理的赔偿。

专利涵盖了所有的技术领域。基本上,发明必须是新的,而且不能显而易见。发明必须是技术性的,但它不需要复杂的技术或高科技。换句话说,简单但新颖的技术方案也能被归纳成专利发明。这些创新的技术方案可以被应用在各种各样的产品上,包括机器,设备或任何种类的机械,电气或电子产品,化学物质,生物技术产品或工业过程。有些发明虽然是新的方案却不能获得专利申请,因为它们并不具有技术性,或者它们不适用在工业上。举例来说,油画、算命的方法和销售保险的方式都是不能获得专利的发明。

为了获取专利，发明的拥有者有必要向马来西亚知识产权局（MyIPO）提交正式的专利申请。专利申请人必须在被称为说明书的申请表格中描述和定义其发明。该说明书包括对其发明的说明和附图，以及限定其发明的权利要求。提交申请的18个月后，此说明书便成为公开文件。任何人都可以获得它的副本，并了解其发明。在专利申请获得批准的前提下，专利申请人可以在申请待决之前向应用此发明的第三方索取赔偿。

专利拥有者必须通过律师在法院对侵权者采取民事诉讼。专利纠纷通常可以通过双方的协议来解决，而不需要采取这种法律行动。

专利申请的相关流程详见图1。

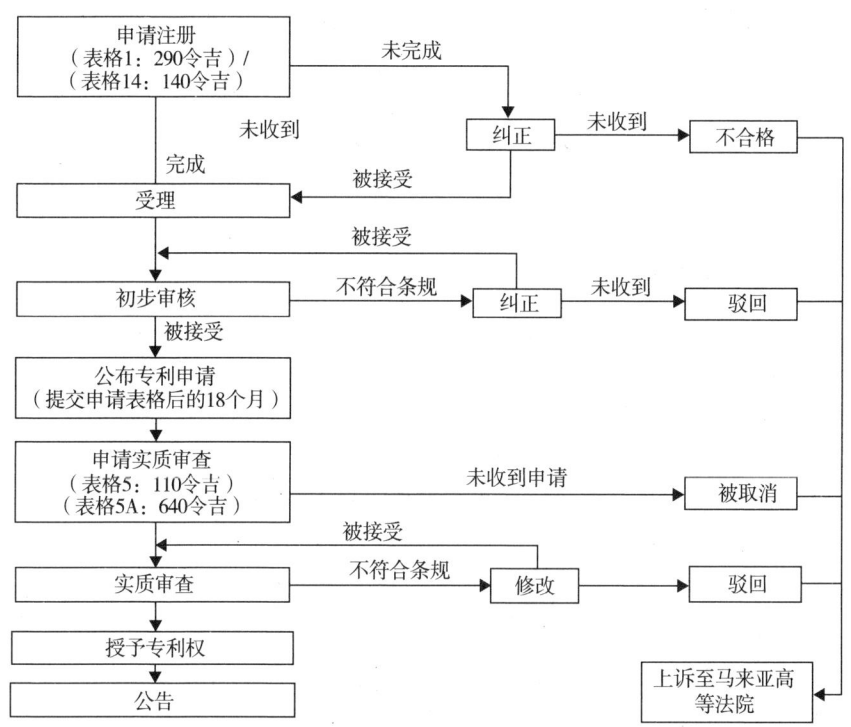

图1 专利申请的相关流程

二、商标

商标是识别某商品和服务或与其相关具体个人或企业的独特标志。商标可以由货品的包装或形状、个人名字、字母、字样、文字、数字、设计式样，或上述任何标志的任意组合所构成。

在马来西亚，《1976年商标条例》和《1997年商标实施细则》建立了大马商标的法律基础。

马来西亚于2007年6月28日成为《尼斯协定》及《维也纳协定》的成员国，并于2007年9月28日正式生效。《尼斯协定》涉及了商标注册商品和服务的国际分类，主要用于商标的注册申请，而《维也纳协定》则对图形要素的商标建立了分类，为商标图形的管理和审查带来了不少的便利。这两项协议在商标注册的发展中扮演了极为重要的角色。

与专利一样，对于商标的注册，本地申请人可以自行提交注册申请书，而国外的申请人必须透过商标注册代理人的协助才能提交。

与此同时，《1976年商标条例》和《1997年商标规则》为在马来西亚注册商标和服务标志提供了保护。一旦商标被注册，除了商标的拥有者或授权用户，任何人或企业都不能使用此商标。倘若商标在未经允许的情况下被非法使用，商标的拥有者可起诉这种侵权行为。

一旦商标被注册，它的有效期为十年，而商标的拥有者可以在其后的每十年续展。商标的拥有者有权交易和转让商标的使用权，或将其授权给其他使用者。

商标的拥有者拥有绝对的权利在商业领域里使用其商标，当其他人或企业在未经同意下使用商标，商标拥有者有权向他们采取法律行动。商标的拥有者可以选择采取民事诉讼或根据《1972年贸易说明条例》向执法部提出投诉并且让有关当局采取适当行动。

若有任何侵权的行为，马来西亚法院可以给予以下指令：

1. 法院的强制令。
2. 赔偿金。
3. 利润赔偿。
4. 其他合理的赔偿。

另外，未经注册的商标，若符合特定的条件，将受到普通法的仿冒法（common law of passing off）保护。

并非所有商标均可被注册。一般来说，可以被其他交易商合法用于描述其商品或服务的标记是不能被注册的。因此，用于描述商品或服务的标记或由普通单词组成的标记通常被归类成不具特色的商标。这些不具特色的商记并不能被注册。举例来说，像"最好"这样的形容词，或某个大城市或国家的名称，或与著名注册商标非常相似并导致混淆的标记都是不能被注册的。

商标不应与公司名称或域名混淆。它们是由不同法律管辖的，并记录在不同的登记册下。公司名称是用于识别企业经营的名称。域名只是互联网上某个位置的文本地址。为了使品牌保持一致，现今许多企业在注册商标和域名的时候都使用相同的名称。

商标申请的相关流程详见图2。

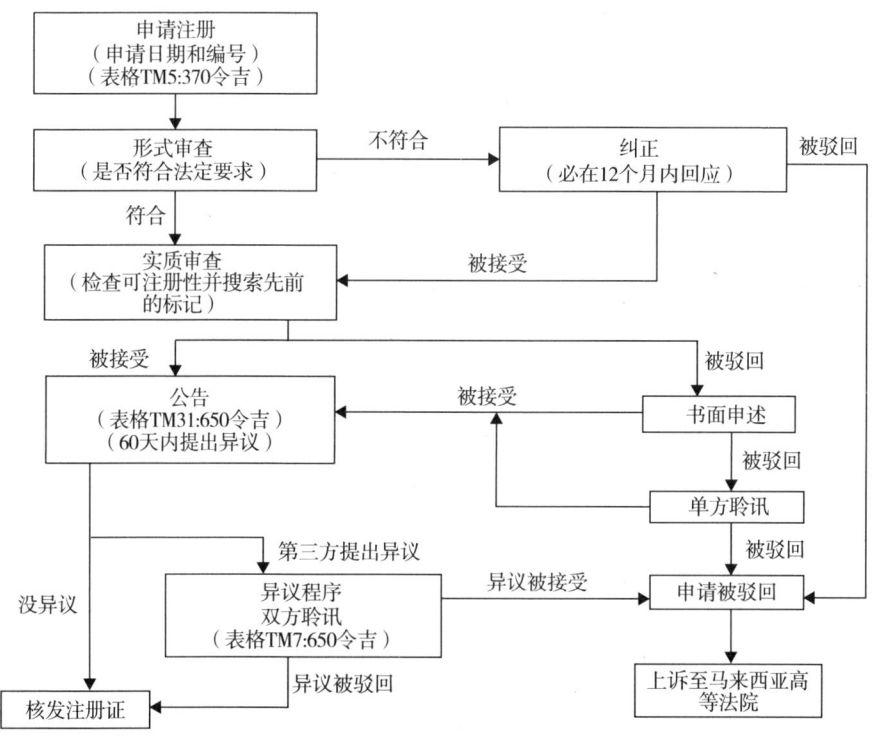

图2 商标申请的相关流程

三、工业品外观设计

马来西亚的工业品外观设计受到《1996年工业品外观设计法令》和《1999

年工业品外观设计实施细则》的管辖。

工业品外观设计意味着通过任何工业过程应用于制品的形状、配置、图案或装饰的特征，其在成品中吸引大众的眼睛并被分辨。

在一般的情形下，如果要获得注册，工业品外观设计必须符合特定的标准。首先，工业品外观设计必须是新的。这意味着该工业品外观设计并不曾在马来西亚或其他地方使用或发行过。工业品外观设计并不包括产品生产的方法或功能。

不可注册的工业品外观设计如下：

1. 建筑施工的方法或原则。
2. 产品主要部分的设计取决于另一个产品的外观设计。
3. 仅仅在细节上与其他产品有所不同。
4. 产品的功能。

本地申请人可以选择自行提交注册申请书，或通过代理人的协助进行注册，而国外的申请人必须通过注册代理人才能提交注册申请书。

注册工业品外观设计的最初保护期为五年，并可续展四次，所以总保护期限为25年。工业品外观设计的拥有者拥有交易，出售或租用工业品外观设计的专有权。

若有任何侵权的行为，马来西亚法院可以给予以下指令：

1. 法院的强制令。
2. 赔偿金。
3. 利润赔偿。
4. 其他合理的赔偿。

某些产品设计的外观具有吸引力，并能吸引不少客户。工业品外观设计注册将保障设计者的权利，并阻止他人复制其设计并获得利润。注册设计拥有者在马来西亚拥有其设计的制造，销售和出口的专有权。

马来西亚的设计注册仅在马来西亚有效。若要在其他国家获得保护，设计拥有者必须在这些国家提出额外的申请。如果申请人在马来西亚第一次申请注册的6个月内，到国外提交国外的注册申请，那国外注册的申请日可以回溯到马来西亚最初的申请日。

工业品外观设计申请的相关流程详见图3。

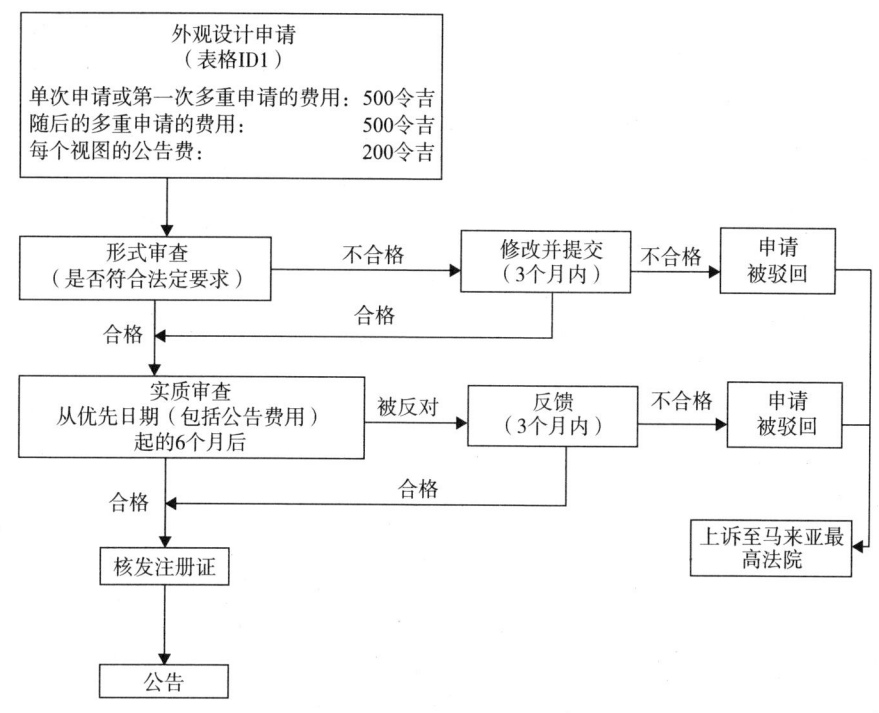

图3　工业品外观设计申请的相关流程

四、版权

版权是作者、版权拥有者和表演者在《1987年版权法令》规定的特定时期创作作品的专有权利。

首先，受版权保护的作品如下：

1. 文学作品。

2. 音乐作品。

3. 艺术作品。

4. 电影。

5. 录音。

6. 广播。

7. 衍生作品。

版权保护自动获得，无须登记或其他手续。马来西亚于 2012 年推出自愿登记制度，让创作者对自己的作品实行在 MyIPO 自愿登记，并更有效地避免因著作权归属造成的著作权纠纷。

《1987 年版权法令》给予文学，音乐和艺术作品版权的保护期限是作者有生之年加上死后 50 年。而电影、录音、广播等作品的版权有效期限则是其作品发布后的 50 年。与此同时，《1987 年版权法令》也为表演者在现场表演中的演出提供了版权的保护，现场表演的版权保护有效期限为该实际演出年份后的 50 年。

侵权，根据《1987 年版权法令》，指的是未经过版权人的允许，擅自使用或利用版权人的作品的行为。侵权的行为包括：

1. 以任何形式复制、显示、演出或分发给公众。
2. 出售或出租任何侵犯版权的复制品。
3. 出售、出租或以贸易方式出售任何侵犯版权的复制品。
4. 分发侵犯版权的复制品。
5. 非住宅与私人用途，拥有任何侵犯版权的复制品。
6. 以交易方式公开展示任何侵犯版权的复制品。
7. 拥有或管有任何用于或旨在用于制作侵权复制品的设计。

若有任何侵权的行为，马来西亚法院可以给予以下指令：

1. 法院的强制令。
2. 赔偿金。
3. 利润赔偿。
4. 法定损害赔偿。
5. 其他合理的赔偿。

《1987 年版权法令》的一个独特之处是它列入了执行条款。2003 年 10 月 1 日执行的《1987 年版权法令》修正案将逮捕权（包括无手令逮捕）赋予以前称为国内贸易和消费部的"国内贸易、合作社与消费部"（MDTCC）。这个独特的 MDTCC 组织被任命执行该法案，并被授权进入涉嫌有侵权复制品的房屋，搜查和扣押伪造品和设备。

版权的保护不包括任何想法、系统或操作方法，但版权可以保护想法，系统或操作方法的表达和描述。凡已注册于工业品外观设计法之下的设计均不受版权法的保护。

根据马来西亚的法律，原创的作品将自动被赋予版权保护，但条件是：当作者完成其作品的时候，他是马来西亚的公民或永久居民，或是《伯尔尼公约》成员国的公民或居民，或作者首次向公众公开作品的地点是马来西亚或《伯尔尼公约》的成员国，或作者在其他地点首次向公众公开作品的30天内，公开给马来西亚或《伯尔尼公约》成员国的公众，或作者的作品（录音、广播和出版除外）均在马来西亚或《伯尔尼公约》的成员国制作。

五、地理标志

地理标志是一种用于具备独特地理标识的商品的标志。这些商品一般具有特定地理来源的品质，声誉或特征。

在马来西亚，地理标志的保护源自《2000年地理标志法令》。《2000年地理标志法令》保护以商品生产地命名的商品，其中商品的质量，声誉或其他特征基本上可归因于其地理来源。地理标志的保护适用于葡萄酒和酒精类饮料，或原生态产品、农产品和制成品。虽然如此，违反社会治安或道德的地理标志不能受到《2000年地理标志法令》的保护。

一旦地理标志被注册，它的有效期为十年，而地理标志可以在其后的每十年续展，次数不限。

可申请地理标志者如下：

1. 其商品符合使用该地理标志条件的生产者。

2. 主管当局。

3. 贸易组织或协会。

以下标志将被排除在地理标志的保护范围之外：

1. 与原产地的社会治安或道德相违背的地理标志。

2. 在该国没有或已经不再受到保护的地理标志。

3. 在原籍国或地区已被废用的地理标志。

申请地理标志时，申请人需要填写申请表格，支付特定的费用，签署一份成为真正的申请人的法定声明，并提供货物特征和质量的总结，地理区域的地图和任何其他辅助的申请文件。

一旦地理标志商标被注册，只有在登记册规定的地理区域内进行规定活动的生产者才有权在贸易过程中使用其商标。地理标志商标的注册还能提高有关地区的声誉和经济，如瑞士的手表或巧克力。生产者除了能够对货物征收溢价，还能获得更好的法律保护和地理标志商标的权利。

地理标志商标申请的相关流程详见图4。

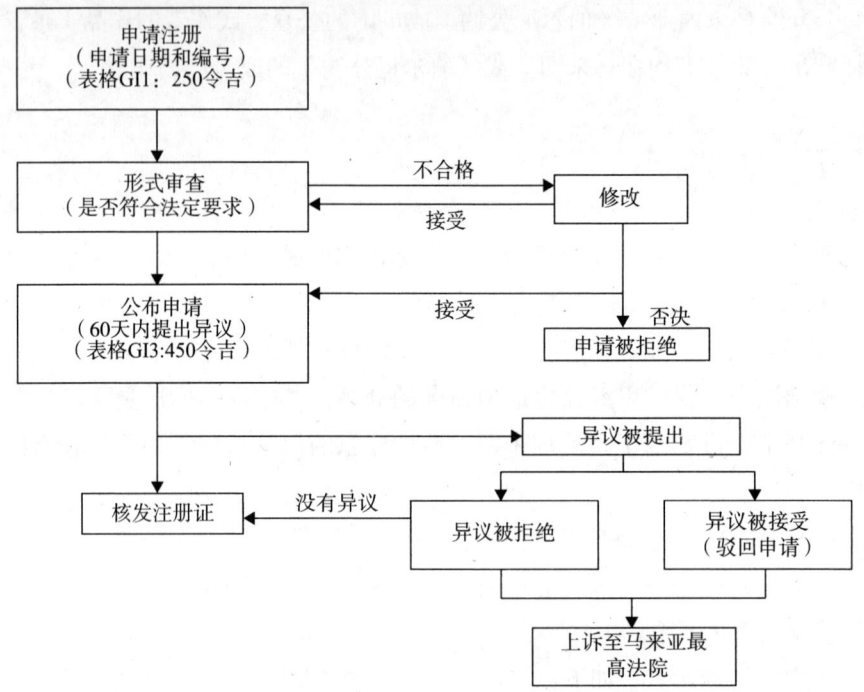

图4 地理标志商标申请的相关流程

六、集成电路布图设计

集成电路布图设计是指集成电路的元件与部分或全部集成电路互联的三维布置，或用于制造集成电路而准备的上述三维布置。

在马来西亚，符合条件的集成电路布图设计受到来自《2000年集成电路布图设计法令》的保护。对集成电路布图设计的保护源自于布图的原创性和创作者自身的发明。根据《2000年集成电路布图设计法令》，设计的创作者将自动获得保护，并不需要任何登记或其他手续。

若要享受来自《2000年集成电路布图设计法令》的保护，集成电路布图设计必须符合以下条件：

1. 集成电路布图必须是原创的。举例来说，其布图的设计必须是创作者智慧的成果，而不是在相关领域常见的集成电路。

2. 集成电路布图必须已经以材料形式固定或并入集成电路中。

3. 集成电路布图设计的专利人是符合资格的人。

《2000年集成电路布图设计法令》是根据《与贸易有关的知识产权协定》（TRIPS协议）而实施的。该法案为马来西亚电子行业的投资者提供了保障，并有助国内技术的提高。

七、保密信息和商业秘密

保密信息和商业秘密的保护并非来自于法定条文，而是源自于普通法和平衡法的原则。

违反保密责任的条件有三：

1. 所寻求保护的资料属于机密。

2. 在有信任义务的情形下传达了有关信息。

3. 擅自使用这些信息来损害传达信息的一方。

在马来西亚，保密责任大多是合约条款之一。因此，违反保密责任的情况大多是基于违约的诉讼案由审理。

马来西亚个人数据保护

在马来西亚,个人数据保护主要受马来西亚《2010年个人数据保护法令》规管。

《2010年个人数据保护法令》于2013年11月15日开始实行,保护个人资料/数据不被滥用,保护人权以及打击个人资料的滥用。

该法在个人的权利与有合法理由使用个人数据的人的竞争利益之间寻求平衡。需要遵守《2010年个人数据保护法令》的有:(1)处理他人个人数据者;(2)控制或授权处理他人个人数据者。

个人数据是指直接或间接关系到你的数据,并且该资料可以让其他人从该数据中识别到你或者该数据使你可以被识别。因此,电话号码属于个人数据。一旦个人数据被索取,它只可以被用于索取该数据时的所列明的用途上。

个人数据用户是指独自或共同地:处理任何个人数据;在个人数据上有控制权;授权处理任何个人数据的人,但不包括数据处理者。

个人数据处理者是指任何仅代表数据用户处理个人数据,并不会为了他自己的目的处理个人数据的人。

个人数据主体是指任何提供他自己个人数据的人。

个人数据处理是指根据个人数据执行的任何操作,无论是通过自动方式还是以其他方式完成。它包括收集、记录、持有、存储、组织、调整、更改、检索、咨询、使用、披露或提供、销毁和/或删除个人数据。

个人数据使用者在《2010年个人数据保护法令》里必须遵守的几项大原则如下:

一、普遍原则

在普遍原则下，除非得到个人数据主体本人的准许，否则不可处理该人的个人数据。

如果数据受试者年龄在十八岁以下，应得到其父母，监护人或对其负有父母责任的人的同意。

在符合以下条件的情况下可以索取并处理个人数据：

1. 对该个人数据的处理是用于与公司活动直接相关的合法目的。
2. 对该个人数据的处理是必要的或直接与该目的有关的。
3. 对该个人数据对该目的而言是足够但不是过多的。

数据主体已明确同意处理个人资料，或该处理在以下的情况下是必要的：

1. 以履行对数据主体的法律义务。
2. 以保护数据主体的切身利益。
3. 为任何法律程序的目的。
4. 为了获得法律咨询。

以下几种情况之下属于普遍原则之下的特例：

1. 为了保护数据主体的切身利益。
2. 为司法行政。
3. 根据任何法律行使任何人赋予的任何职能。

二、通知和选择原则

在通知和选择原则下，个人数据使用者必须告诉/通知个人数据主体他们的权力。

个人数据使用者需告诉/通知数据主体的事项如下：

1. 个人数据正在处理中，并向他描述该个人数据。
2. 收集及处理该个人数据的目的。
3. 有关该个人数据来源的任何可用信息。
4. 数据主体要求访问和更正个人数据的权利，以及如何与您联系以对该个人数据进行任何查询或投诉。

5. 个人数据使用者会披露或可能披露个人数据的第三方类别。

6. 个人数据的提供是否是强制性或自愿的。

7. 当个人数据的提供是强制性时,拒绝提供个人数据的后果。

在下列情形下应尽快发出通知:

1. 当数据主体被要求提供他的个人数据时。

2. 当您首次收集数据主体的个人数据时。

3. 在其他情况下,在将数据主体的个人数据用于非收集个人数据的目的或向第三方披露个人资料之前。

通知应为书面形式,语言应为马来西亚语和英语。

三、泄露原则

在泄露原则下,除非得到个人数据主体本人的准许,否则不可泄露该人的个人数据。

不可以在个人数据主体没同意的目的下披露他的个人数据。在没得到个人数据个体同意的情形下,不得为在收集个人数据时所列明目的以外的任何的目泄露他的个人数据。

如果未经数据主体同意,仅可在以下情况下进行:

1. 数据主体已同意披露。

2. 为防止或侦测犯罪,披露是必要的。

3. 为了进行调查,披露是必要的。

4. 披露是法院或法院命令要求或授权的。

5. 你拥有合理的理由相信你在法律上有权向另一人披露该个人数据。

6. 你拥有合理的理由相信,如果数据主体知道该个人资料的披露和披露的情况,他将同意披露。

四、安全原则

在安全原则下,个人数据使用者必须采取实际措施保护个人数据不受任何损失、误用、修改或破坏。

需考虑以下几点：

1. 个人数据的性质以及可能由于数据的缺失、误用、修改、未经授权或意外的访问或泄露，更改或破坏而导致的损害。

2. 存储个人资料的地点或位置。

3. 为确保获取个人资料的人员的可靠性、完整性和能力的安全措施。

4. 为确保个人资料的安全转移而采取的措施。

五、保留原则

在保留原则下，只要索取数据的用途已不存在，数据使用者不应该再保留该个人数据。

如个人数据已不再就被处理的目的被需要时，你有义务采取一切合理步骤，确保所有个人资料被销毁或永久删除。

六、数据的完整性原则

在此原则下，个人数据使用者需采取合理步骤确保个人资料准确、完整，并保持最新。

您可以采取以下步骤：

1. 向数据主体解释新的或变更的业务目的，并获得同意或酌情提供选择退出。

2. 及时更新记录，例如当数据个体更改其地址时。

3. 删除公司不再需要的个人信息。

4. 确保只有需要使用个人数据的人员才有权这样做。

七、存取原则

个人数据主体必须可以存取他自己的个人资料，并且可以在发现任何不正确或不全面时进行更正。

数据主体可以在支付规定的费用后向公司书面提交数据存取的请求，例如：

1. 可以询问其正在被处理的个人数据。
2. 要求以可理解的形式向他传达个人资料的副本。

应在收到数据询问请求之日起21天内遵守数据询问请求。如果在21天内无法遵守数据访问请求，需通过书面通知数据主体无法遵守数据询问请求，以及无法这样做的原因；在能够做到的范围内，遵守数据询问请求。且仍然必须在21天到期后的14天内全面遵守数据访问请求。

在以下情况下，你可以拒绝该要求：

1. 数据询问请求者没有提供需要的充分信息，以满足对请求者的身份的核实。
2. 数据询问请求者没有提供需要的合理信息以帮助查找该个人数据。
3. 提供询问的负担或费用与数据主体个人资料的隐私暴露的风险不成比例。
4. 在遵守数据询问请求下，可能会因此披露可以识别另一个人的有关个人数据。
5. 有其他人控制该个人资料的处理。
6. 提供询问将构成违反法院命令。
7. 提供询问将公开机密商业信息。
8. 该个人资料的询问受另外一项法律规管。

值得表明的一点是，个人数据主体拥有取消同意处理其个人数据的权利。他可以以书面通知的方式撤回同意处理其个人资料。

收到通知后，个人数据使用者应停止处理数据个体的个人资料。如果不这样做，将被处以不超过100000令吉的罚款或不超过一年的监禁或两者兼施。

如违反《2010年个人数据保护法令》，将被处以不超过30万令吉的罚款或者不超过2年的监禁或两者兼施。

马来西亚竞争法

在2012年生效的《2010年竞争法令》（以下简称《竞争法》）对马来西亚的贸易活动和商业联盟模式有着重大的影响。《竞争法》旨在维护竞争秩序，禁止企业间的反竞争协议和滥用支配地位。除了一些特定领域（指的是在《1998年通讯与多媒体法令》《2001年能源委员会法令》《1974年石油开发法令》《1974年石油条例》和《2015年马来西亚航空委员会法案》管辖下的商业活动），《竞争法》适用于所有境内或境外的商事行为。对于境外的商事行为，《竞争法》只适用于影响境内市场竞争的商事行为。《竞争法》由马来西亚竞争委员会（MyCC）（以下简称竞委会）管理并执行。该法也赋予竞委会调查并入场搜索证据的权力。

该法禁止一切带有重大排除、限制或扰乱商品服务市场目的或影响的企业间"横向"或"纵向"协议。"横向"协议指在生产或分销链上，处于同一水平的经营者订立的协议；"纵向"协议指的是在生产或分销链上，处于不同水平的经营者订立的协议。这些被禁止的协议又称反竞争协议。

一、市场占有率

根据《竞争法》的第4条，被禁止的反竞争协议必须带有重大的影响。有关协议所带来的影响是根据特定的市场来衡量。竞委会建议根据反竞争协议的参与方的综合市场占有率来衡量该协议是否必须得到应对。

在由竞委会所发布的《反竞争协议指南》中提到，反竞争协议若符合以下条件将不被视为带有重大影响：

1. 协议当事人之间是处在同样市场的竞争对手，并共同占有该市场不超过 20% 的份额。

2. 协议当事人之间不是竞争对手，但各自在相关市场占有不超过 25% 的份额。

二、横向反竞争协议

竞委会在其发布的指南中列出了可能被视为反竞争协议的非详尽清单，虽然该指南并无实际的法律效力，但可作为参考用途。凡是促进信息分享、广告限制或阻碍市场新进入者加入的市场协调的横向协议都会被调查并均可能被裁定为反竞争协议。

更值得注意的是，《竞争法》已将一些明显的垄断结盟定义为反竞争协议。以下的横向协议在该法中被定义为反竞争协议：

- 无论直接或间接地操控销售或购买价格或任何贸易条件；
- 分享市场或供给来源；
- 限制或控制生产、市场、技术发展或投资；
- 进行合谋投标。

这些立法定义也意味着竞委会无须针对以上种类的横向协议进行反竞争效应或当事方市场占有率的评估，因为其已直接被视为被禁止的反竞争协议。

三、纵向反竞争协议

相较于横向协议，纵向协议普遍上对健康的竞争环境伤害较小。纵向协议通常涉及的是一方为上流产业向处在下流产业的另一方进行供应。反竞争的纵向协议通常出现在当某一方占有大到足以影响市场的市场份额。尽管如此，一些特定的纵向协议也可能被竞委会裁定为反竞争协议。竞委会已声明将坚决对抗转售价格的操控（Resale Price Maintenance），并将其视为反竞争协议。转售价格的操控包括供应商设定或限制购买商零售的价格，这样可能导致零售商无法以价格竞争，因而破坏竞争环境。即使是无关价格的纵向协议也有可能被裁定为反竞争协议，例如搭售和捆绑销售。卖家销售一种产品的条件是要求买家向该卖家购买另一种产品，这便是"搭售"。捆绑销售指提供一套由两件或两件以上的产品组成的组合。搭售和捆绑销售都是常见的营销手法，不一定会造成反竞争后果。但如果有相当市场势力的业务实体，通过搭售手法，减少竞争对手在被搭售品市场可招揽的潜在买家数目，并为新来者建立进入市场的壁垒，使现有竞争者被边缘化，这就会是反竞争行为并被竞委会禁止。

四、滥用市场支配地位

《竞争法》也禁止企业，无论通过独立或联盟，进行任何等同于滥用市场支配地位的行为。市场支配地位是指当一个或多个企业拥有强大的市场占有率足以影响价格或输出或交易条件，同时不面对来自任何竞争者或潜在竞争者的有效限制。大体上，竞委会将视某市场占有率高达60%的企业为拥有市场支配地位企业。但庞大的市场占有率也不尽然可以断定其存在一个支配地位。因此，是否存在市场支配地位必须视情况而定。竞委会也指出，为了断定市场支配地位是否存在，必须考虑以下的约束条件：

1. 可通过现有竞争者的市场占有率衡量其对该企业的影响力。
2. 现有的阻碍是否足以阻止潜在竞争者的参与。
3. 来自其他方面的束缚，包括有势力的买家或卖家，或政府所实施的条规等。

重要的是，《竞争法》并不惩罚或对付拥有支配地位的企业单纯因为该支配地位存在，而是针对该地位的滥用行为进行禁止与惩罚。滥用市场支配地位包括：

1. 直接或间接地操控销售或购买价格或任何贸易条件。
2. 限制或控制生产、市场、技术发展或投资，以致损害消费者的利益。
3. 拒绝向特定或特定类别的企业或集团供货。
4. 在相同的交易里，对不同的交易方施行不同的标准，以导致：
   （1）限制潜在竞争者的加入或扩张或现有竞争者的投资；
   （2）垄断市场，或反之严重损害有竞争力的竞争者；
   （3）损害该支配企业所身处的市场竞争环境，无论是上游还是下游市场。
5. 在订立合同时，要求他方接受无商业关联的附加条件。

6. 向其他竞争者作出掠夺性行为。

7. 在没有合理的商业理由的情况下，买空竞争者中间产品或原料。

即使该企业符合以上滥用市场支配地位的定义，该企业仍然可以通过提出合理的商业理由来合法化有关滥用支配地位的行为。

五、宽待机制

《竞争法》第 41 条提供了宽待机制，旨在鼓励可能已经从事了合谋行为的公司向竞委会报告，以换取宽待。当任何企业承认了它涉及于被禁止的反竞争协议，并通过提供信息或其他方面的帮助得以显著地协助竞委会找出其他企业的违规行为，该企业则可以享有高达 100% 对于相关刑罚的宽赦。

六、违背竞争法的后果

被判定违背竞争法的企业可被要求立刻停止相关违例行为并且采取必要行动以将该违例行为结束运作。除此之外，竞委会可对该企业施行罚款，罚款数额不得超过其在违例期间全球营业额的 10%。该企业也可被要求更换商业模式。有关的董事或董事长也可能共同或各自有责任赔偿以上罚款，或因妨碍调查而被判入狱。

任何因为该项违例行为而承受损失的人均可向该企业索赔，并且展开民事诉讼。在民事诉讼中，法庭所批准的赔偿数额可能会远远超出竞委会施行的罚款数额。有关的民事诉讼也并不须依赖于竞委会的调查或判定。

马来西亚地产及资本市场投资

一、地产投资

马来西亚一直是东南亚国家中最吸引中国投资者的地产投资热点之一。马来西亚政府为了鼓励外国投资者在马来西亚本国投资地产,特别针对外国人在本地的地产投资发布了相关的指南与规则。因此,本篇将会专注于讨论马来西亚政府所发布的指南内容和其他和地产有关的外资限制。

马来西亚首相署经济策划局(EPU)是房地产收购的政府主管机关,而于2014年3月1日生效的《产业收购规则》(Guideline on the Acquisition of Properties)是马来西亚对外资最主要的产业投资规定。属于以下两种情形的房地产收购必须取得首相署经济策划局的批准:

1. 直接收购价值达2000万令吉以上的非住宅房地产,且该收购行为稀释了马来西亚原土著和/或政府机构在该房地产中的所有权比例;

2. 通过股份并购的方式间接收购持有房地产的公司中由非原土著持有的股权,该收购导致马来西亚原土著和/或政府机构所持有的公司发生控制权变更,且该房地产价值达2千万令吉以上并占公司总资产的50%以上。

若想成功通过首相署经济策划局对以上的地产收购的审批,拟议的房地产收购还需满足以下两个条件:

1. 股权条件:至少30%的公司股权由马来西亚原土著持有。

2. 实缴资本条件:马来西亚本国投资者拥有的马来西亚境内公司的实缴资本不得低于10万令吉;外国投资者拥有的马来西亚境内公司的实缴资本不得低于25万令吉。

对于房地产直接收购,买方必须在房地产所有权转移之前满足经济策划局规定的股权与实缴资本条件；对于房地产间接收购，投资方只须在书面批准核发后一年内满足该条件即可。

（一）马来西亚原土著/BUMIPUTERA

《产业收购规则》中提及的马来西亚原土著指的是在马来西亚《国家宪法》的第162（2）条、第161A（6）（a）及（b）条里定义的族群。他们分别是马来西亚的马来人和沙巴与沙捞越的原住民族。其中，马来西亚人占大部分，并且马来西亚原土著占了马来西亚总人口的68.6%。

（二）在马来西亚的"外国人"或"外资"

根据以上所提到的《产业收购规则》，外资或外商（foreign interest）是指包含以下任何一项或多项个体的资方或投资联盟：

1. 非马来西亚公民者。
2. 马来西亚永久居民。
3. 外国公司或单位。
4. 本地公司或机构，这是当以上第1和/或第2和/或第3项里的人持有该本地公司或机构超过50%的投票权。

（三）外资限制

除上述两种情形的房地产收购之外，以下的外国投资房地产均无须经过首相署经济策划局的审批，但相关产业收购需要报相关部门审核：

1. 收购价值1000000令吉及以上的商业房屋。
2. 收购价值1000000令吉及以上的农业用地，或面积超过5英亩的农业用地，以进行现代或高科技性的商业性农业活动、农业旅游项目、出口型农产品的工业活动。
3. 收购价值1000000令吉及以上的工业用地。
4. 直属亲人之间的房产转让。

以上第1、第2、第3项收购中的产业必须注册于本地注册公司名下。

除此之外，该局对外资收购地产设置了以下限制，外国投资者不得投资的领域包括：

1. 每单位价值低于 1000000 令吉的房地产。

2. 低成本以及中低成本类别项下的住宅，具体类别由马来西亚政府部门决定。

3. 建筑于"土著保留地"之上的房地产。

4. 房地产开发项目中分配给马来西亚原土著的房地产，具体由马来西亚政府部门决定。

值得注意的是，尽管只有上述特定房地产收购需要取得首相署经济策划局的批准，然而所有外资收购房地产项目均要受到《1965年国家土地法规》第433B条的规制，该法案规定外资收购房地产须事先向州政府提出书面申请并获得批准，各州政府有权为授予批准设置其他条件并征收适当费用。

（四）首相署经济策划局所豁免的交易

以下的交易获得首相署经济策划局的豁免，并不受《产业收购规则》的约束，其中几项交易种类是政府鼓励外资投入本地房地产市场的措施：

1. 在"第二家园计划"下购买的住宅单位。

2. 参与"多媒体超级经济走廊"（MSC）的公司在该计划涵盖的范围内所收购的地产，条件是其产业仅用于其业务活动。

3. 参与其他区域性发展走廊的公司在当地政府批准的土地范围内所收购的地产。

4. 由马来西亚国际伊斯兰中心（MIFC）秘书处所批准的项目。

5. 收购住宅产业以作为公司员工宿舍用途，但由外资所拥有的本地公司只可收购 100000 令吉及以上的住宅地产（仍需通过相关州政府的批准）。

6. 通过遗嘱或庭令将任何地产所有权转移给外资或外商。

7. 制造业公司所收购的工业地。

8. 政府或国营企业的土地收购。

9. 在国营企业私营化过程中的土地收购。

10. 赋予以下地位的公司所进行的地产收购：

（1）跨国采购中心（International Procurement Centers）；

（2）营运总部（Operational Headquarters）；

（3）区域办事处（Representative Offices / Regional Offices）；

（4）纳闽公司（Labuan entities）；

（5）生化核心（Bio-Nexus）；

（6）其他由财政部、国际贸易与工业部或其他政府部门所颁发的特别地位；

11. 由以下购买方所收购的住宅企业以作为居住用途：

（1）为政府服务的外派人员；

（2）为非政府机构服务的外派人员，且月薪不低于 8000 令吉；

（3）拥有登记的永久居民。

但仍须通过相关州政府的批准。

必须注意的是，他们只允许购买价值不低于 250000 令吉的住宅（除了吉隆坡、柔佛和槟城）且仍需通过相关州政府的门槛。

（五）各州政府对外资收购房地产的限制与开放

如上述提到的，所有外资收购房地产项目均要受到《1965 年国家土地法规》第 433B 条的规制，该法案规定外资收购地产须事先向州政府提出书面申请并获得批准。无论如何，有关土地事项的管辖权由州政府拥有，因此各州有权根据区域和地产种类斟酌决定是否更改或应用首相署经济策划局所发布的《产业收购规则》。

（六）柔佛州

柔佛州政府发布了于 2014 年 5 月 1 日生效的对于外国投资者在柔佛州收购房地产的规则指南。在柔州政府的政策下，外国投资者可通过二级市场或转售的方式，或通过收购由另一个外资拥有的房地产，收购不同类别的房地产包括住宅、商业和农业。

除此之外，不同于《产业收购规则》中对于外国投资者购买土著保留地房地产的限制，外国投资者在获得柔州秘书办公处（房屋部）的批准后是可以在柔州收购土著保留地的房地产的。柔州秘书办公处会依据存在的外资配额来平衡作出以上批准。但值得注意的是，柔州政府限制了外国投资者可在柔州收购的产业种类。外国投资者不得在柔州购买的产业种类包括单层或一层半的排屋、单层或双层店屋、摊位或工作室、法庭拍卖产业等。

（七）雪兰莪州

雪兰莪州政府也发布了于 2014 年 9 月 1 日生效的对于外国投资者在雪兰莪州收购房地产的规则指南。

根据该指南，雪兰莪州的房地产被分为三个区域，如表 1 所示：

表 1　雪兰莪州房地产划分

第一区	第二区	第三区
八打灵	瓜拉雪兰莪	乌鲁雪兰莪
鹅唛	瓜拉冷岳	沙白安南
乌鲁冷岳		
雪邦		
巴生		

按照雪州政府对以上三个区域的分配，外国投资者或永久居民只可被允许在第一区和第二区收购不低于两百万令吉的住宅地产，而至于第三区的住宅地产则只须超过 100 万令吉。除此之外，无论是在雪州的任何一区，外国投资者只可被允许收购价值超过三百万令吉的商业或工业房地产。同时值得注意的是，雪州政府同样限制了外国投资者在雪州内对有地产业、农业地和法庭拍卖产业的收购。

（八）马六甲

马六甲政府同样发布了相关指南。根据这项马六甲州政府发布的指南，外国投资者只可被允许收购不超过三项商业房地产，并且州政府会针对每一项收购的申请按照具体个案做个别考量。

同时，外国投资者只可在马六甲收购每单位价格不低于 100 万令吉并拥有个别地契的有地房地产，和每单位价格不低于五十万令吉并属于分层地契的房产。

（九）森美兰州、玻璃市、布特拉再也

森美兰州、玻璃市、布特拉再也州政府选择采用首相署经济策划局发布

的《产业收购规则》。

(十) 吉打州

在吉打州,外国投资者只被允许收购特定种类的住宅房地产,例如,价格在100万令吉以上的双层屋和豪宅。外国投资者不被允许收购单层住宅排屋、廉价公寓和建立在马来保护地或土著保护地上的产业。尽管如此,若外国投资者欲购买的产业是在吉打州的工业地并且其价格高于100万令吉,该外国投资者则无须向吉打州政府提出申请。

至于商业房地产,外国投资者则被允许收购价格超过100万令吉的三层店屋。外资对双层或单层店屋、摊位或工坊的收购则不被允许。

(十一) 槟城

自2012年7月1日起,外国投资者可在槟岛和威省收购分层房产的最低价格已经是100万令吉。如果外国投资者欲在槟岛和威省购买有地房产的话,最低价格是两百万令吉。尽管如此,居住在槟城的永久居民被允许在槟城收购最低价格为25万令吉的房地产。

自2017年4月1日起,在槟岛收购的分层和有地房产的最低价格是300万令吉。

自2017年4月28日起,外国投资者可在威省收购的分层房产的最低价格是50万令吉。

同时,外国投资者不可在槟城收购以下种类的房地产:

1. 廉价或中低价的排屋。
2. 廉价或中低价的组屋。
3. 在任何发展项目中保留给土著的房产单位。
4. 建在马来保留地上的产业。

外国投资者也不被允许在槟城收购农业地。尽管如此,如果外资欲收购的是不小于5英亩的农业地,槟州政府则会考虑批准申请,只要该收购用途符合以下任何或多项条件:

1. 涉及现代和高科技的商业农业活动。
2. 在该地种植与生产作物以供出口。

3. 涉及通过现代科技发展农业活动，并且获得棕油注册及执照局（PORLA）、马来西亚棕油研究院（PORIM）或马来西亚农业研究及发展局（MARDI）的批准。

4. 该农业地将被发展成农业旅游景点、高尔夫球场、度假屋或其他相关的旅游用途。

5. 该农业地不坐落在规划好的农业区内。

6. 州政府认为有关的发展项目应该在那里执行。

（十二）吉兰丹

在吉兰丹，外国投资者可收购价格在 50 万令吉或以上的住宅房产、商业地、工业地或农业地。

总结以上，各州政府所设的外资购置房产的最低门槛如表 2 所示：

表 2 各州政府所设外资购置房产最低门槛

州属	外资购买下限（万令吉）
吉隆坡	100
雪兰儿（仅限分层地契）： 1. 八打灵、鹅唛、乌鲁冷岳、雪邦、巴生 2. 瓜拉雪兰莪、瓜拉冷岳 3. 乌鲁雪兰莪、沙白安南	200 200 100
槟城： 1. 槟岛（分层）与威省 2. 槟岛（有地）	100 200
霹雳	100
玻璃市	100
马六甲： 1. 分层地契 2. 个别地契	50 100
吉打	100
登嘉楼	100
纳闽	100
布城	100
吉兰丹	50

续表

州属	外资购买下限（万令吉）
森美兰	100
彭亨	100
柔佛	100
沙巴	100
砂拉越	50

（十三）地产投资的税收政策

1. 资本利得税（房地产盈利税）。值得外国投资者关注的是，为了避免房地产投机，抑制房地产价格过快增长，马来西亚政府设置了房地产盈利税（Real Property Gains Tax, RPGT），2014年政府又修订了征税标准，外商投资者持有房地产5年以内出售的，征收增值部分的30%，5年以上出售的征收增值部分的5%。

2. 印花税。投资或购买不动产时应缴纳的印花税以房地产对价的现金价值与该房地产的公平市值中更高者为计税依据进行征收，税率随着房地产价值的递增而逐渐降低，从1%~0.4%不等。

二、资本市场

马来西亚的资本市场主要受到以下法案所约束：《2007年资本市场及服务法》（Capital Market and Services Act 2007）、《1991年证券业（中央存管）法》（Securities Industry（Central Depositories）Act 1991）和《1993年马来西亚证券监督委员会法》（Securities Commission Malaysia Act 1993）。马来西亚资本市场的两个主要营运和监管机构为马来西亚交易所和马来西亚证券监督委员会。

马来西亚交易所

马来西亚交易所（BURSA）（代号 MYX：188）是马来西亚的证券或股票交易所。

一、马来西亚交易所发展历程

马来西亚证券交易所成立于 1964 年，随着马来西亚及新加坡在 1965 年分裂，马来西亚证券交易所成为马来西亚和新加坡的证券交易所。

1973 年，由于马来西亚和新加坡的货币之间互换停止，马来西亚成立了吉隆坡证券交易所有限公司，新加坡也成立了自己的新加坡交易所。在 1976 年 12 月 14 日，吉隆坡证券交易所有限公司转型为吉隆坡证券交易担保有限公司。2004 年 4 月 14 日，吉隆坡证券交易所有限公司正式改名为马来西亚股票交易所（Bursa Malaysia Berhad）。马来西亚股票交易所于 2005 年 3 月 18 日，在马来西亚股票主板上市。2009 年 9 月，马来西亚股票交易所与芝加哥商品交易所建立世界战略合作伙伴关系。

二、马来西亚交易所营运概述

如今，它是东盟最大的交易所之一，在 60 个经济区拥有超过 900 家公司。其中，大市值公司在主板上市，而其他不同规模的新兴公司则在创业板上市。

马来西亚交易所是一所全面的交易所，提供完整的产品系列，其中包括证券、衍生品、期货与期权、海外和伊斯兰资产，以及交易所相关的服务如交易、清算、结算和存管。此外，交易所也提供其他的投资选择，其中包括集体投资计划如交易所交易基金（ETFs）、房地产投资信托基金（REITs）以及商业信托交易所交易和伊斯兰债券（ETBS）。

马来西亚交易所采用了 FTSE 马来西亚交易所的 KLCI 值作为其主要指标，并在 2014 年推出了马来西亚交易所 FTSE 四好指数。在 2015 年 5 月，马来西亚交易所为了更进一步向发行人和市场推广可持续性发展策略，加入了联合国可持续性证券交易（SSE）行动。马来西亚因 35 年前所推出的毛棕榈油期货合约（FCPO）得到认可，并且是毛棕榈油行业的全球价格基准。

三、马来西亚交易所进行的监管

马来西亚交易所是马来西亚资本市场的前线监管机构，负责为通过其设施进行证券和衍生品交易维持公平有序的交易市场环境。作为一家综合性交易所，马来西亚交易所也有责任确保托存在马来西亚交易所的证券被井然有序地进行交易，同时为通过其设施进行清算和结算交易提供有秩序和明确高效的清算和结算安排。为了促进这些交易良好进行，马来西亚交易所已制定了全面有效的监管和监督框架，以监管交易市场及其参与者，包括上市发行者及其董事和顾问、参与机构、交易参与者、清算参与者、授权存管机构及授权直接会员。

就这方面而言，马来西亚交易所已发布多套规则，明文规定被监管的实体，无论是在获准进入，和/或在持续的基础上，均须符合的要求。它负责进行合规管理和监督，并对违规者采取严格、及时、客观的执法行动。马来西亚交易所对上市发行者及经纪进行积极监督。此外，它也负责监督市场的交易活动。

除了履行其法定职责，马来西亚交易所的首要目标是保护投资者的利益、透明化高标准的操守和治理及市场诚信，俾使所有相关人士都有信心投入马来西亚的交易市场。

马来西亚交易所的监管职能是由监管职能小组负责执行和掌管的。该小组由首席监管长领导。为确保监管职能的独立性，首席监管长须定期提呈监管报告于董事局，而包含监管预算案的监管计划则须获得董事局的批准。

马来西亚证券监督委员会

马来西亚证券监督委员会(以下简称证监会)负责管制和发展马来西亚的资本市场。它依据《1993年证券监督委员会法》于1993年3月1日成立,是一个独立的法定机构,拥有调查与执行权力,并向财政部长负责。它的账目每年须提交国会。证监会的多项任务包括:

1. 监督交易所、清算所和中央存票库。
2. 公司证券发股书(非上市的休闲俱乐部除外)的登记机关。
3. 公司债券的核准机关。
4. 管制一切有关证券和期货合约的事项。
5. 管制公司的收购与合并。
6. 管制一切有关单位信托计划的事项。
7. 发出执照和监督所有领取执照的人士。
8. 自我管制。
9. 确保市场机构和领有执照的人士依法行事。

证监会的最终责任即保护投资者,这是巩固这些任务的基础。除了执行管制任务外,证监会也须依照法律的规定鼓励和促进马来西亚证券和期货市场的发展。

上 市

上市程序（从你聘请一位顾问／赞助人到上市那一天）一般将会费时 7 个月，视上市机制的架构和复杂性而定。一旦获批准，你将会被赋予 6 个月来完成你的首次公开招股活动（IPO）。首次公开招股的申请除了在马来西亚交易所的监管之下，也必须得到马来西亚证监会（SC）的批准。

一、本地和外国公司的主要上市

表 1 是在马来西亚交易所的主板和创业板上市的几项重要标准：

表 1 主板和企业板上市的重要标准

局面	主板	ACE 市场／创业板
上市模式	1. 盈利测试 • 三到五年的全财政年度（FY）的连续税后利润（PAT），累计至少 2000 万令吉 • 最新的全财政年度 PAT 至少为 600 万令吉 2. 市值测试 • 上市时至少有 5 亿令吉总市值 • 在提交之前，注册成立并生产营业收入至少一个完整的财政年度 3. 基建工程公司试验 • 必须拥有在马来西亚国内或国外建立和经营基础设施项目的资格，项目费用不低于 5 亿令吉 • 对基础设施项目的特许权或许可证已由政府或国家机构颁发，无论在马来西亚国内或国外，剩余的特许权或许可证有效期至少有 15 年	没有最低营运记录或利润要求
公众持股分布	至少本公司股本的 25% 最少 1000 公众持股，每个不少于 100 股	至少本公司股本的 25% 最少 200 公众持股，每个不少于 100 股

马来西亚投融法律研究篇

续表

局面	主板	ACE 市场/创业板
土著股权要求	以马来西亚为运作基地的公司必须在上市时分配公众持股分布要求的 50% 给土著投资者	首次上市没有要求； 在实现主要市场盈利记录后 1 年内，或 在 ACE 市场上市后 5 年，以较早者为准，需分配发行及缴足股本的 12.5% 给国际贸易工业部认可的土著投资者

二、外国公司在马来西亚上市须特别注意：

表 2 外国公司在马来西亚上市标准

局面	主板 &ACE 市场
注册成立地点	注册的国家实行等同于马来西亚司法管辖区的法律法规标准，特别是关于 1. 企业治理； 2. 股东和少数股东权益的保护； 3. 收购及合并监管；该公司对自身结构或章程文件作出改变以符合马来西亚标准
外地司法管辖区监管机构的批准	事先在其设立公司或发行其招股说明书之前执行其核心业务的司法管辖区获得所有相关监管部门的批准
注册	根据 2016 年《公司法》，必须已在公司注册处注册
会计标准	根据 1997 年财务报告法案的标准，其中包括国际会计准则
审计标准	适用于马来西亚或国际审计标准的标准
文件翻译	所有提交给当局（包括财务报表）的文件，若使用了英语以外的语言，则必须附上一份经过认证的英文翻译
资产估值	适用于马来西亚或国际评估准则的标准
货币面额	申请人须向马来西亚交易所咨询，并取得外汇控制人的外币证券报价批准
本地董事	以马来西亚业务为主的公司，其多数董事的主要或唯一居住地应在马来西亚；以国外业务为主的公司至少一名董事的主要或唯一居住地应在马来西亚

伊斯兰资金市场

Bursa Suq Al-Sila' 是一个特别为了促进伊斯兰金融的伊斯兰流动资金管理和融资专用的商品交易平台。Bursa Suq Al-Sila' 展现了国家银行（BNM）、马来西亚证券监督委员会（SC）、马来西亚交易所（BURSA），以及业内人士之间的合作，是支持马来西亚国际伊斯兰金融中心（MFC）的倡议。它也得到马来西亚种植及原产业部、马来西亚棕油局（MPOB）、马来西亚棕油协会（MPOA）以及马来西亚棕油委员会（MPOC）的紧密合作和强力支持。

这项创新的努力集合了马来西亚伊斯兰金融和原棕油工业的两大力量。Bursa Suq Al-Sila' 对马来西亚来说是另一项全世界第一的创新产品，进一步巩固了它在国际伊斯兰金融中心的地位。实际上，Bursa Suq Al-Sila' 通过商品市场撮合了全球伊斯兰金融和资金市场。

全部 Bursa Suq Al-Sila' 的业务和活动由马来西亚交易所伊斯兰服务公司（BMIS）管理，它是一家马来西亚交易所的全资子公司，并且受管制、透明并完全符合伊斯兰教义。

符合伊斯兰教义的上市股票

马来西亚证券监督委员会下属的伊斯兰教义咨询委员会（SAC）负责批准和更新被归类为符合伊斯兰教义并在马来西亚交易所上市的股票。这个列表每年更新两次。该列表为伊斯兰单位信托基金、伊斯兰保险基金、伊斯兰股票经纪公司、服务和寻找符合伊斯兰教义投资的投资家提供投资参考。

马来西亚纳闽国际金融交易所

纳闽是马来西亚东部一个联邦直辖区,于沙巴西南部,是南海中的岛屿。纳闽在马来语是"良港"的意思。纳闽也是一个自由贸易港及旅游胜地。纳闽自古以来是沙巴一部分,但自1984年成为联邦直辖区后,纳闽属于马来西亚独自的行政区,从此受联邦政府直接管辖,不再由沙巴州政府管制。纳闽于1990年成为自由港和国际离岸金融中心,被评为自足级(Sufficiency level cities)城市。作为纳闽的国际金融地位发展的一部分,纳闽国际金融交易所(LFX)于2000年11月23日成立。

纳闽国际金融交易所是一家股份有限公司,在1990年纳闽公司法令下成立,拥有授权和缴足资本分别为1千万美元和550万美元。

LFX是一家以纳闽为基地的国际金融交易所,马来西亚的商业金融中心。LFX的成立是要为现在处在纳闽的各项商业提供金融服务。

LFX是股份有限公司,由马来西亚证券交易所全资拥有。LFX是一家拥有上市设施的全方位交易所,它最初专注的是上市金融工具。

一、纳闽国际交易所(LFX)的优势

LFX是一站式的金融交易所,所提供的服务涵盖从提交申请到批准,颁发执照和列明产品的上市。

宽松的条例迎合上市多种类和多种货币的金融工具。对于LFX的运作,交易所委员会赋予其自由裁量权。纳闽身为免税港意味着将不会征收撤离税和印花税。纳闽交易所同时成为其他亚太区本地交易所的实际替代,为任何国内没有金融或证券交易所的公司提供筹集资金的渠道来资助营运。

在 LFX 上市有助于加强投资的资金流动,不然,就成为不流动投资。

二、LFX 运作

纳闽金融服务机构(LFSA)作为一个一站式监管者,它的功能涵盖内陆监管人员的主要责任。同样为迎合符合伊斯兰交易的产品上市(伊斯兰金融工具),要看是否得到有关当局的认证。在 LFX 内进行的交易不会受到任何选择性资金管制机制的管制。在 LFX 上市的金融工具没有外国人拥有权或资本的限制。市场参与者之间的业务往来不受 LFX 的监管。不符合资格参与 LFX 的有潜能上市赞助人可以在他们之间互相结盟以便符合资格。

马来西亚商务纠纷调解

在马来西亚,商务纠纷调解的方式以及平台有以下几种:诉讼;仲裁;调解(证券业纠纷调解中心或马来西亚调解中心)。

一、诉讼

在马来西亚,企业纠纷、股东及合资企业纠纷、企业破产、民事侵权等,都可以通过法律诉讼解决。

所有民事诉讼都必须符合《马来西亚法庭规则2012》(Rules of Court 2012)的程序。起诉人可以用两种方式开始诉讼,也就是诉讼令状或原诉传票。在案情复杂的情况下,法官需要证人出庭供证,因此起诉人需用令状。相反的,在不需要证人出庭供证的情况下,法官可以凭靠宣誓陈述书裁决,起诉人需用原诉传票。高等法庭和地方法庭的审讯案件需在9个月内解决,而推事庭的审讯需在6个月内解决。双方在得到裁决后,若不满意,均可上诉至更高的法庭。

马来西亚的法院结构如图所示:

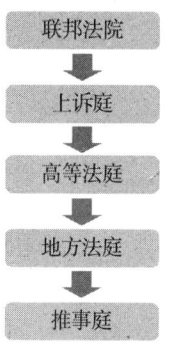

图 马来西亚的法院结构

二、仲裁

若商业合同中有仲裁条款,合同当事人需要将有关该合同的纠纷带上仲裁庭,由双方同意的仲裁员解决纠纷。在马来西亚,吉隆坡区域仲裁中心(KLRCA)是备受认同的仲裁机构。

仲裁与诉讼的主要差别是仲裁审理过程的保密性以及仲裁员的专业性。合约双方可选择拥有相关专业知识、学历、经验的仲裁员审理案件。

若任何一方对仲裁的结果不满,需在获得仲裁书后的90天内,向高等法庭申请撤销该裁决。

三、调解

调解需要双方同意。与仲裁员和法官的角色不一样,调解员并没有给予裁决的权利,他只能协助双方谈判。

在一般情况下,起诉人会先采取法律行动,展开起诉程序。在其中一方的要求之下,或者是在法官主动提出建议下,双方才会到调解中心进行调解。在特殊情况下,法官会亲自进行调解。若调解失败,双方将会继续审讯程序。

此外,证券业纠纷调解中心(SIDREC)提供一个解决投资纠纷的渠道。但是,SIDREC只能解决投资者与SIDREC会员之间的财务纠纷,并且索赔额不能超过250000令吉。

投融资争议解决篇

亚太国际仲裁机构助力
中国企业"走出去"

马 屹

今天,借这个场合和大家分享四个方面的问题。第一,中国企业仲裁需求的提升。这个是放在我们当前的大背景下来看的。第二,亚太地区仲裁的现状。第三,中国国际仲裁发展的基本情况。第四,中国企业参与国际仲裁的建议。

一、中国企业仲裁需要提升

本次研讨会的主体是中国企业赴大洋洲投融资法律研究,2017年正值中国与澳大利亚和新西兰建交45周年。亚太地区区域合作的典型代表的中澳关系这些年得到极大地发展,中国连续8年成为澳大利亚最大的贸易伙伴,连续3年成为澳大利亚最大的外资来源,各类投资累计超过900亿澳大利亚元。前不久,澳大利亚提出了500亿澳大利亚元的基础设施的投资计划,涉及铁路、公路、机场等项目。中国企业在装载工程等方面都有优势,双方的深入合作有辽阔的前景。

另外,还有一个宏观的背景,中新、中澳自贸区协定的升级。2008年,签订了中澳、中新的自贸区协定。2015年,中澳自贸协定实施。目前,中国已经与新西兰启动了自贸升级的谈判。中澳自贸区升级的谈判也有望启动。从与这两个主要国家的合作来看,中国与大洋洲的全面合作有待全面升级。在刚才周主席讲到的整个亚太地区乃至"一带一路"的背景下,亚太地区经济一体化的趋势非常明显。2016年，亚洲发展中国家整体的FDI流入是5410亿美元，增长了16%，是全球最高的地区。

2014—2016年，中国启动了"一带一路"倡议并且不断地把"一带一路"推向深入。2014—2016年，中国同"一带一路"沿线国家的贸易总额超过30000亿美元。在投资扩大的同时，我们认为，法律环境和法律的保障尤为重要。2017年5月14日，在"一带一路"国际合作高峰论坛上，习总书记专门讲到，要把"一带一路"建设为繁荣之路，这就离不开稳定的商业环境和投资环境，更离不开法律的保障。争端解决机制就是法律保障中的最后一环。在争端解决机制当中，由于各国的语言、文化、宗教和法律背景不同，只有一种方式，比较适合把各种争端解决机制统合起来，那就是国际商事仲裁。我们都知道，仲裁与诉讼相比，有自身明显的特点。比如说，在跨国的投融资当中，仲裁能够融合不同国家和地区的不同语言、商业习惯、文化背景和司法制度的差别。仲裁还能够充分地体现和尊重双方当事人的缔约利益。相对于诉讼而言，仲裁能够较快的解决纠纷。还有就是仲裁的灵活性，我们在签署协议的过程当中，通过双方的协商，可以约定仲裁员、仲裁地、仲裁的程序规则、实体法等。最后，仲裁具有跨国可执行性的特点，这使得仲裁成为跨国投融资和跨国贸易中重要的争端解决机制。

在2016年毛里求斯举办的国际仲裁理事会上，时任联合国秘书长潘基文专门到会作了主旨发言。潘基文认为，国际仲裁已经成为解决国际争议、消除国际投资和经济贸易障碍和维护国际法制秩序的重要途径，是社会经济发展的重要争端解决机制。在"一带一路"倡议和国际经济一体化的背景下，国际商事仲裁突显出了制度的优越性。

2017年9月12日，中国政府签署了《选择法院协议公约》（以下简称《公约》）。该《公约》于2015年10月1日生效，目前已有欧盟、墨西哥、新加坡、美国、乌克兰等缔约国。该《公约》适用于国际案件中当事人就民事或商事事项签订的排他性选择法院协议，被选择法院所作判决应当根据《公约》得到承认和执行。目前看来，无论是仲裁还是司法，都致力于维护国际法律关系的稳定性和可预见性。

二、亚太地区仲裁的整体情况

近年来，亚太地区是国际仲裁实践的一个重点地区，亚太地区仲裁机构受案的数量和争议金额都大幅提高。比如，在中国2015年至2016年案件数量增长了52%。这当然有大的背景，一是中国企业"走出去"，跨国的交易大幅度增加；二是国务院和党中央倡导的多元化纠纷解决机制。在大背景下，中国商事仲裁的数量在大幅度增长。放眼亚太，大家都知道有这样几个仲裁机构，如香港国际仲裁中心、新加坡国际仲裁中心和更名为亚洲国际仲裁中心的原吉隆坡区域仲裁中心。香港国际仲裁中心2016年受理了262件案件，争议金额在25亿美元；新加坡国际仲裁中心受理了343件，争议金额在101亿美元；亚洲国际仲裁中心受理了62件，争议金额在2.9亿美元。亚洲国际仲裁中心更名是为了更好地发挥它在区域仲裁中的作用，但规模还是比较小。同时我们也看到，不论是香港国际仲裁中心还是新加坡国际仲裁中心，在受理的案件当中，中国当事人都超过了20%。所以，中国企业"走出去"所带来的巨大市场，使这些仲裁机构把目光都转向了中国大陆。去年下半年以来，包括香港国际仲裁中心、新加坡国际仲裁中心和韩国KCAB大韩商事仲裁院都纷纷在我们的自贸区设立了代表处。

从宏观上看，亚太仲裁非常明显的一个特征就是仲裁理念和制度规则的趋同化。一旦有某一家机构出台了针对仲裁使用者和当事人的任何规则，那么这一规则就很快会被其他机构所吸收和采纳。比如，这几年来，比较流行的紧急仲裁庭、第三方融资仲裁、先期驳回快速程序及仲裁庭秘书等。但是，目前我们也注意到亚太仲裁机构包括国际上注明的仲裁机构也出现了另外一种趋势，就是扩张器规则强制适用的倾向。2017年8月11日，上海一中院审结了本市首例不予承认和执行外国仲裁裁决纠纷案。该案涉及新加坡国际仲裁中心适用其快速程序强制安排了独任仲裁庭，违反了当事人在仲裁条款中关于三人仲裁庭的约定，上海一中院根据《纽约公约》等相关规定，对该外国仲裁裁决作出不予承认和执行的裁定。这里面包括新仲和ICC，这两年都有出于降低成本和提高效益的考虑，强制适用简易程序的趋势。但是，实际从这个案件来看，中国对国际仲裁裁决作了一个有理有据的裁定。因为我们知道，仲裁的机制是双方当事人的意思表示，这一点在国内几家处理涉外案件较多的机构里都是作为一种理念所坚持。哪怕在自贸区10万元以下的案件，只要当事人约定三人庭，我们就要设立三人庭，一定要尊重当事人的意思自治。

亚太地区，除了香港、新加坡、北京、上海、南亚的孟买、中东的迪拜之外，在大洋洲也有一些仲裁机构。澳大利亚也是十分活跃，澳大利亚国际商事仲裁中心（ACICA）也是本地区知名的仲裁机构。2018年4月，第24届国际商事仲裁理事会商事仲裁大会将在澳大利亚悉尼和新西兰皇后镇举行。我们可以看出，大洋洲的两个国家，也在关注着在"一带一路"和全球经济一体化背景下，亚太地区争端解决机制以及这个机制所带来的巨大市场。

三、中国国际仲裁的最新发展

中国的仲裁制度发轫于20世纪50年代，实际的发展是在改革开放之后。尤其是在1995年中国《仲裁法》实施后，中国商事仲裁有一个比较快速的发展。从目前来看，在法律制度层面，我们的《仲裁法》《民事诉讼法》及最高院有关的司法解释、指导意见和司法复函等形成了完整的仲裁法律体系。在仲裁与司法的关系上，近年来法院把原来对仲裁的监督转化为一种支持的态度。有一个比较权威的统计，2016年被人民法院撤销的仲裁裁决的比例是千分之一，不予执行的案件的比例仅占案件总数的万分之三。尤其是在涉外案件领域，最高院以及各级人民法院能够秉持《纽约公约》，能够坚持一个原则，仅就程序问题进行审查，而不对实体问题做任何的评判。

在仲裁机构发展方面，除了受案数量大幅度提高之外，中国的主要仲裁机构近五年来逐渐跟上了世界主要仲裁机构规则的步伐。近五年来，纷纷修改了自己的规则。很多的仲裁机构在业务实践方面做了很多的探索。刚才讲的创先，被逐渐吸收为自己规则的一部分。另外，少数几家领先的国内仲裁机构也具备了适用联合国贸委会仲裁规则的能力。所以，在自身案件不断增加，时间不断积累，专业能力和服务方面也逐渐得到了国际的认同。

2016年3月，在国际律协的国际仲裁日大会上，上海国际仲裁中心获得了两个奖项：一是2015年度最受关注仲裁机构大奖，二是2015年度国际创新的唯一的提名奖，这是国内的仲裁机构被外国的专业杂志授予的专业奖项，也是对国内仲裁机构创新的肯定。

四、中国企业参与国际仲裁的建议和展望

数据显示,中国企业的投资者已经是亚洲国家吸引海外投资最重要的来源。2016年,中国与亚洲25国进出口总额是19.5万亿美元。国家开发银行和进出口银行下一步还将提供2500亿元人民币和1300亿元人民币的专项贷款来支持"一带一路"的基础设施建设。但是从2000年以来,我们国家提出"走出去"战略之后,在中国海外投资大幅增长的同时,海外投资的风险也在增加。投资项目遭受损失的事例也时有发生。

在这样的大背景下,对中国企业海外投资提供全面的法律保障迫在眉睫。从目前的情况来看,这种保障最有效的途径是仲裁。从目前看,中国企业运用仲裁的效果总体来看还不太理想。有关的研究机构做过统计,中国企业海外投资尽管大都选择商事仲裁,但90%的案件选择了境外的仲裁机构。由于国内企业对境外仲裁机构适用的模式和法律认识不足,另外还涉及语言和文化的不同,导致我们很多的企业败诉的比例比较高。除了我们刚才讲的这些因素之外,很重要的一点是我们的企业对这方面的重视程度不够。比如说,合同当中争端条款的设置,其实我们在谈判中往往是放在最后的。在商务谈判谈得筋疲力尽的时候,草草定了仲裁条款。往往最后一道防线的主导权就让给了对方,遵从对方的建议而定。

在投资仲裁方面主要是ICSID华盛顿公约项下的国际投资争端的解决机构。在上次的会议上,很多的专家包括我,都认为国际法学理论界对ICSID的正当性和合法性提了一些不同的意见。但是,我们必须要看到,目前70%的国际投资的争议案件是在ICSID的框架下解决的。而且,近年来案件的增长数量也是非常快的。2016年新增的案件为62件,在案的达到了767件。进入2003年以后,案件增速明显加快。到目前为止,中国投资者提起的ICSID的仲裁案件为6起。中国投资主体以及企业对于运用国际仲裁规则的能力和处理国际争端的经验还显得不足,但是已经有了改变。

所以,我们呼吁企业"走出去"投融资,一定要重视商事仲裁和投资仲裁这两种仲裁方式。就国际商事仲裁而言,有以下六个方面:

第一,应当充分关注并重视中外商事仲裁条款的设置。总体而言,应该是建立一个完备的争议解决条款的审查机制。首先应考虑是机构仲裁还是临

时仲裁以及是否为启动仲裁设置了先决条件。

第二，仲裁的机构。如果选择机构仲裁，是选择国际的仲裁机构还是国内的仲裁机构，是需要和对方谈判的。选择国内的仲裁机构，对国内投资者有主场的优势，选择国外的仲裁机构需要有很多的情况需要适应。原来，外资走进来，他们处于强势缔约地位。所以，中国的企业都是到国外仲裁。最近发生一个案例，中方作为甲方的地位重视了争议解决条款之后，就把原来在前一个合同中约定的在国外仲裁的条款改了回来。这就需要双方在谈判中博弈。

第三，仲裁地。国际仲裁中，仲裁地是一个非常重要的概念。仲裁地设在哪个国家和地区，那么这个国家和地区的法律是非常重要的。

第四，仲裁规则。刚才讲到，各个仲裁机构的规则虽然有趋同的趋势，但是各个机构之间的规则还是有很多的差异。我们一定要注意有哪些需要特别注意的规定。

第五，仲裁的程序。是紧急程序、普通程序，还是一人庭、三人庭。仲裁员的国籍、仲裁员的专业知识背景、使用的工作语言等都是可以约定的。一般来讲，不论是选择国外的机构还是国内的机构，如果是跨国争议的话，一般都会约定首裁是第三方国籍。从我们的实践来看，即使双方不约定首裁为第三方国籍，在双方没有达成合意的情况下，大部分的机构都会指定第三方国籍的仲裁员担任首席仲裁员。

关于投资仲裁，一是要确保海外投资是符合境内投资核准制度的，以及要符合东道国的投资制度，这是一个前提。二是合理利用中国对外签订的双边投资协定，科学设计交易的结构，确保满足ICSID要求的主体的适格性以及寻求有利的法律适用。三是要争取在与东道国的合同以及东道国签发的许可等文件中，明确在该国境内设立且由我国公司控制的公司为公约的另一缔约国的公司，以扩大管辖权的范围。四是应当注意东道国的通知。ICSID接受或者不接受其管辖权的范围以及中外双边投资协定中争议范围的规定，要确保争议客体的适格。五是要研究熟悉ICSID的规则。2016年底，ICSID启动了第四次规则修订，并公布了16项已修订的事项，这里面涉及很多的内容。

第六，在整个"一带一路"倡议背景下，在中国企业中国资本不断"走出去"的背景下，中国企业应当进一步掌握和熟悉国际商事仲裁和国际投资仲裁的规则、制度和争端解决机制。根据投资项目的不同，做好相应的风险应对。在这个过程中，我们也呼吁大家要用好中国的律师，用好中国的仲裁机构。我们综观任何一个国家法律服务业的发展，实际上都是这样一层关系，律师和仲裁机构伴随着企业"走出去"，为企业保驾护航。同时，律师和企业在这个过程中发展壮大自身。

新时代背景下推进
我国自贸区法治建设若干建议

李志强　邱泽龙

我国经济发展进入新常态,外贸发展机遇和挑战并存,"引进来、走出去"正面临新的发展形势。加快实施自由贸易区战略正是我国适应经济全球化新趋势的客观要求,是全面深化改革、构建开放型经济新体制的必然选择。党的十九大提出我国中国特色社会主义建设进入新时代,新时代必然有新气象。而法治环境的完善是自贸区得以良好发展的基础,本文在介绍自贸区设立的意义,法治环境建设的重要性基础上,着力探讨今后自贸区法治环境建设的措施,以期能够为自贸区法治建设起到可复制的借鉴作用。

一、自贸区简述与上海自贸区的探索

2013年9月27日,国务院公布《中国(上海)自由贸易试验区总体方案》(国发〔2013〕38号,以下简称《总体方案》),在上海市外高桥保税区等4个海关特殊监管区,共计28.78平方公里的土地上,建设中国第一个自由贸易试验区。2015年4月,国务院决定在广东、天津、福建设立自贸试验区,并进一步深化上海自贸试验区。国际水准的法治化营商环境既是《总体方案》中对自贸试验区提出的总体任务之一,也是自贸试验区改革开放创新的重要载体与保障。几年来,通过全国人大常委会、国务院暂时调整有关法律、行政法规,经国务院批准的文件等的实施,国家各部委发布支持自贸试验区建设的政策,上海市地方立法等措施,自贸试验区制度框架初步形成,法治建设取得明显进展：制度创新上坚持以企业为主体的市场化方向；形成重大改革于法有据，立法引领改革的新路径；构建外资准入的国民待遇加负面清单的管理模式；探索了事中事后监管模式；建立了以法院为中心，仲裁和调解为辅的多元化争端解决机制；凸显出与国际经贸新规则相对接的趋势。上海自贸试验区这些制度创新，在中国法治建设史上具有重要价值。

2015年4月27日，上海自贸区从最初的28.78平方公里扩展到现在的120.72平方公里，从原有的综合保税区，扩区至陆家嘴金融片区、金桥开发片区和张江高科技片区三大片区。

国务院总理李克强在上海调研时提出，要把上海自贸区的建设作为进一步扩大服务业开放先行先试的一个重要平台。国务院发展研究中心对外经济研究部副部长赵晋平表示，上海自贸试验区将通过监管模式的创新，大幅度提升货物贸易便利化，通过先行先试和金融创新来进一步扩大服务业的开放，促进服务业的发展，提升服务业国际竞争力，扩大服务业开放，是打造中国经济升级版的需要。

设立中国（上海）自由贸易试验区，是顺应全球经贸发展新趋势，实行更加积极主动开放战略的一项重大举措。主要任务是要探索我国对外开放的新路径和新模式，推动加快转变政府职能和行政体制改革，促进转变经济增长方式和优化经济结构，实现以开放促发展、促改革、促创新，形成可复制、可推广的经验，服务全国的发展。建设中国（上海）自由贸易试验区有利于培育我国面向全球的竞争新优势，构建与各国合作发展的新平台，拓展经济增长的新空间，打造中国经济"升级版"。

在现代意义上，自由贸易区指的是在贸易和投资等方面比世贸组织有关规定更加优惠的贸易安排，在主权国家或地区的关境以外，划出特定的区域，准许外国商品豁免关税自由进出。实质上是采取自由港政策的关税隔离区。对自贸区本身概念的界定没有一个完全统一的标准，比较宽泛，可以通过自贸区如下几方面的特点，更加深入了解自贸区：

（一）开放性

自贸区国际化程度较高，与国际市场的接轨更加广泛、频繁和密切，与国内其他地区不同的是，自贸区实行特殊的法律法规和政策，以便因地制宜更好地应对国际贸易交往的特殊需要。

（二）灵活性

为了鼓励国际贸易，应对国际贸易活动的不确定性和多变性，促进经济的发展，自贸区制定了特殊的贸易政策，而这些政策在为自贸区的发展提供依据的同时，也已成为国家经济发展战略一个重要的因素。

（三）权威性

为了能将自贸区的政策得到良好实施，国家必须赋予自贸区管理机构相关的行政管理权，这样才能提高自贸区政府的公信力，使得自贸区政策得到有效实施，而不是一纸空文。

二、我国建立自贸区的意义

全国政协常委、民建中央副主席、上海市政协副主席周汉民，在法治论坛上提及上海自贸区的法治改革创新时讲到："上海自贸区的实践，我以为其核心就是体制机制和法治的创新。首先上海自贸区在全国率先实施负面清单的管理，涉及外商投资的事前审批向事中、事后监管转变，所以有准入前国民待遇、负面清单管理两种概括。全世界实行负面清单管理的国家，到中国已经是第77个，但是中国实行负面清单管理的努力是一个重要的创举。2013年9月30日，第一份负面清单出台的时候有190条，有人认为仍然是冗长的、繁复的。不到一年，2014年第二份负面清单出台，已经降到了139条，开放度扩大18.4%。第三份负面清单已经是国家的顶层设计，2015年4月8日，为了上海、天津、广东、福建四个自贸区的运行，国务院出台第三份负面清单，从135条降到122条，所以这就是体制的创举。何为机制？政府通过审批机制的改革，在上海自贸区由国务院两次决定，先后取消59项审批制度，为上海自贸区的高标准、市场化、便利化运营奠定基础。"

从2013年9月上海自贸区正式挂牌，到广东、天津、福建自贸试验区，2016年又新设7个自贸试验区，自贸区拓展到中西部省份，整体在向内陆延伸，是未来发展的一个趋势，也是促进我国经济转型和进一步发展的一个新的机遇，自贸区建设的战略意义，主要表现为以下三个方面：

（一）自贸区的建设能够促进可持续发展，加速新一轮的对外开放

自贸区能够增强全球资源配置能力，加速产业转型升级步伐，推动经济向纵深发展，打造中国经济的升级版。并且使市场在资源配置中起决定性作用，让政府为市场服务，通过机制体制改革创新的实现，来打破现有的束缚，创造自由的贸易环境。[①]

（二）自贸区战略的实质是打造更高层次的市场经济规则

自贸区政策可以带来很多影响我国经济发展的因素，例如美国提出与亚洲国家签订跨太平洋伙伴关系协定（TPP），这被视为在美国强力主导下为全球贸易制定的新一代规则。因为中国条件不够无法加入，TPP所推行的改革措施可能会导致全球价值链格局发生变化，并削弱中国作为全球价值链中心的地位。面对挑战，要积极化解外界因素对我国所产生的不利影响，自贸区战略就应运而生，通过"自贸试验区"这种战略，可创造符合国际趋势的贸易规则、市场经济规则、投资规则、监管规则等，促使中国未来经济高度融入世界经济体系，并最终实现领先。

（三）构建开放新体制，完善法治化、国际化、便利化的营商环境

设立自贸区将使我国在对外战略布局中把握主动，快速集聚全球资源要素，提升我国区域竞争力和影响力，同时，以开放倒逼该地区产业结构、经济结构调整，有效促进当地整体发展。自贸区建设必将推动地区产业链、产业资本、金融资本等融合发展，并加速构筑面向全球开放合作的战略高地。因此，完善中国的经济治理体系，实现治理能力现代化，提升中国在全球治理体系中的能力和地位，都将是自贸区建设带来的"蝴蝶效应"。

三、加强自贸区法治环境建设的重要性

近年来，我国一直在倡导建设社会主义法治国家，而法制是法治国家得

---

① 林欣华，李明玉. 浅析中国（上海）自由贸易试验区成立的意义 [J]. 时代金融，2013(12).

以建立的重要保障，也是一国得以长远发展的机制保障。对自贸区更是如此，良好的法律制度体系是自贸区长足发展的基石，是推动自贸区各项工作的前提，也是自贸区有效运行的关键因素，其重要性不言而喻。比如，规范自贸区的贸易往来，可以使自贸区因地制宜地与国际交流融合，使得外商对自贸区的发展更有信心，从而吸引更多的外商投资，增加外汇收入，也可带动当地经济的发展，甚至也为周边地区的发展提供了更多的机会。

然而，作为新兴事物的自贸区建设，在我国无先例可以遵循，能够参考适用的经验不多，基本上是在探索中前进。"每一新事物的发展总是呈螺旋式的上升状态"，在此过程中就不免会出现一些问题，这也是不可避免的客观现象。所以，在自贸区的法治建设探索过程中，由于其先行先试的特点，我们要做的就是及时地发现问题，高效地解决问题。自贸区在法治建设方面还存在如下几个方面的问题：[①]

（一）自贸区特殊的法律法规还不完善

目前，我国多地自贸区同时建设，各地对自贸区的定位没有统一的标准，且自贸区发展可以依据的法律法规为数不多，只有国务院或者有关部门制定的相关文件，并且自贸区内没有出台专门规范自贸区各主体行为的法律规范，这是一个较大的缺失。因为我国一直在主张要"坚持立法先行，发挥立法的引领和规范作用"，如果没有较为完善的法律制度，那么自贸区的发展将显得比较混乱，各行为主体也没有较为明确的行为预期，没有安全度较高的法治环境，自贸区的发展有可能会陷入迟滞的状态，这个漏洞必须要引起有关部门足够的重视。

（二）自贸区的法律法规不能很好地协调统一

我国已经形成较为完备的法律规范体系，各法律部门基本上涵盖了社会生活的方方面面，规定比较齐全，并且各地配套的相应行政法规和政策也已有较为明确的规定，比较稳定的法规规范体系的局面已经形成，而自贸区的发展需要制定特殊的法律法规，或者在法律制定之前就要根据实际需要依据

---

① 郭芳，王红茹.上海自贸区：中国新一轮改革开放的起点[J].中国经济周刊，2013(35).

相关政策采取一定措施,那就会面临着在政策与既有法律规定之间的冲突,是适用我国已规定的普遍性的法律还是自贸区特殊的政策,需要决策者在适用时进行合法合理地衡量。

(三)自贸区的管理体系还存在一些漏洞

当前我国自贸区的管理体制还没形成统一的标准,在实践中,大多由自贸区当地政府进行管理,在自贸区存在竞争的情形下,当地政府有可能会"不择手段",注重效益而轻视风险,对自贸区的发展造成较大的不良影响。从而引发出另一个问题,就是关于加强自贸区的风险防控。自贸区为了降低外国投资者准入门槛采取了备案制,同时又采取了负面清单制度,使经营者可以有更加广阔的投资空间,使这种跨区域的资金流动更加频繁,同时也隐藏了一些风险。怎样在外国投资经营者不断进入自贸区的同时加强自贸区的监督管理,提前预防这些风险的发生,是一个值得我们高度注意的问题。无规矩不成方圆,只有加快制定自贸区统一的管理体系,才能保障自贸区得以有序发展,从而在源头上减少风险的发生。

(四)争端如何解决

在自贸区一般都设立争端解决机构,但是其辖区内法庭管辖范围有限,且范围不够明确,致使其在自贸区纠纷解决过程中起到的作用也是极其有限的。所以,如何发挥争端解决机构应有的作用,借鉴国外有益经验,提高我国法治建设的水平,也是自贸区下一步需要完成的目标。

四、完善自贸区法治发展的建议

完善的法治环境是自贸区得以发展的基石,目前,我国自贸区法制体系已见雏形,但是还不够完善,且自贸区深化改革和制度创新都离不开优良的法治环境作为保障。[1] 因此,结合我国经济社会自身发展的特点,考虑到现阶段自贸区发展过程中存在的不足,探索适合我国自贸区的发展之路是当务之

---

[1] 龚雄军.第三次改革开放突围——上海自贸区肩负重大历史使命[J].中国对外贸易,2013(11).

急。自贸区的法治建设可从以下七个方面进行改进。

（一）制定自贸区的专门性法律规范

自贸区要想得到长期稳定的发展必须要加强立法，完善法制体系，使自贸区的贸易活动可以"有法可依"，保障自贸区在法律的指引下稳健发展。目前，我国还没有一部完整的针对自贸区专门性的法律规范，所以，我国应尽快出台与自贸区发展相配套的一系列法律法规，把自贸区的发展模式、相关政策通过立法得以明确下来，也解决了以上提到的关于自贸区法律法规不统一问题和争端如何处理的问题，同时也赋予这些政策一定的权威性，以更好地实现"有法必依"，为自贸区的发展奠定坚实的法治之基。

（二）深化行政管理体制改革

改革是事物发展前进的动力源泉，对自贸区的发展要改革创新政府管理方式，理顺政府和市场的关系，优化行政管理服务环境，按照国际化、市场化、法制化要求，探索建立与国际贸易规则相适应的行政管理和服务体系。赋予自贸区管理机构省级经济管理权限，提高管理机构的权威性。建立权责清单制度、行政审批管理目录制度，探索许可证清单管理制度，使自贸区政府的行政管理权限更加明确透明，同时，也可以使区内企业和外商投资者感受到更加安全的投资贸易环境。[①]

（三）建立健全事中事后监管模式

良好的法治环境只有完善的立法是远远不够的，还要加强市场监督和对行政权力的监督。充分运用社会力量参与市场监督制度，创新政府管理方式，研究制定行业协会与行政机关脱钩实施方案，打造社会力量参与社会监督平台，引导社会公众积极参与监督。建立引导社会力量参与市场监督工作机制，推动行业组织自律管理，强化舆论监督，完善举报投诉制度，畅通电话、网络等举报渠道。同时，要健全社会服务体系，加强信息共享和服务平台应用，探索设立法定机构，将部分公共管理和服务职能交由法定机构承担，试行政

---

① 李辉. 上海自贸区需要新的改革手段 [J]. 法人，2013(10).

府经济管理的市场化实现路径，建立健全决策咨询体系和行业协会法人治理结构。①

（四）充分扩大上海自贸区管委会的职权范围

根据《自贸区管理办法》和《自贸区条例》草案的内容，上海市成立上海自贸区管委会，统筹管理和协调自贸试验区有关行政事务。上海自贸区管委会的设立是为了实现管理集中、精简行政的改革目标，在其运作过程中已经取得了很好的社会评价。但与此同时也应该看到，由于上海自贸区管委会本身仅为上海市政府的一个派出机构，因此其在行政职权的取得方面无法获得相对独立的地位，尤其是其对于自贸区内海关、检验检疫、海事、金融等部门不具有行政隶属关系，这一掣肘将使得上海自贸区管委会在行使综合执法权时无法起到统一受理、统一许可、统一处罚的作用。

（五）优化区域法治环境

对自贸区的法治建设不仅要覆盖面广，而且也要重点突出。由于与国际接轨较为密切，知识产权问题就成为自贸区发展过程中必然要面对的问题，对该问题的处理关系到自贸区法治环境的稳定性。要建立健全知识产权保护机制，成立知识产权运营中心和知识产权快速维权援助中心，完善专利、商标、版权等知识产权行政管理和执法体制机制，运用司法保护、行政监管、仲裁、第三方调解等多元解决机制处理知识产权纠纷，比单一的解决途径更加高效合理。推动成立知识产权快速维权援助中心，打造集知识产权申请、维权援助、纠纷调解、行政执法、司法诉讼为一体的知识产权纠纷快速解决平台，不仅对知识产权问题的处理更加专业，解决更加有效，同时也更加便利当事人，减少当事人的负担。

司法是法治环境建设的有力保障，在自贸区法治发展过程中要完善司法机制，发展国际商事仲裁和商事调解机制，建立跨区域仲裁合作机制，筹建金融仲裁、航运仲裁等专业化平台，支持国际知名商事争议解决机构入驻，探索建立全国性仲裁法律服务联盟和亚太仲裁机构交流合作机制、商事案件

---

① 朱菲娜. 人大立法为新一轮改革提供制度保障 [N]. 中国经济时报，2014-02-25.

专业化审理机制，落实小额消费争议仲裁机制，推动中国自贸区仲裁联盟的发展建设。司法机制的健全是自贸区法治环境建设必不可少的内容，同时，也是自贸区长足发展的重要保障。

自贸区的法治建设是我国建设社会主义法治国家的重要组成部分，自贸区的法制创新也成为我国法制改革的先导，并且在促进国际治理体系完善方面还起到了一定的示范作用。因此，目前最重要的是加快自贸区的法制改革，完善自贸区的法治环境，在根基稳固的基础上，自贸区的对外贸易和金融市场才能得以快速发展，提升整体经济实力，同时也为我国成为经济强国、法治强国打下坚实的基础。

（六）自贸试验区法治建设需从行政驱动转向立法驱动

上海自贸试验区的设立，并非由全国人大或其常委会通过立法创建，而是通过国务院印发《总体方案》方式运作，因此，上海自贸试验区实质上属于行政推动。上海自贸试验区涉及的贸易、投资、金融、服务贸易等基本法律制度，一般都属于法律层面规定的国家事权，上海自贸试验区作为我国境内设立的国家级的特殊经济区域，本应由国家立法予以保障。从其他国家或地区设立自贸区的经验来看，也基本上通过国会特别立法来授予自贸区特别权力。目前，除全国人大常委会暂时调整三资企业法与台湾同胞投资保护法中有关行政审批条款外，没有对上海自贸试验区功能定位、职权等基本权力以国家法律或行政法规的方式作出规定。国务院批准印发的《总体方案》第二部分第五方面要求"上海市要通过地方立法，建立与试点要求相适应的试验区管理制度"。尽管这被认为相当于国务院授权上海立法，但毕竟不是全国人大及其常委会立法，也不能算真正的国务院行政法规，这就使得上海自贸试验区建设缺乏足够的法律权威性和稳定性。

上海自贸试验区与深圳等经济特区当年改革所面临的法律环境完全不同。深圳经济特区开放时，很多方面没有法律，无法可依，需要先破后立，边改边立。现在的情况是，国家和社会生活的各个方面总体上已经有法可依。我国现行有效法律240多部，党的十八届三中全会通过的《关于全面深化改革若干重大问题的决定》（以下简称《深化改革决定》）涉及改革领域的现行有效法律就有130多部，包括法律132部，有关法律问题的决定7件。《深化改革决定》中很多改革举措对法律的立改废提出了明确要求，涉及70多个立法项目，其中需要制定法律的项目20多个，需要修改或废止法律的项目40多个。上海自贸试验区肩负先行先试重任，改革深度和广度超过《深化改革决定》，制度创新势必涉及现行的有关法律法规，但是，目前调整的法律仅仅四部，与《深化改革决定》涉及的法律数量远远不能比。更为重要的是，对于服务业开放，远不只涉及外资法律，还涉及各行各业的上位法；在这些上位法的基础上，各行业主管部门发布了数不清的规范性文件，将服务贸易领域牢牢控制于行政审批之下。如何破解服务贸易开放过程中的法律规章瓶颈呢？党的十八届四中全会通过《关于全面推进依法治国若干重大问题的决定》明确提出"要更好发挥法治的引领与规范作用。实现立法和改革决策相衔接，做到重大改革于法有据、立法主动适应改革和经济社会发展需要。实践证明行之有效的，要及时上升为法律。实践条件还不成熟，需要先行先试的，要按照法定程序作出授权。对不适应改革要求的法律法规，要及时修改和废止"。

2015年3月15日，第十二届全国人大第三次会议修改的《立法法》充分汲取党的十八届四中全会精神，在上海自贸试验区法律调整的实践基础上，修订增加其第十三条规定："全国人民代表大会及其常务委员会可以根据改革发展的需要，决定就行政管理等领域的特定事项授权在一定期限内在部分地方暂时调整或者暂时停止适用法律的部分规定。"该条实际上为包括上海自贸试验区在内的改革开放争取法律支持提供了除修订法律、废止法律之外进行法律调整或暂停的法律路径。从程序上保障需要暂时调整或暂时停止适用的法律规定及时有效启动，以建立专门的法律"因地/因事调整"程序。《立法法》第十三条为自贸试验区改革创新破除法律障碍提供了实体法依据，但在操作程序上没有明确的规定。目前程序是先由上海市梳理出自贸试验区改革诉求所涉及的法律障碍，并提出停止实施的具体条款，上报商务部。商务部负责征求、协调国务院相关部门意见。送审稿形成后，上海市和商务部共同上报国务院，再由国务院法制办负责审查修改。之后，由国务院提请全国人大常委会审议。该程序参照了法规制定的程序，耗时较长。当前自贸试验区正在探索新一轮的改革举措，有不少措施面临法律障碍，仍存在对法律、法规进行"因地调整"的需求。为确保相关改革举措能够尽快落实到位，可针对自贸试验区改革这一特定领域，设计相对简捷的调整法律、暂停法律的程序。对于新业态、新产品、新监管模式，建议通过国务院提请全国人大常委会对上海给予授权立法，解决市场准入与后续监管的权限问题。

（七）率先建立抽象性行政行为的司法复审机制

目前对市场主体干预最多的主要不是法律法规，而是政府通过发布规章或规范性文件设置行政许可的方式进行管制。例如，在2015年上海浦东新区实施"证照分离"改革试点前，加工贸易合同需要审批，审批机构为上海市商务委和浦东新区商务委，审批依据则是1999年前外经贸部发布的《加工贸易审批管理暂行办法》。2003年实施的《行政许可法》第十四条规定得非常清楚，对市场主体设置行政许可的，只有法律和行政法规才可以。但长期以来，《行政许可法》这一规定起不到作用。各级政府、各个政府部门自我授权、自我设置行政许可，对投融资等微观经济活动进行审批。2014年3月，国务院集中公布了所属部委保留的行政审批事项汇总清单。其中非行政许可审批事项，既有属于政府内部管理事务的事项，还有以非行政许可审批名义变相设定的面向公民、法人或其他组织的行政许可事项。中央部委如此，地方各级政府部门违法设置行政许可的现象更是比比皆是。政府设置行政许可的权力在实践中不受任何实质意义的挑战和审查，权力滋生和膨胀的意愿非常强烈。现在是国务院通过"壮士断腕"、简政放权的方式强力清理、减少行政审批。这种行政推动，能取一时功效，但难持久。如果建立了对行政机关设立审批权的规范性文件进行司法审查的机制，允许对行政机关的抽象性行政行为提起行政诉讼，那么，行政机关发布各种规定、命令则会谨慎得多。在现有宪法框架下，同级法院对同级政府和下一级政府的抽象性行政行为进行司法审查没有法律障碍。

党的十八届四中全会通过的《依法治国决定》规定："行政机关不得法外设定权力，没有法律依据不得作出减损公民、法人和其他组织合法权益或增加其义务的决定。把所有规范性文件纳入备案审查范围，依法撤销和纠正违宪违法的规范性文件。"虽然此处规定的备案审查主体不是司法机构，但上海自贸试验区的设立，完全可以考虑在抽象性行政行为的司法性审查方面进行改革尝试。至少可以规定，公民、企业或社会团体，对上海市各级政府颁布的涉及自贸区事项事务的规范性文件，可以向上海市人民法院提起行政诉讼。这样的先行先试，既符合习近平总书记提出的自贸试验区大胆试、大胆闯、自主改的要求，又符合重大改革于法有据的法治要求。

An Unexpected Knock-Out
——A Comparative Study to the Recent Arbitration Cases

李志强　陈　说

Ⅰ.Introduction

PRC Court recently refused to enforce SIAC arbitral award made by one arbitrator under expedited arbitration procedures when arbitration agreement provided for three arbitrators. In *Noble Resources International Pte. Ltd v. Shanghai Good Credit International Trade Co., Ltd. (2016) [Hu 01 Xie Wai Ren 1]*, the Shanghai No.1 Intermediate People's Court in a judgment dated 11 August 2017 refused recognition and enforcement of a Singapore International Arbitration Centre ("SIAC") arbitral award under the New York Convention on the Recognition and Enforcement of Foreign Arbitral Awards 1958 ("New York Convention") on the basis that the composition of the arbitral tribunal and/or the arbitral procedure was not in accordance with the agreement of the parties.

However, similar cases concerning the similar situation that expedited procedure and sole arbitrator has been applied when arbitration agreement provides three arbitrators requirement are not rare. Particularly, a sharp reverse judgement has been made in AQZ v ARA [2015] SGHC 49, under indifferent fact of expedited procedure and tribunal constitution.

Thus, the Noble case, as well as the judicial attitude reflecting therefrom, attracts significant attention and discussion among the Asian arbitration practice.

This article aims to make analysis, with respect to the Noble case as well as the AQZ case, from the perspective of PRC legal practice.

II. Case brief

1. Noble Resources International Pte. Ltd v. Shanghai Good Credit International Trade Co., Ltd. (2016)

The dispute was in respect of the sale and purchase of iron ore. The Respondent failed to issue a letter of credit to the Claimant to pay for the goods as required under the Contract, and it was ultimately terminated. On 14 January 2015, the Claimant served a Notice of Arbitration and applied to SIAC for the proceedings to be conducted under the expedited procedure on the basis of the amount in dispute being under US$5million. SIAC accepted the application for the arbitration to be conducted pursuant to the expedited procedure on 17 February 2015. On 20 April 2015, SIAC appointed a sole arbitrator for the case. On 16 July 2015, a hearing was conducted before the sole arbitrator. The Respondent objected to the expedited procedure and the appointment of a sole arbitrator but did not otherwise participate in the arbitration and the Final Award was made in their absence. The Final Award was issued on 26 August 2015. The sole arbitrator awarded the sum of US$1603100 to the Claimant representing damages for breach of contract. The issue discussed herein arose out of the recently replaced SIAC 2013 arbitration rules ("SIAC Rules").

Under Article 5.1 of the SIAC Rules, a party may apply to the Registrar of SIAC for the arbitral proceedings to be conducted in accordance with the expedited procedure. If the expedited procedure applies, the arbitration is to be referred to a sole arbitrator, unless the President of SIAC determines otherwise. The Iron Ore Sale & Purchase Agreement dated 29 October 2014 ("Contract") between Noble Resources International Pte Ltd of Singapore ("Claimant") and Shanghai Good Credit International Trade Co., Ltd. of China ("Respondent") incorporated a Standard Iron Ore Trading Agreement ("Standard Agreement"). Article 16 of the Standard Agreement contained the arbitration agreement and Article 16.1.1 provides for three arbitrators.

When it came to recognition and enforcement of the arbitral award in Mainland China, the PRC court refused to enforce the award, holding that since the parties had already expressly agreed in the arbitration agreement that the tribunal shall comprise of three arbitrators and did not exclude this composition of the tribunal in the expedited procedure, the adoption of the expedited procedure should have been referred to a three member tribunal. The Court considered that use of the expedited procedure should not prevent the parties from exercising their fundamental rights to an arbitration comprised of three arbitrators as stipulated in the arbitration agreement. In this case, the Court considered appointment of a sole arbitrator in accordance with Article 5.2 of the SIAC Rules was a breach of the arbitration agreement when the arbitration agreement had provided for three arbitrators and the Respondent had expressed its strong opposition against the appointment of a sole arbitrator. Accordingly, this fell within Article V(1)(d) of the New York Convention and the award should not be recognized and enforced.

2. AQZ v ARA [2015] SGHC 49

The Plaintiff-Supplier is a mining and commodity trading company incorporated in Singapore and the Defendant-Buyer is the Singapore subsidiary of an Indian trading and shipping conglomerate. On 20 March 2013, the Buyer issued a Notice of Arbitration, commencing arbitration proceedings in the Singapore International Arbitration Centre ("SIAC"), against the Supplier. The following day, the Buyer applied to the SIAC for the arbitration to be conducted under the Expedited Procedure pursuant to rule 5 of the SIAC Rules 2010. On 18 April 2013, the Supplier's solicitors wrote to the SIAC and challenged the existence of an arbitration agreement. The Supplier also objected to the Expedited Procedure. The SIAC allowed the Buyer's application for the Expedited Procedure. In further exchange of correspondence, the parties agreed to jointly nominate a sole arbitrator, with the Supplier reserving its rights accordingly. Subsequently, the SIAC President appointed the Arbitrator. The sole Arbitrator issued the Award which found that the tribunal had jurisdiction and that the Supplier was liable to the Buyer for breach of contract. Thereafter, the Supplier filed an application to have the Award reversed and/or wholly set aside on grounds that the Arbitrator lacked jurisdiction to hear the dispute.

The third issue of the case——Whether the Award can be set aside under Art 34(2)(a)(iv) of the Model Law in that the composition of the arbitral tribunal or the arbitral procedure was not in accordance with the agreement of the parties—is the main concern in this article.

In the alternative to its primary position that there was no valid arbitration agreement, the Supplier argued that the arbitral procedure was not in accordance with the agreement of the parties because it was erroneously conducted under the Expedited Procedure contained in rule 5 of the SIAC Rules 2010. According to the Supplier, the 2007 SIAC Rules which did not provide for the Expedited Procedure were the applicable rules. The Supplier also argued that even if the SIAC Rules 2010 was applicable, the composition of the arbitral tribunal comprising of a sole arbitrator was not in accordance with the parties' agreement since they had expressly agreed to appoint three arbitrators.

The Court applied the presumption that reference to rules of a particular tribunal in an arbitration clause refers to such rules as applicable at the date of commencement of arbitration and not at the date of contract, provided that the rules contain mainly procedural provisions. On the basis of this presumption, the SIAC Rules 2010, which provide for the Expedited Procedure, were the applicable rules. Rule 5 of the SIAC Rules 2010 specifies that under the Expedited Procedure, arbitration before a sole arbitrator is the default position. The Court was of the view that the Expedited Procedure provision can override parties' agreement for arbitration before three arbitrators even when the contract was entered into before the Expedited Procedure provision came into force.

Even if the Supplier was correct in its submission that the arbitration should not have been conducted before a sole arbitrator, the Supplier had not discharged its burden of explaining the materiality or the seriousness of the breach; nor had it demonstrated that it suffered any prejudice because of the arbitral procedure that was adopted.

III. Comments

As we seen in the previous two cases, almost same facts resulted entirely different attitude held by different courts and judges. Obviously, different courts took their views due to different reasons and interpretation.

1. Generous attitude in Singapore

In AQZ case, the judge seems to hold a very pro-arbitration attitude towards the SIAC arbitration. Justice Judith Prakash J held that the reference to rules of a particular tribunal in an arbitration clause refers to such rules as applicable at the date of commencement of arbitration and not at the date of contract. Therefore, the SIAC rule of 2010, which is the rule came into force at the time of the commencement of the proceeding, shall be applied and prevail over the SIAC 2007 rule, notwithstanding the SIAC 2007 rule is the only rule that can be appointed to choose at the time when parties entered into the arbitration agreement.

Justice Judith Prakash J: *[132] I am of the view that "express assent" in the sense contemplated by NCC International is not necessary for the Expedited Procedure provision to override the parties' agreement for arbitration before three arbitrators even though the version of the SIAC Rules that was in force at the time the parties entered into the contract did not contain the Expedited Procedure provision. A commercially sensible approach to interpreting the parties' arbitration agreement would be to recognize that the SIAC President does have the discretion to appoint a sole arbitrator. Otherwise, regardless of the complexity of the dispute or the quantum involved, a sole arbitrator can never be appointed to hear the dispute notwithstanding the incorporation of the SIAC Rules 2010 which provide for the tribunal to be constituted by a sole arbitrator when the Expedited Procedure is invoked. That would be an odd outcome, especially since the Supplier appears to accept that the Expedited Procedure provision is no different from any other procedural rule contained in the SIAC Rules 2010.*

Since, the SIAC Rule 2010 contains the Expedited Procedure, as well as its condition to be invoked, the Expedited Procedure shall be applied pursuant to the discretion of SIAC president when the conditions were met. Furthery, the Justice Judith Prakash J fortified his previous holding in the other way—if parties were reluctant to accept the SIAC 2010 rule, nor the Expedited Procedure to be applied, he or they shall raise the objection to the tribunal via a very clearly-expressed way.

Justice Judith Prakash J: *[136] Even if the Supplier is correct in its submission that the arbitration should not have been conducted before a sole arbitrator, the Supplier has not discharged its burden of explaining the materiality or the seriousness of the breach. Nor has it demonstrated that it suffered any prejudice as a result of the arbitral procedure that was adopted. While prejudice is not a legal requirement for an award to be set aside pursuant to Art 34(2)(a)(iv), it is a relevant factor that the supervisory court considers in deciding whether the breach in question is serious and thus whether to exercise its discretionary power to set aside the award for the breach: Triulzi Cesare SRL v Xinyi Group (Glass) Co Ltd [2015] 1 SLR 114 at [54], [64] and [66]. In the present case, the Supplier has not made any submissions on this issue.*

From these two aspects, Justice Judith Prakash J made his final judgement on this issue that, the Expedited Procedure provision can override parties' agreement for arbitration before three arbitrators even when the contract was entered into before the Expedited Procedure provision came into force.

In 2016, SIAC has published its renewed rule, which include a sub-rule under Rule 5, which states:

5.3 By agreeing to arbitration under these Rules, the parties agree that, where arbitral proceedings are conducted in accordance with the Expedited Procedure under this Rule 5, the rules and procedures set forth in Rule 5.2 shall apply even in cases where the arbitration agreement contains contrary terms.

This stabilizes the rule concluded from AQZ case and aims to eliminate the future disputes concerning the application of Expedited Procedure. The Tribunal now has the discretion to determine whether an Expedited Procedure case can be decided on the basis of documentary evidence only as long as this is done in consultation with the parties.

Thus, Singapore judicial practice holds a very arbitration-friendly attitude towards the power and discretion of the institution, and the acceptance of institution rules shall be interpreted and construed in an overall way, namely, to accept all the institution rules and terms as a whole.

2. A sharp respond by PRC court

Article 5 of the SIAC Rules provided for the expedited procedure:

5.1 Prior to the full constitution of the Tribunal, a party may apply to the Registrar in writing for the arbitral proceedings to be conducted in accordance with the Expedited Procedure under this Rule where any of the following criteria is satisfied:

a. the amount in dispute does not exceed the equivalent amount of S$5,000,000, representing the aggregate of the claim, counterclaim and any set-off defence;

b. the parties so agree; or

c. in cases of exceptional urgency.

5.2 When a party has applied to the Registrar under Rule 5.1, and when the President determines, after considering the views of the parties, that the arbitral proceedings shall be conducted in accordance with the Expedited Procedure, the following procedure shall apply:

a. The Registrar may shorten any time limits under these Rules;

b. The case shall be referred to a sole arbitrator, unless the President determines otherwise;

c. Unless the parties agree that the dispute shall be decided on the basis of documentary evidence only, the Tribunal shall hold a hearing for the examination of all witnesses and expert witnesses as well as for any argument;

d. The award shall be made within six months from the date when the Tribunal is constituted unless, in exceptional circumstances, the Registrar extends the time; and

e. The Tribunal shall state the reasons upon which the award is based in summary form, unless the parties have agreed that no reasons are to be given.

There is no doubt that the present case shall be applied with Expedited Procedure, however, the issue herein turns to be whether a three-arbitrator tribunal, pursuant to the arbitration clause, shall be applied under Expedited Procedure? Whether the Sole Arbitrator tribunal shall be mandatorily referred, namely r5.2, when the Expedited Procedure is invoked? Whether parties' autonomy has the right to set their own rule of constitution of tribunal, and such set-up shall be respected and referred by institution?

The Shanghai No.1 Intermediate People's Court made its judgement on these issues: *The fifth edition of SIAC Rule 2013 does not exclude other ways of the constitution of tribunal in the Expedited Procedure, nor vests SIAC the power to mandatorily apply the Sole Arbitrator per r 5.2 (b). As the parties' autonomy is the foundation of arbitration, since a tribunal consists of three arbitrators has been stipulated in the arbitration agreement entered into by both parties, nor is such constitution of tribunal excluded from Expedited Procedure, thus, the Expedited Procedure shall not affect the parties' primary procedural rights of being presented before a three-arbitrator tribunal. Providing the objection raised by the Respondent against the Sole Arbitrator, SIAC's invoking the proceeding of Sole Arbitrator violated the Arbitration Agreement, and fell into the scope of Article V (d) of United Nations Convention on the Recognition and Enforcement of Foreign Arbitral Awards*——"*The composition of the arbitral authority or the arbitral procedure was not in accordance with the agreement of the parties, or, failing such agreement, was not in accordance with the law of the country where the arbitration took place*" [1]

---

[1] SIAC 2013 年第五版规则并未排除"快速程序"中适用其他的仲裁庭组成方式,也没有规定当当事人已约定适用其他的仲裁庭组成方式时,SIAC 仍然有权强制适用第 5.2 条 (b) 项关于独任仲裁的规定。当事人意思自治是仲裁制度运作的基石,由于本案双方当事人已在仲裁条款中明确约定应由三名仲裁员组成仲裁庭,且未排除该组成方式在仲裁"快速程序"中的适用,因此,适用"快速程序"进行仲裁并不影响当事人依据仲裁条款获得三名仲裁员组庭进行仲裁的基本程序权利。SIAC 在仲裁协议约定三人仲裁庭且被申请人明确反对独任仲裁的情况下,仍然决定独任仲裁,违反了仲裁协议,属于纽约公约第五条第一款(丁)项"仲裁机关之组成或仲裁程序与各造间之协议不符"的情形。

Therefore, PRC court tilts to uphold the parties' autonomy as the priority, not with standing the conflict existed between the institution rule and arbitration clause. The court assured the correct tribunal of the present case shall be a three-arbitrator tribunal under Expedited Procedure. This reflects the attitude held by PRC court, that the arbitration proceeding shall entirely respect the parties' autonomy, providing there is no rules or condition prohibits such autonomy by parties, and such respect shall be in great extent even to modify the institution rules.

However, this has raised great concern and controversy in the subsequent legal practice. Many arbitration practitioners hold the view that there shall be no conflict between parties' autonomy and the power of institution. The choice of institution rule as well as the command by the institution is one of the parties' intention as well, thus, the application of institution rule during the proceeding surely reflects party's true intention. The choice of a particular rule means the entire terms and clauses of the rule. Hence, there is no more room for parties to change the procedural issues that have been stipulated by institution.

For instance, *in the case W Company v Dutch Company and Dutch Holding Company [2012] 1 SAA 97*, in order to respond the challenge of constitution of tribunal, which has been stated as a three-arbitrator tribunal in the arbitration clause, the sole arbitrator held as follows: *The parties chose the SIAC Rules to govern the arbitration and they accepted the entirety of the SIAC Rules including the Expedited Procedure in Rule 5 together with the powers that the Rule reserves to the Chairman and Registrar of the SIAC to administer and guide the proceedings. There is no derogation from party autonomy and it is precisely the parties' choice of the SIAC Rules that requires acceptance of the Chairman's decision.*

3. Further aspects to consider

It is significant that this case is based on the 2013 version of the SIAC Rules. Nevertheless, the present case may have a very different outcome under SIAC Rule 2016, since it has include a r 5.3 to apply the Sole Arbitrator as a mandatory requirement under Expedited Procedure. The PRC court has made a sharp reverse judgement compared to the AQZ case and the rules resulted thereof. However, some of the further facts or viewpoints shall be reconsidered in this case.

From the view point of New York Convention 1958, Article V (d) provides:

Recognition and enforcement of the award may be refused, at the request of the party against whom it is invoked, only if that party furnishes to the competent authority where the recognition and enforcement is sought, proof that:

(d) The composition of the arbitral authority or the arbitral procedure was not in accordance with the agreement of the parties, or, failing such agreement, was not in accordance with the law of the country where the arbitration took place.

The tribunal is constituted not in accordance with the agreement of the parties constitutes a ground for refusal of enforcement. However, since this is an arbitration proceeding seated in Singapore, when construing the legitimacy of tribunal constitution, a point of view from the seat of the proceeding shall be taken into account.

Since the AQZ case has been reviewed previously, the Singapore High Court does not hold the Sole Arbitrator a fault under the situation herein. Moreover, attitude from the seat of the arbitration tilts to uphold the view that there shall be no conflict between parties' autonomy and institutional rules, and the parties shall observe the control by institution when Expedited Procedure has been invoked. The agreement to accept the institution rule may prevail over the parties' specific requirement of procedural issue. Thus, the fact that, under SIAC Rule, the Sole Arbitrator under Expedited Procedure is in accordance with the agreement of the parties. In addition, due to the *Stare Decisis*, this opinion held by Singapore High Court in AQZ case will be instructive. Therefore, PRC court made the judgement from its own viewpoint rather than the seat of the arbitration. Nonetheless, further step on the seat of arbitration as well as the held by the supervisory court shall be considered during the judgement.

Ⅳ. Conclusion

The efficiency and time cost may always be a great concern when organizing the arbitrarily proceeding. However, its importance has been ignored though this article has not raised such concern. In this article, the most discussed topic is the interpretation of party's autonomy, the tension between different agreements of parties. It is very hard to draw a line of right or wrong between the two courts' decision, the only difference is the extent to accept the power of arbitration. In this regard, Singapore is obviously more generous towards the power arbitration institution and the discretion of president or arbitrators as well.

The PRC courts have a good track record of enforcement and their concern in this case is not with the expedited procedures themselves. However, the decision is significant that it treated the stipulation of three arbitrators as paramount, and did not accept the expedited procedural provisions of the former version of the SIAC Rules as allowing SIAC to appoint a sole arbitrator, nor read the previous precedents and its judgements made by Singapore High Court, as the supervisory court.

Nevertheless, the refusal of enforcement case reflects the prudent attitude held by PRC court to vest more power to arbitration and reserves its power to establish an over-arbitration-friendly environment. As I said previously, there are no right or wrong answer towards the different judicial outcomes. It only reminds the legal practitioners to have a sound understanding to the judicial logic and attitude, so as to eliminate the relevant risk.

媒体报道篇

"中国企业赴日投资融资法律研讨会"成功举行

证券时报网

2016年5月26日，由上海上市公司协会、上海股权投资协会、上海国际服务贸易行业协会、上海服务外包企业协会、浦东新区金融服务局和金茂凯德律师事务所"一带一路"法律研究与服务中心联合主办的"中国企业赴日投资融资法律研讨会"成功举行。

全国人大常委会副秘书长李飞发表视频讲话。黄浦区政协主席张华、爱建集团董事长范永进、上海市司法局律师管理处处长忻峰、黄浦区司法局党委书记张伟舫等出席研讨会。

李飞副秘书长在致辞中强调，2016年5月20日习近平总书记主持召开了中央全面深化改革领导小组第24次会议，提出要发展涉外法律服务业，要适应构建对外开放型经济新体制要求，围绕服务我国外交工作大局和国家重大发展战略，健全完善扶持保障政策、进一步建设涉外法律服务机构、发展壮大涉外法律服务队伍、健全涉外法律服务方式、提高涉外法律服务质量、稳步推进法律服务业开放，更好地维护我国公民、法人在海外及外国公民、法人在我国的正当权益。在此背景下，金茂凯德律师事务所适时成立东京代表处和"一带一路"法律研究与服务中心日本站具有现实意义。

主办单位领导在致辞中指出，此次研讨会是对"一带一路"倡议的积极响应，将服务中国企业更好地进行海外投资融资活动。

研讨会上举行了由著名法学家、上海市人民政府原参事室主任、九三学社中央法制委员会顾问李昌道教授主编的《外滩金融创新试验区法律研究》

一书的首发式。

日本东京前进律师事务所主任律师五十部纪英、豫园商城董事会秘书蒋伟、金茂凯德律师事务所合伙人律师顾文伟等人,分别就在日本进行投资融资的法律环境、中国企业赴日投资融资的典型案例和日本本土企业投资融资事例等做了精彩分享。

"中国企业赴日投资融资法律研讨会"举行

中国证券网

由上海上市公司协会、上海股权投资协会、浦东新区金融服务局和金茂凯德律师事务所"一带一路"法律研究与服务中心等机构联合主办的"中国企业赴日投资融资法律研讨会"于5月26日举行。100余位企业家、金融家和中日知名律师聚焦上海国际金融中心建设和"一带一路"倡议,共同探讨中国企业赴日投资融资的法律问题和法律服务,并致力于推进中国企业海外投资融资的研究与实践。

本次研讨会聚焦"一带一路"倡议背景下企业赴日投资融资的发展方向和途径,结合企业经验与法律实务,展开全面、深入的热烈研讨,以期促进业务交流与合作共赢,为企业决策提供智力支持与法律保障。研讨会是对"一带一路"倡议的积极响应,将服务中国企业更好地进行海外投资融资活动。

研讨会上还举行了由著名法学家李昌道教授主编的《外滩金融创新试验区法律研究》一书的首发式。该书精心点评2015年金融市场十大经典案例,在互联网金融、金融控股与创新金融、企业融资与投资贸易、并购重组与争端解决、"一带一路"研究等多领域理论联系实际,提出了不少真知灼见,并对中央和地方相关立法进行了颇有价值的研究和建言,其中多篇中外论著宣传和传播了中国法律制度和法律文化,对促进中外企业家和法学家的切磋交流具有重要意义。

后 记

2017年5月14日中国政府在北京成功举办"一带一路"国际合作高峰论坛，由习近平总书记提出的"一带一路"倡议得到国际社会的广泛响应，并写入联合国的法律文件，法律界也积极参与"一带一路"的宏伟事业。2016年2月18日，上海市专业服务贸易重点单位，金茂凯德律师事务所成立了"一带一路"法律研究与服务中心，并在亚洲、欧洲、美洲、大洋洲和非洲设立了30个站点，广泛传播中国法律制度和法律文化的正能量，联合各有关国家和地区的优秀法律专业人士潜心研究各国投融资法律制度，以期为中国企业"走出去"提供优质高效的法律服务。

2017年10月召开的党的十九大提出了习近平新时代中国特色社会主义思想，"一带一路"倡议写入党章，为新时代法学法律界人士继续"不忘初心，牢记使命"指明了路径和方向。

《中国企业赴日本、马来西亚投融资法律研究》是《中国企业海外投融资法律研究》系列丛书之二，全书精彩回放了2016年5月26日上海上市公司协会、上海股权投资协会、上海国际服务贸易行业协会、上海服务外包企业协会、金茂凯德律师事务所和上海大学法学院联合主办的"中国企业赴日投融资法律研讨会"上部分专家演讲精要，组织日本和马来西亚顶尖国际律师、国际仲裁员和专家学者教授对日本和马来西亚投融资相关法律进行剖析，对亚太地区争端解决机制进行研判，其中多篇中外论著解读和传播了中国法律制度和法律文化。

本书在编撰过程中承蒙全国人大常委会副秘书长、全国人大法律委员会副主任委员李飞百忙中作总序；著名法学家、上海市人民政府原参事室主任李昌道教授审定本书并作序；司法部党组成员、副部长熊选国，中共上海市委常委、上海市人民政府常务副市长周波，上海市政协副主席周汉民和徐逸波担任总顾问；上海市司法局局长陆卫东担任总策划；一批著名的金融家、法学家和企业家担任本书顾问和编委；忻峰、朱立新、刘辉担任本书策划；中国金融出版社编辑贾真为本书的出版给予了细致的指导，对各方面专家的鼎力支持在此一并致谢！

"长风破浪会有时，直挂云帆济沧海。""一带一路"的伟大事业需要一批又一批法律人不懈努力，由于丰富多彩的法律实践发展迅速，对中国企业海外投融资法律研究的相关总结也是阶段性的。书中有疏漏不当之处还请领导、专家和同仁批评指正。

李志强

2017年12月20日于上海